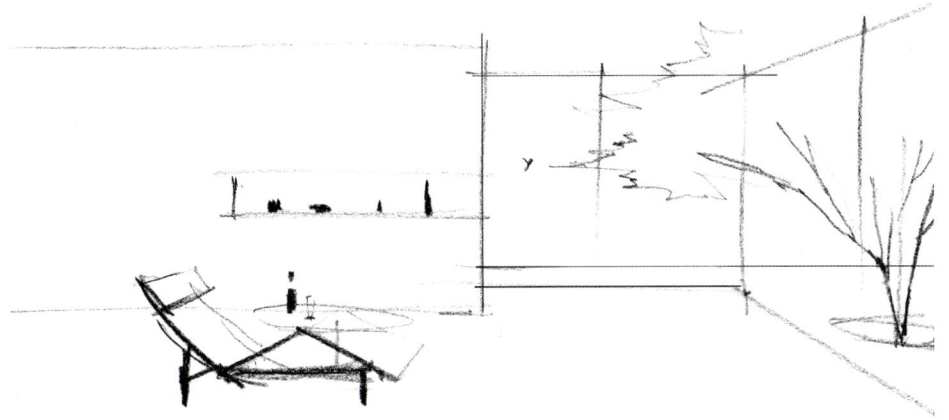

Noriyoshi Hasegawa

Interior Design

Schnell und professionell präsentieren mit Speed-Sketching

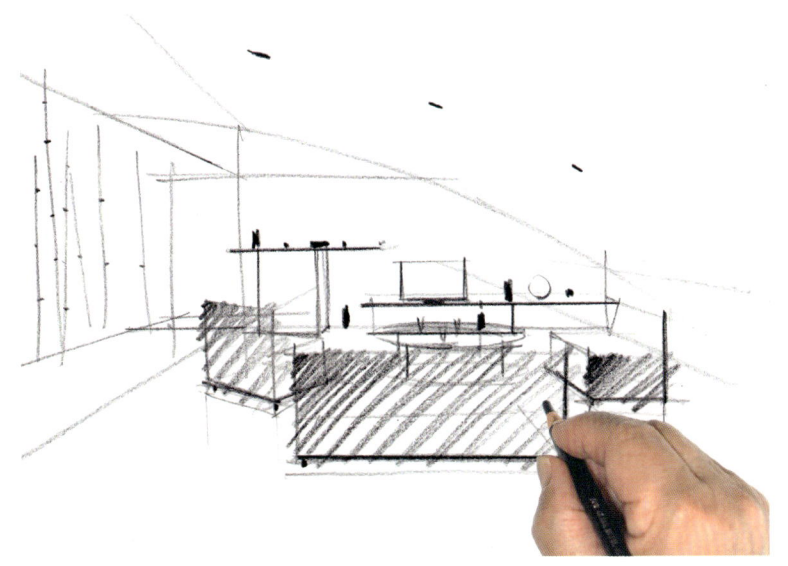

stiebner

Vorwort

Wer ein neues Haus bauen möchte, hat ein riesiges Projekt vor sich. Man hat zwar klare Vorstellungen, ist aber nervös und aufgeregt zugleich. Schließlich geht man so ein Projekt nicht allzu oft im Leben an. Und es gibt viele Unbekannte. Daher ist es für Architekten und Innenarchitekten wichtig, dass sie die Besprechungen mit den Bauherrn so verständlich wie möglich gestalten.

Natürlich spielt die Innenarchitektur eine entscheidende Rolle bei der Visualisierung der Kommunikation zwischen Ihnen und dem Kunden. Besonders wichtig ist die Visualisierung in der Anfangsphase der Beratung, wenn noch sehr wenige Informationen zur Verfügung stehen. Ob Sie zeichnen können oder nicht, ist dabei eher nebensächlich. Wichtig ist, dass Sie die Räume des Kunden vor seinen Augen mit Ihrer eigenen Hand umsetzen können, unabhängig von Ihrem Zeichentalent. Und wenn Sie Skizzen für die Innenarchitektur weder erstellen noch umsetzen, obwohl Sie zeichnerisch recht begabt sind, hat letztendlich niemand etwas davon. Stehen dem Kunden aber Skizzen zur Verfügung, kann er gleich an Ort und Stelle seine Meinung dazu äußern. Es ist enorm hilfreich, wenn der Kunde gleich zu Beginn die Möglichkeit erhält zu sagen, dass ihm etwas ganz anderes vorschwebt.

Dieses Buch zeigt Ihnen, wie Sie Ideen für die Innenarchitektur effektiv mittels Speed-Sketching umsetzen. Dabei geht es nicht

darum, die Hand schnell über das Papier zu bewegen, sondern Bilder so zu vereinfachen, dass sie sich schnell zeichnen lassen. Dabei wird die zur Verfügung stehende Zeit grob in folgende Segmente unterteilt: 10 s, 1 min, 3 min, 5 min, 10 min. Die Skizzen entstehen dabei sozusagen „öffentlich", also vor den Augen des Kunden, und dienen somit als Mittel der Kommunikation.

Sie zeichnen nicht im stillen Kämmerlein, sondern während der Kommunikation mit anderen Menschen. Manch einer meint, dass man in zehn Sekunden oder einer Minute nichts zeichnen kann. Ich finde diese kurzen Zeiträume sehr interessant und da man in dieser Zeit „Guten Morgen" oder „Schönes Wetter heute" sagen kann, sollten beim Speed-Sketching zehn Sekunden für ein Möbelstück oder ein Element genügen.

In einer ganzen Minute umrundet der Sekundenzeiger das gesamte Zifferblatt und Sie schaffen mehr, als Sie denken. Da können Sie sicher einfache Ideen kommunizieren oder eine Geschichte kurz beschreiben. Sogar für Körperpflege reicht diese Zeit. Sie könnten Ihre Fingernägel schneiden oder Ihre Ohren reinigen. Beim Speed-Sketching reicht eine Minute für die Skizze eines kleinen Raumes wie Flur, Wohnzimmer, Schlafzimmer, Bad oder eine Gästetoilette.

Drei Minuten sind die Zeit, in der Ultraman (der Held meiner Lieblingsserie aus der Kinderzeit) auf der Erde aktiv sein konnte. Viele werden Ultraman nicht kennen, daher gebe ich Ihnen ein anderes Beispiel. Eine Boxrunde ist drei Minuten lang. Und das ist eine lange Zeit. Wie man diese Zeit nutzt, hängt ganz davon ab, welche Tätigkeiten man gerade durchführt. Ich denke aber, dass man innerhalb von drei Minuten die meisten

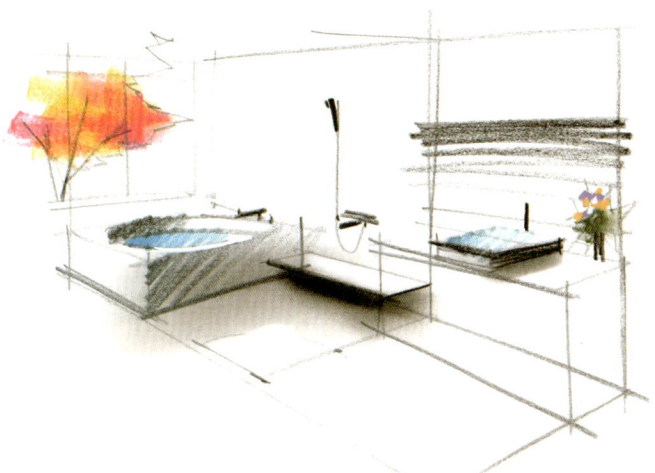

einfachen Aufgaben erledigen kann. Beim Speed-Sketching genügen drei Minuten für Multifunktionsräume wie Wohn-/Esszimmer, Wohn-/Esszimmer mit Küche oder eine Essküche.

Dazu ist heutzutage aufgrund schneller Computer und Transportmittel alles schneller geworden. Drei Minuten sind gar nicht mehr kurz. Und die Verarbeitungszeit digitaler Geräte wird immer kürzer. Das eröffnet uns wunderbare Möglichkeiten. Digitale Geräte können blitzschnell Skizzen vor den Augen des Kunden erstellen. Sie zeigen aber immer nur das Endergebnis, nicht den Arbeitsprozess. Die Skizze, die Sie vor den Augen des Kunden auf einem Stück Papier zeichnen, ist der digitalen Skizze anscheinend weit unterlegen. Die Flexibilität beim Zeichnen mit der Hand ermöglicht Ihnen aber, Punkt für Punkt genau auf die Bedürfnisse des Kunden einzugehen. Und wenn Sie sich fünf Minuten Zeit nehmen, können Sie die Skizze sogar kolorieren, um den Vorstellungen des Kunden möglichst nah zu kommen und ihm einen Blick auf seinen Traum zu ermöglichen.

Trotz aller technologischen Fortschritte zeichnet der Mensch mit der Hand nicht wirklich schneller als früher. Und viele finden es angenehm zuzusehen, wie jemand vor Ihren Augen eine Skizze entstehen lässt. Aber Vorsicht! Auch wenn Sie gern zeichnen, werden Sie Probleme bekommen, wenn Sie bei der Besprechung mit dem Kunden 30 Minuten oder gar eine Stunde lang zeichnen. Verwenden Sie nie mehr als zehn Minuten darauf. Und dafür müssen Sie schon recht schnell zeichnen. Das müssen Sie viel üben. So ist es am besten, seine Skizzen zu vereinfachen und alles Unwichtige wegzulassen, um die Skizze schnell fertigzustellen.

Wichtig ist dabei vor allem Ihre Einstellung zum Zeichnen. Da Sie vor dem Kunden zeichnen, während Sie mit ihm kommunizieren, kann er Ihnen von Anfang an dabei zusehen. Eine solche Skizze wird niemals wirklich fertig sein. Bei den meisten Zeichnungen in der Innenarchitektur kommt es darauf an, wie „komplett" eine Zeichnung ist, das heißt, wie viele Details sie enthält. Beim Speed-Sketching dagegen soll die Skizze

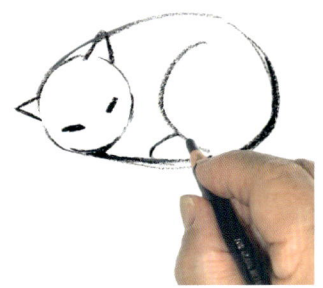

unfertig beiben. Sie dient als Gedächtnisstütze und Mittel der Kommunikation. In diesem Buch erfahren Sie, wie beeindruckende Skizzen zur Innenarchitektur entstehen.

Sie müssen bei der Präsentation Ihrer Innenarchitektur stets dem Kunden zuhören, auf seine Forderungen und Wünsche achten und seinen Lebensstil berücksichtigen. Dieses Buch unterstützt Sie dabei, Sie lernen, nicht nur Haushaltsgeräte, Möbel, Armaturen, Leuchten und kleine Gegenstände zu zeichnen, sondern auch Menschen, Haustiere und Pflanzen. Da unser Lebensstil einem ständigen Wandel unterliegt, hoffe ich, dass Sie mit dem Speed-Sketching Themen wie „Wärme", „Ruhe" und „Leben mit der Natur" vermitteln können.

Es ist zwar zu jeder Skizze die Zeitdauer angegeben, dennoch ist es wichtiger, dass Sie in der Lage sind, ruhig zu bleiben und effektiv mit dem Kunden zu kommunizieren, als ein Zeitlimit einzuhalten.

Inhalt

Vorwort 1

Kapitel 1 Skizzengalerie zur Innenarchitektur 11

Flur und Außenbereich 12

Wohnzimmer 14

Küche und Esszimmer 16

Wohn- und Esszimmer mit Küche 18

Bad 21

Schlafzimmer 22

Kapitel 2 Grundlagen des Speed-Sketching 23

10-Sekunden-Skizze

Zwölf einfache Skizzen 24

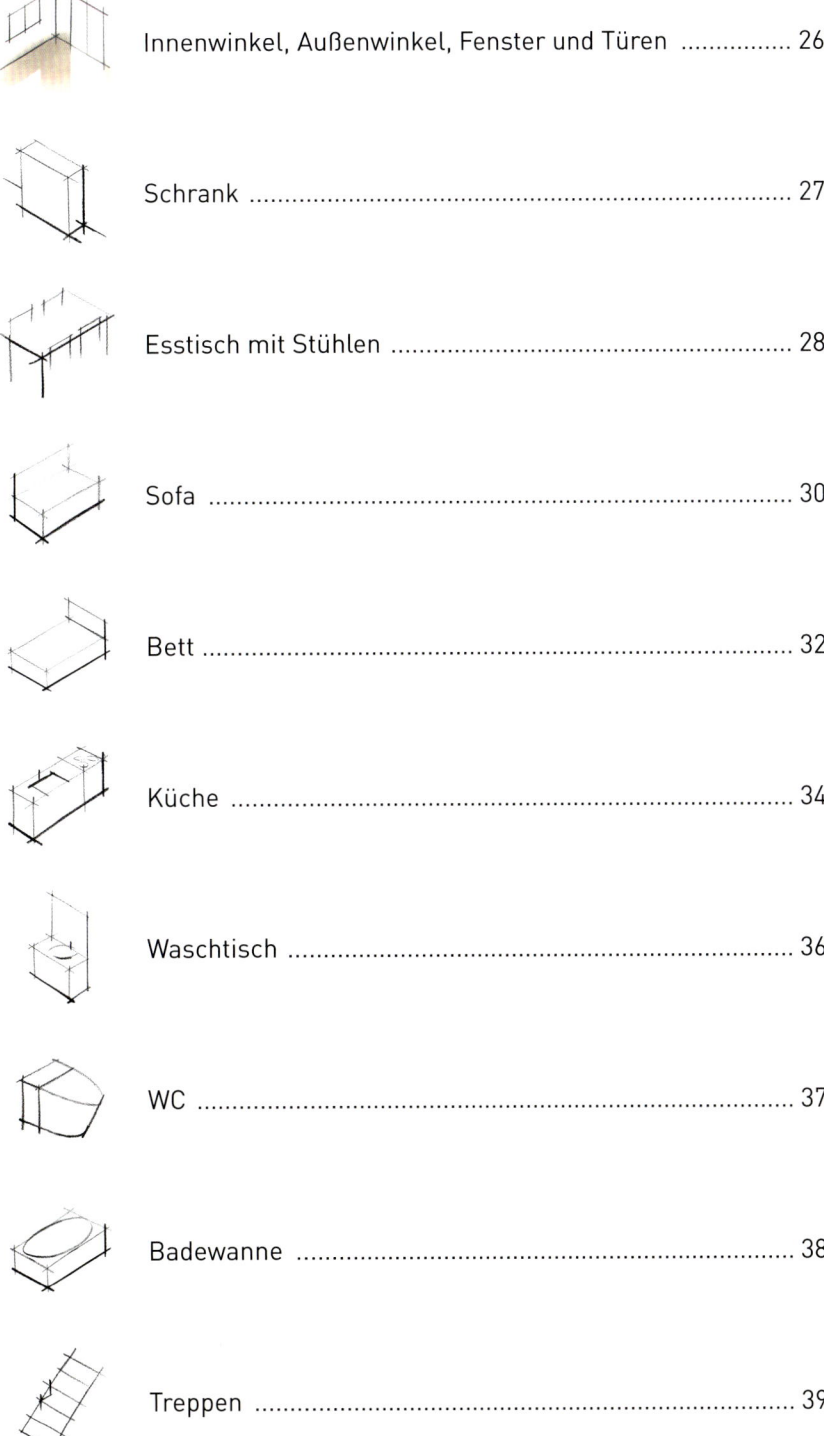

Innenwinkel, Außenwinkel, Fenster und Türen 26

Schrank 27

Esstisch mit Stühlen 28

Sofa 30

Bett 32

Küche 34

Waschtisch 36

WC 37

Badewanne 38

Treppen 39

1-Minuten-Skizze: Einen Innenraum zeichnen

Flur 40

Wohnzimmer 41

Küche & Esszimmer 42

Schlafzimmer 44

Bad 45

Haushaltsraum 46

Bad 47

3- bis 5-Minuten-Skizze: Zentralperspektive

Wohnzimmer 48

Esszimmer und Küche 50

3- bis 5-Minuten-Skizze: Isometrische Darstellung

Wohn- und Esszimmer mit Küche 52

3- bis 5-Minuten-Skizze: Zweipunkt-Perspektive

Esszimmer und Küche 54

Wohn- und Esszimmer 56

Kapitel 3 Zeichentechniken 59

Verschiedene Linienstärken 60

Schattierungen hinzufügen 63

Verschiedene Linienstärken anwenden: 67
Stühle mit markantem Design

Kapitel 4 Kolorieren 71

Grundlagen des Kolorierens 72

Fensterspiegelungen 1 74

Fensterspiegelungen 2 76

Fensterspiegelungen 3: Böden und Möbel kolorieren 78

Indirekte Beleuchtung 1: Wohnzimmer 80

Indirekte Beleuchtung 2: Schlafzimmer mit gewölbter Decke 82

Licht und Schatten darstellen 84

Kapitel 5 Skizzen präsentieren 85

7-Minuten-Skizze: Bad 86

7-Minuten-Skizze: Haus für ein Paar 92

10-Minuten-Skizze: Einladung zum Tee 100

5-Minuten-Skizze: Fernsehabend 100

10-Minuten-Skizze: Flur mit Glasbausteinen 104

8-Minuten-Skizze: Bier mit Blick auf den Bambus 110

10-Minuten-Skizze: Großzügiger offener Wohn-, Ess- und Küchenbereich 116

5-Minuten-Skizze: Schlafzimmer mit Ablage 120

7-Minuten-Skizze: Wohnbereich für Senioren 124

5-Minuten-Skizze: Haus mit Meerblick 129

5-Minuten-Skizze: Haus mit Baum 132

Kapitel 6 Elemente zur Belebung der Skizzen 135

Menschen 1 136

Menschen 2 138

Haustiere 140

 Bäume 142

 Darstellung der Jahreszeiten mit Farben 146

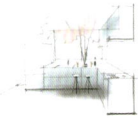 Jahreszeiten in jedem Bereich 148

 Pflanzen 150

Anhang: Schablonen 155

Nachwort 158

Autor 159

Animierte Skizzen

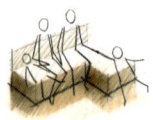 Pflanzen zeichnen ....160 ▶ 38

 Pflanzen zeichnen ....691 ▶ 59

 **Videos auf You Tube**
Es gibt Videos zum Speed-Sketching
Zu diesem Buch gibt es folgende Links:

https://youtu.be/2seY110_Zj8
https://youtu.be/fE3LKXB4CQs
https://youtu.be/pU0yRgM2AqI

Kapitel 1
Skizzengalerie zur Innenarchitektur

Dieses Buch zeigt Methoden des Speed-Sketching für Innenräume. Wir zeigen zunächst Bilder, die mit Speed-Sketching machbar sind.

Flur und Außenbereich

Flur: Die Stufe an der Vorderseite des Flures stellt den Schlüsselpunkt für die Darstellung des Eingangsbereichs dar. Da jeder Eingangsbereich so viele verschiedene Elemente hat – Türen, Treppen, Schränke, Außenbereiche usw. –, müssen Sie alles vereinfachen und organisieren, um schnell zeichnen zu können.

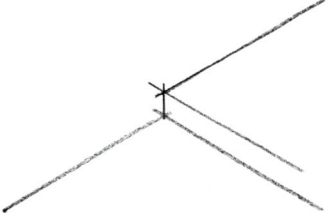

Beginn: Stufe vorn am Boden des Flures (10 s)

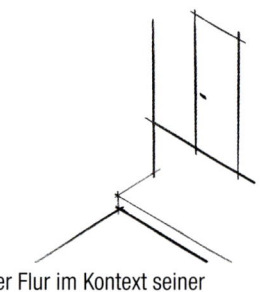

Der Flur im Kontext seiner Umgebung (30 s)

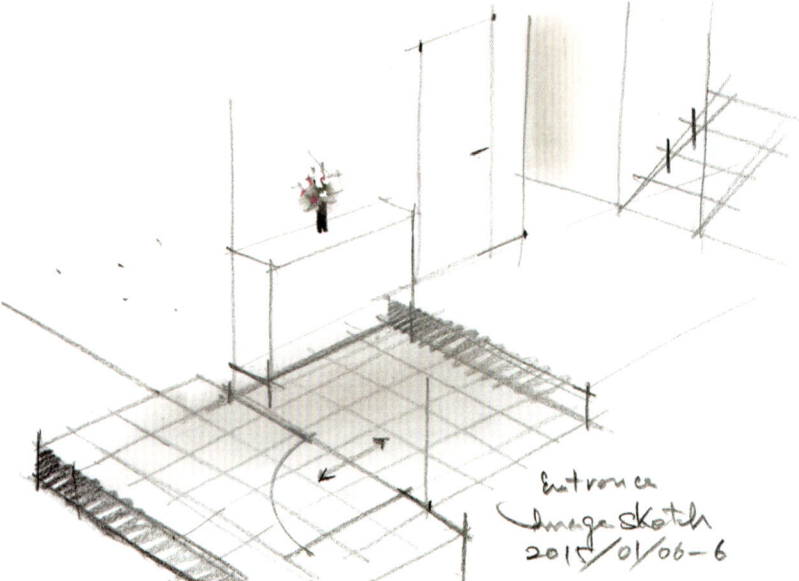

Diese Szene macht den Eingang sichtbar. Koloriert mit Pastellkreide (siehe S. 72) (5 min).

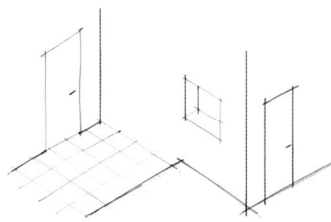

Nehmen Sie einen Dermatograph-Stift (siehe S. 60) (1 min).

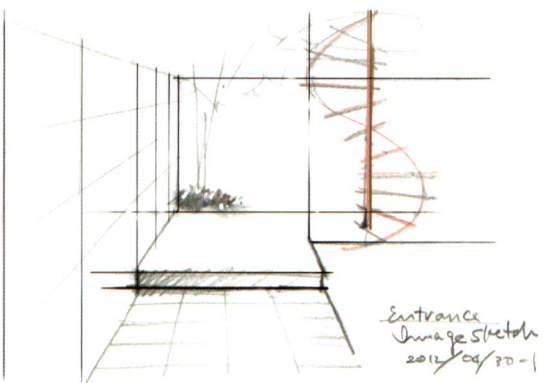

Eingang mit Wendeltreppe. Koloriert mit Pastellkreide und Farbstiften (4 min).

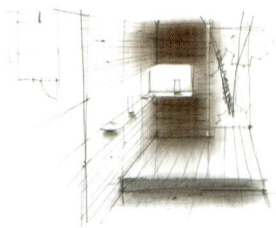

Pastellkreide, Farbstifte (5 min). Licht wird mit einem Knetgummi radiert.

Pastellkreide, Farbstifte (6 min). Licht wird mit einem Knetgummi radiert.

Pastellkreide, Farbstifte (7 min)

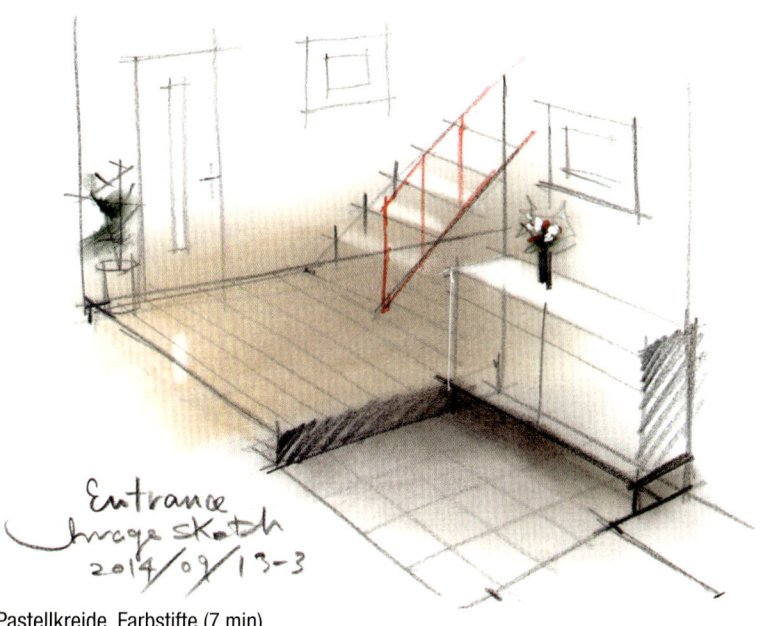

Pastellkreide, Farbstifte (7 min)

Pastellkreide, Farbstifte (7 min). Licht wird mit einem Knetgummi radiert.

Verglaster Ausgang zum Hof. Pastellkreide (5 min)

Außenbereich: Dieser sollte im Erscheinungsbild stets zum Innenbereich passen und durch Pflanzen eigenen Charakter zeigen.

Essbereich auf der Terrasse. Pastellkreide (5 min). Lichtwirkung durch Knetgummi

Himmel und Wolken mit Pastellkreide (5 min). Ganz helle Bereiche mit Whiteout

Essbereich auf der Terrasse. Pastellkreide (5 min). Durchscheinendes Sonnenlicht wird mithilfe von Knetgummi erzeugt.

Essbereich im Garten. Pastellkreide. Einfache Pflanzen (5 min)

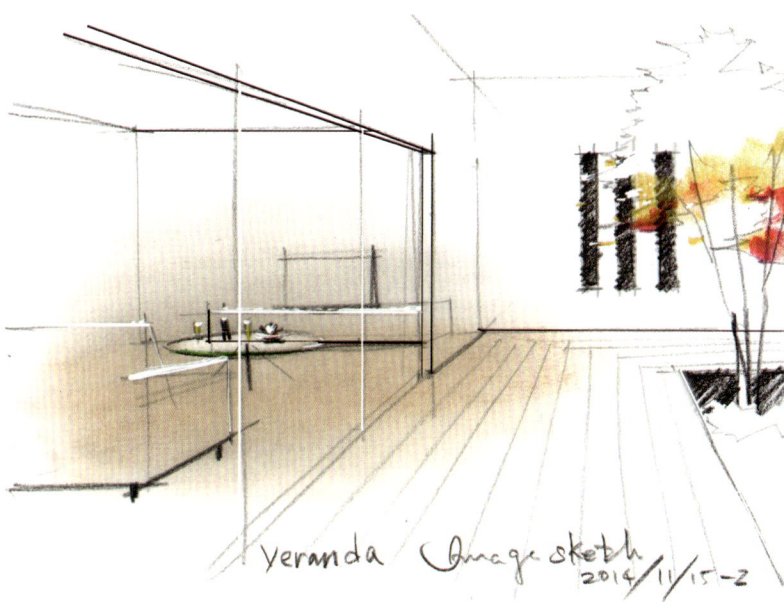

Veranda mit Blick auf Herbstlaub. Pastellkreide (5 min). Armlehnen des Sofas mit Whiteout

Wohnzimmer

Hier finden wir Elemente wie Sofas oder Aufbewahrungsmöbel wie Fernsehtische. Stellen Sie das Licht vom Fenster und seine Reflexionen auf dem Boden dar. Der Betrachter fühlt sich wohler, wenn Sie die Szene im Gegenlicht darstellen. Der vordere Bereich oder eine Seite des Raumes sollte im Licht liegen.

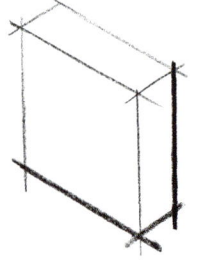

Einfacher Schrank (10 s)

Großzügiger, heller offener Wohnbereich (10 min)

Einfaches Sofa (10 s)

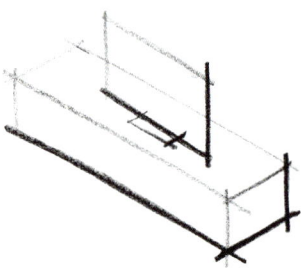

Fernsehtisch (15 s)

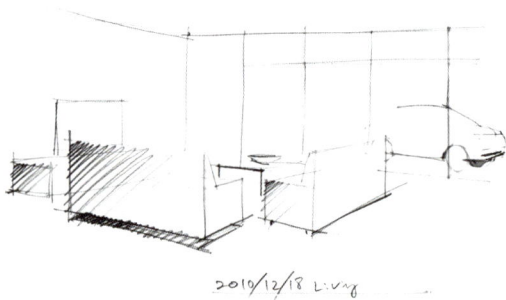

Die starken und schwachen Linien des Autos beachten (2 min).

Szene mit Piano, einfach skizziert (5 min).

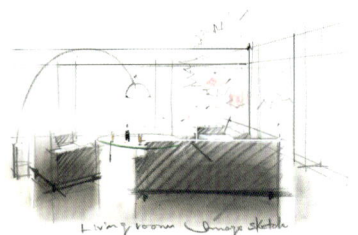

Beim Sitzen auf dem Sofa fällt der Blick auf die Kirschblüten (5 min).

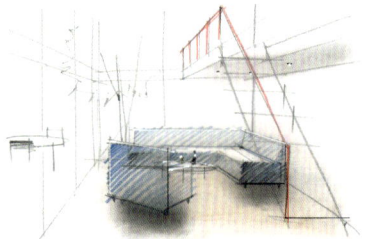

Offene Treppe (7 min)

Schrank, mit Pastellkreide koloriert (7 min)

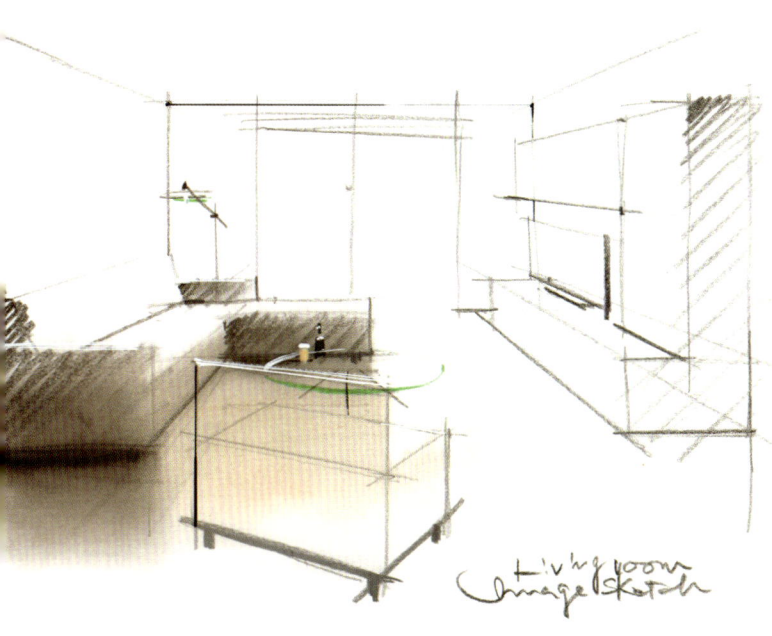

Blick auf das Herbstlaub vom Sofa (7 min)

Der Stuhl im Vordergrund muss transparent sein (5 min).

Pastellkreiden machen das Bild weicher (7 min).

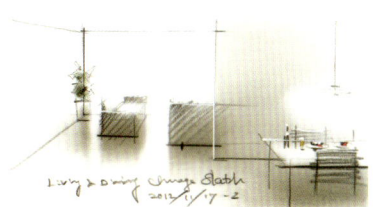

Ein Knetgummi unterstützt die Beleuchtung des Essbereichs (8 min).

Betonung der Kirschblüte mit Pastellkreide (5 min)

Pastellkreide bringt eine angenehme Wärme ins Bild (5 min).

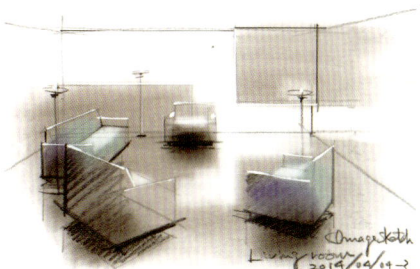

Achten Sie auf die Reflexion der besonders gestalteten Glaswand auf dem Boden (7 min).

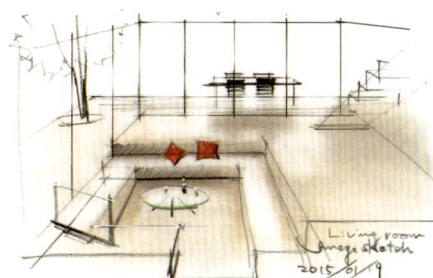

Ein großzügiges Wohnzimmer. Dünne Linien statt der üblichen dicken Fensterrahmen (10 min)

Die Fläche des Tisches auf der Terrasse kann mit Whiteout betont werden (10 min).

Küche und Esszimmer

Erste Pläne für Küche und Essbereich. Achten Sie beim Skizzieren auf den Abstand zwischen Küche und Essbereich. Ablagen und Schränke in der Küche sind stets einfach zu halten. Es geht darum, schnell einen verständlichen Gesamteindruck zu vermitteln.

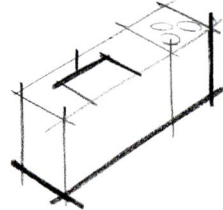

Einfache Arbeitsplatte (10 s)

Einfacher Esstisch mit Stühlen (20 s)

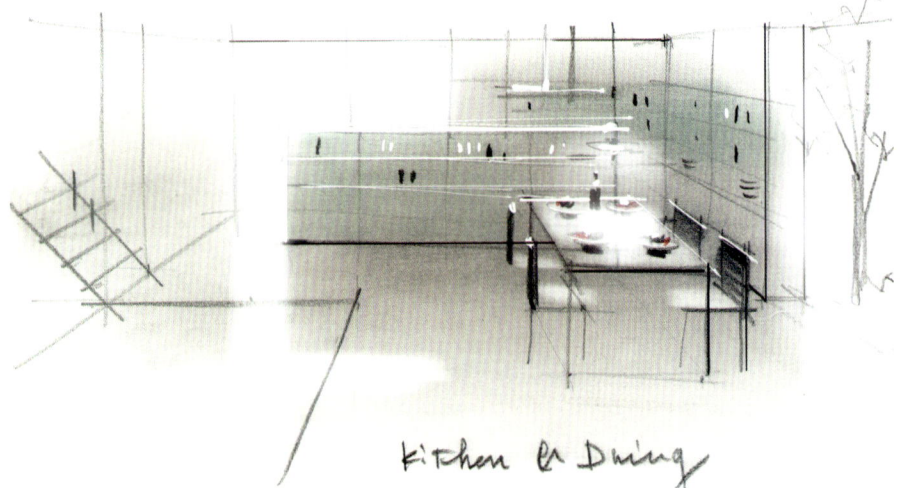

Die Spüle ist hinten in der Kücheninsel, die Schränke sind zum Betrachter gerichtet (7 min).

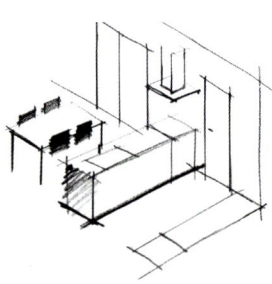

Schnelle Skizze von Kücheninsel und Essbereich (1 min)

Küchenschränke, mit Pastellkreide koloriert (4 min)

Whiteout für die Tischfläche (5 min)

Auf zwei Ebenen. Der Essbereich ist unten (5 min).

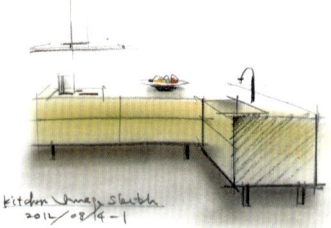

Mit Pastellkreide koloriert (4 min)

Knetgummi bringt Licht ins Bild (5 min).

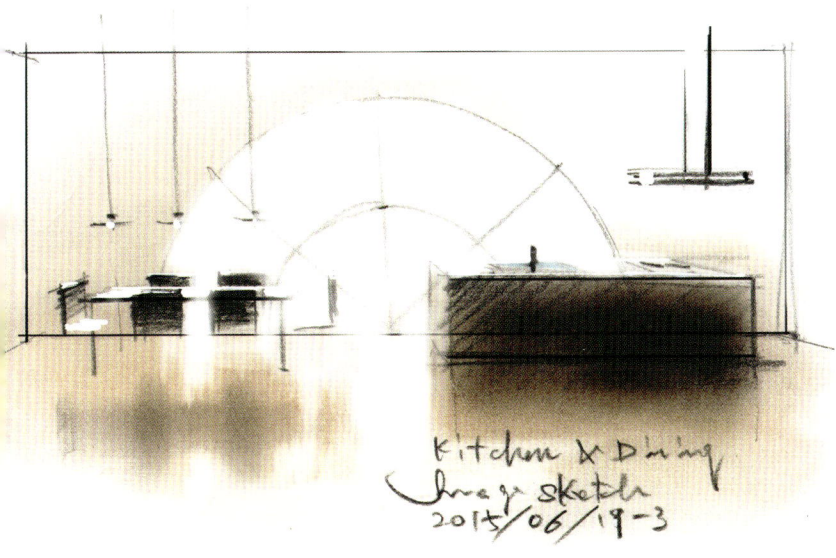

Großzügiger offener Bereich (5 min)

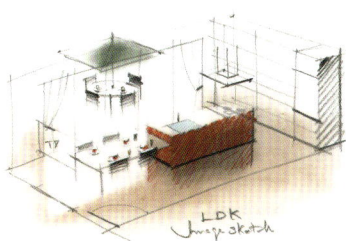

Esssküche mit nostalgischen Fenstern (10 min)

Knetgummi sorgt für die Reflexionen des Fensters auf dem Boden (7 min).

 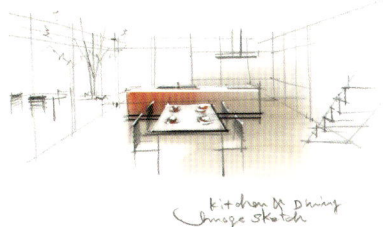 

Sonniger Essbereich (5 min)

Die Treppe lenkt das Auge auf das Obergeschoss (7 min).

Wichtig ist hier die Reflexion des Fensters auf dem Boden, dargestellt mit Knetgummi (7 min).

Bewusst aus einem tiefen Blickpunkt gezeichnet (7 min).

Küchen- und Essbereich mit Restaurant-Atmosphäre (7 min)

Durch die Dunkelheit der rechten Seite wird der lichtdurchflutete Essbereich betont (7 min).

Wohn- und Esszimmer mit Küche

Hier geht es darum, dass der Lebensstil des Bauherrn und die Nutzung des Hauses im Mittelpunkt stehen. Diese Skizzen betonen die Bedeutung des Wohnbereichs für den Hausbesitzer und ermöglichen ihm, einen Konsens mit dem Architekten über das Gesamtkonzept zu erzielen.

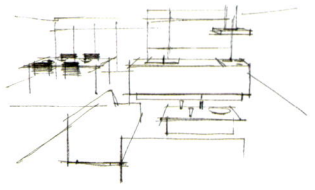

Schnelle, einfache Skizze (3 min)

Wichtige Stellen, mit Farbstift koloriert (5 min)

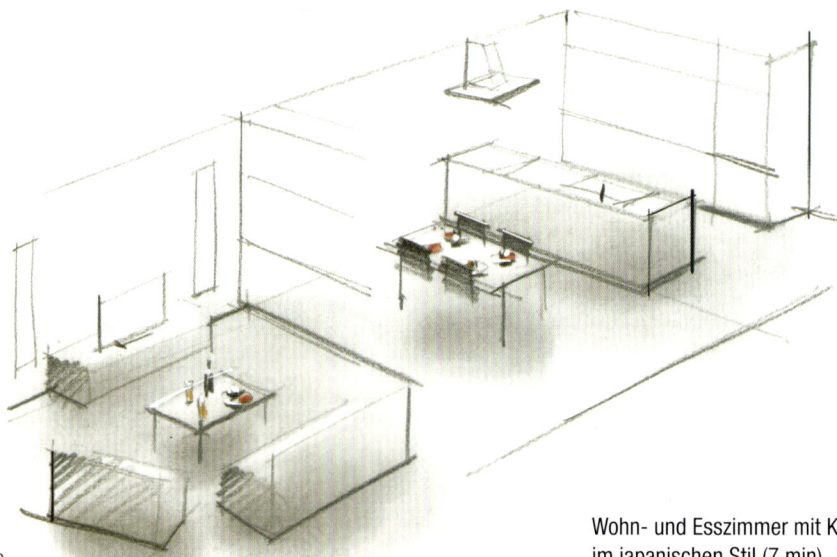

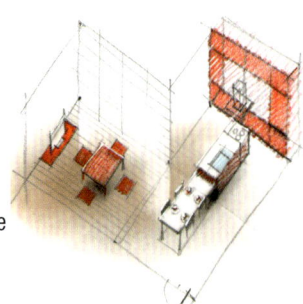

Wohn- und Esszimmer mit Küche im japanischen Stil (7 min)

Isometrische Zeichnungen bringen Präzision (5 min).

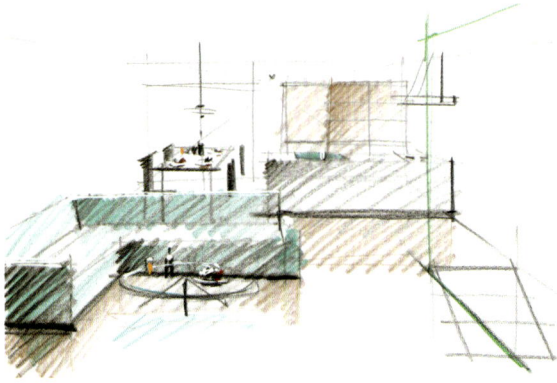

Die grobe Kolorierung mit Farbstiften unterstreicht den Eindruck der Handzeichnung (5 min).

Großzügiges Wohnzimmer mit viel Platz zum Spielen (6 min)

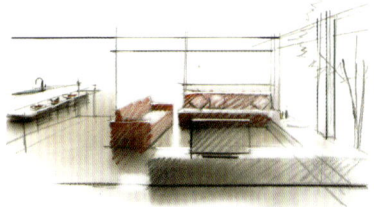

Sofa mit rotem Farbstift kolorieren (7 min).

Haus mit Frühstücksbar (10 min)

Wohn- und Esszimmer mit Küche. Die Möbel dienen als Raumtrenner (10 min).

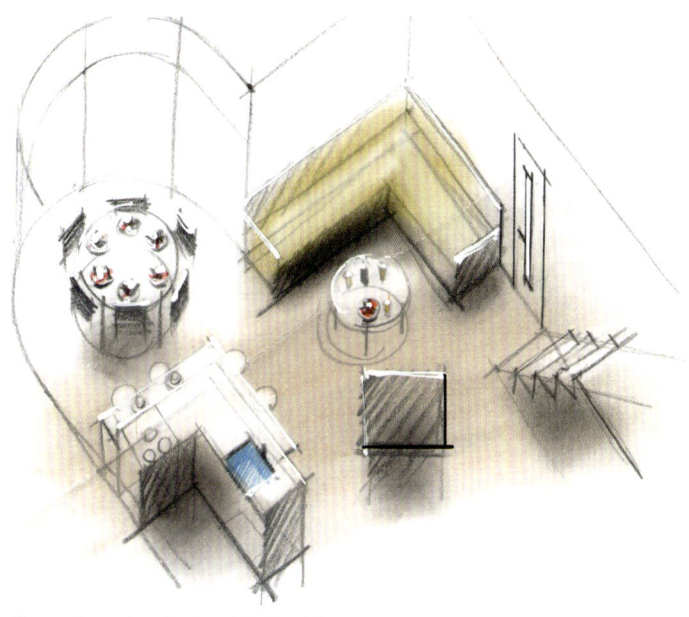

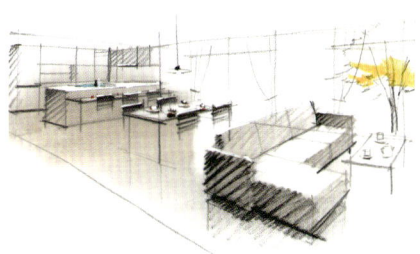

Entspannung mit Blick auf das Herbstlaub (10 min)

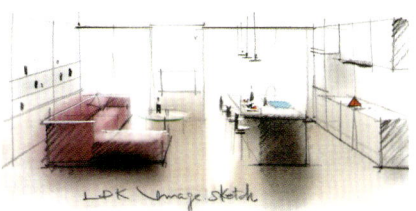

Offenes Wohn- und Esszimmer mit Küche (10 min)

Haus mit rundem Essbereich (6 min)

Großzügiges Wohn- und Esszimmer mit Küche (10 min)

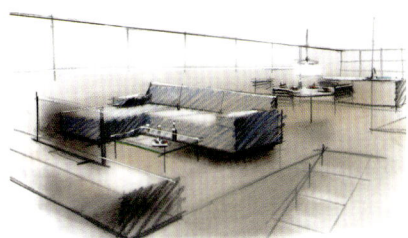

Haus mit hohen Fenstern (7 min)

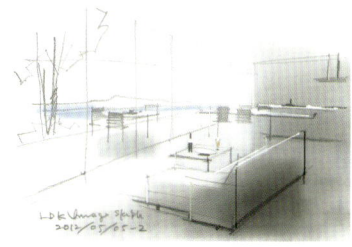

Großzügiges Haus mit Meerblick (7 min)

Essen an der Theke (7 min)

Die Fensterzeile rahmt das Wohn- und Esszimmer mit Küche im Obergeschoss ein (10 min).

Großartiger Ausblick auf die Bäume im Garten (10 min)

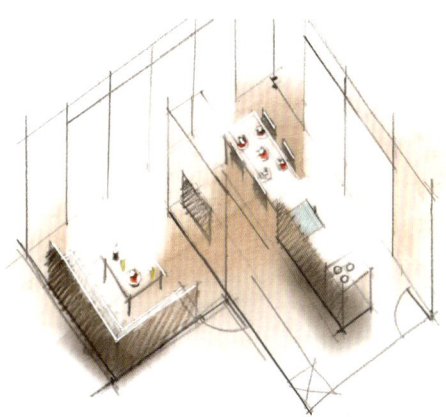

Hier stehen sich Esstisch und Arbeitsplatte gegenüber (7 min).

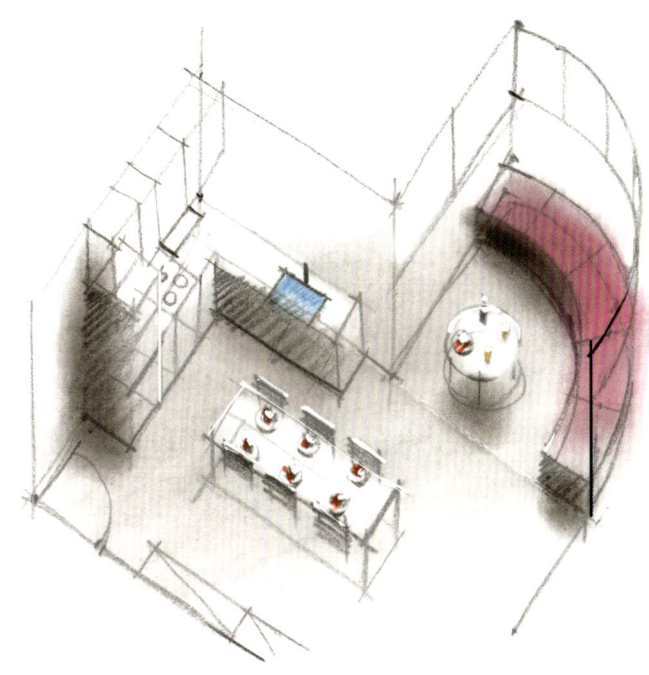

Haus mit gebogenem Sofa (7 min)

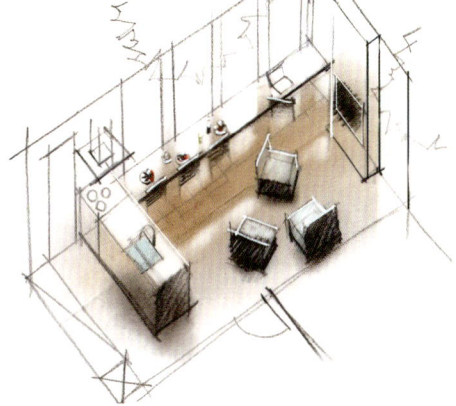

Raum mit langer Ablage (7 min)

Tee auf der Terrasse (5 min)

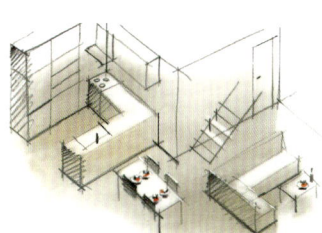

Koloriertes Wohn- und Esszimmer mit Küche und L-förmiger Arbeitsfläche (7 min)

Haus mit gebogener Frühstücksbar (6 min)

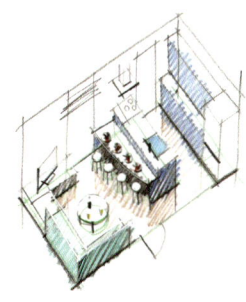

Hier kann man an der Bar frühstücken. Ein sehr kompakter Grundriss (5 min)

Bad

Bad, Waschraum, WC – sie sind meistens klein und vereinigen mehrere dieser Funktionen in sich. Hier sorgen transparente Wände für für ein angenehmes Licht.

Einfaches WC (10 s)

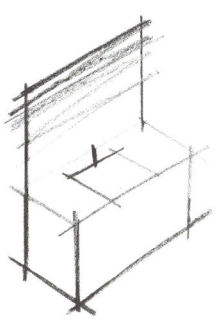
Einfache Badewanne (10 s)

Knetgummi sorgt für die indirekte Beleuchtung des Spiegels (3 min).

Einfacher Waschtisch (10 s)

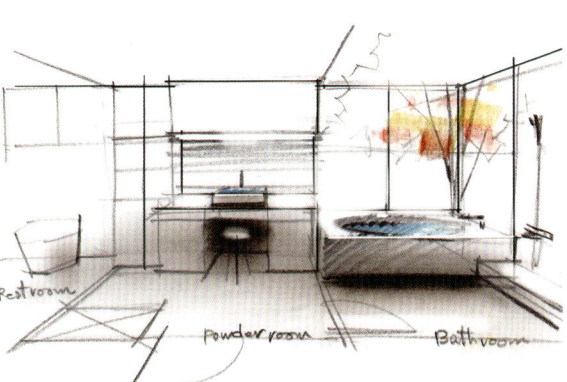

Herbstlaub, mit Pastellkreide koloriert (5 min)

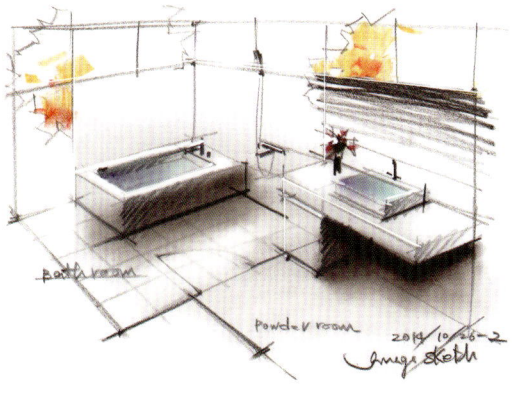

Rote und gelbe Pastellkreide stellen das Herbstlaub dar (7 min).

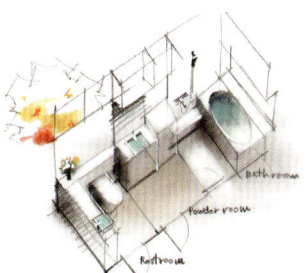

Naturelemente im Bad sorgen für ein angenehmes Ambiente (7 min).

Zur Entspannung ein Glas Wein (3 min)

Farbstifte bringen Leben und Schwung ins Bild (5 min).

Schlafzimmer

Verschiedene Linienstärken zeigen, wie komfortabel ein Bett ist. Mit Sofa, Bad, Veranda usw. wirkt das Schlafzimmer wie eine Hotelsuite.

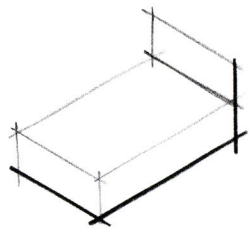

Einfaches Bett (10 s)

Knetgummi bringt Licht ins Bild (7 min).

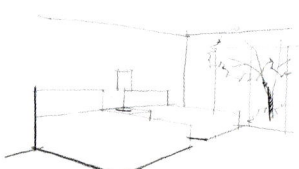

Unnötige Linien weglassen (1 min).

Verschiedene Linienstärken einsetzen (2 min).

Schlafzimmer mit Bad (10 min)

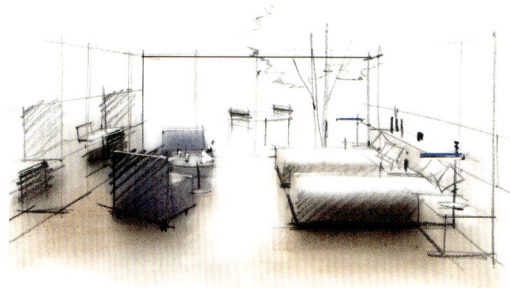

Schlafzimmer mit Arbeitsplatz (7 min)

Betten, leicht mit Farbstift koloriert (6 min)

Blick auf das Herbstlaub wie bei einem Urlaub zuhause (7 min)

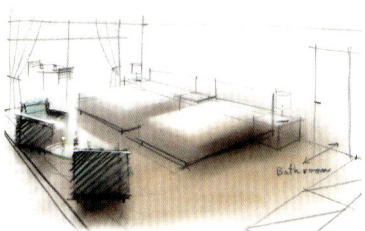

Knetgummi unterstreicht die Weichheit der Betten (7 min).

Kapitel 2

Grundlagen des Speed-Sketching

Hier lernen wir, wie wir die wichtigsten Elemente zeichnen, die zum Innendesign gehören.
Unter dem Motto der Vereinfachung zeichnen wir im Unterkapitel „10-Sekunden-Skizze" Elemente wie Türen und Fenster und Möbel wie Sofas und Tische.
Dazu stellen wir in den Unterkapiteln „1-Minuten-Skizze: Einen Innenraum zeichnen" und „3- bis 5-Minuten-Skizze: Zentralperspektive" praktische Methoden für das Zeichnen von Innenräumen durch Kombination dieser Elemente vor.

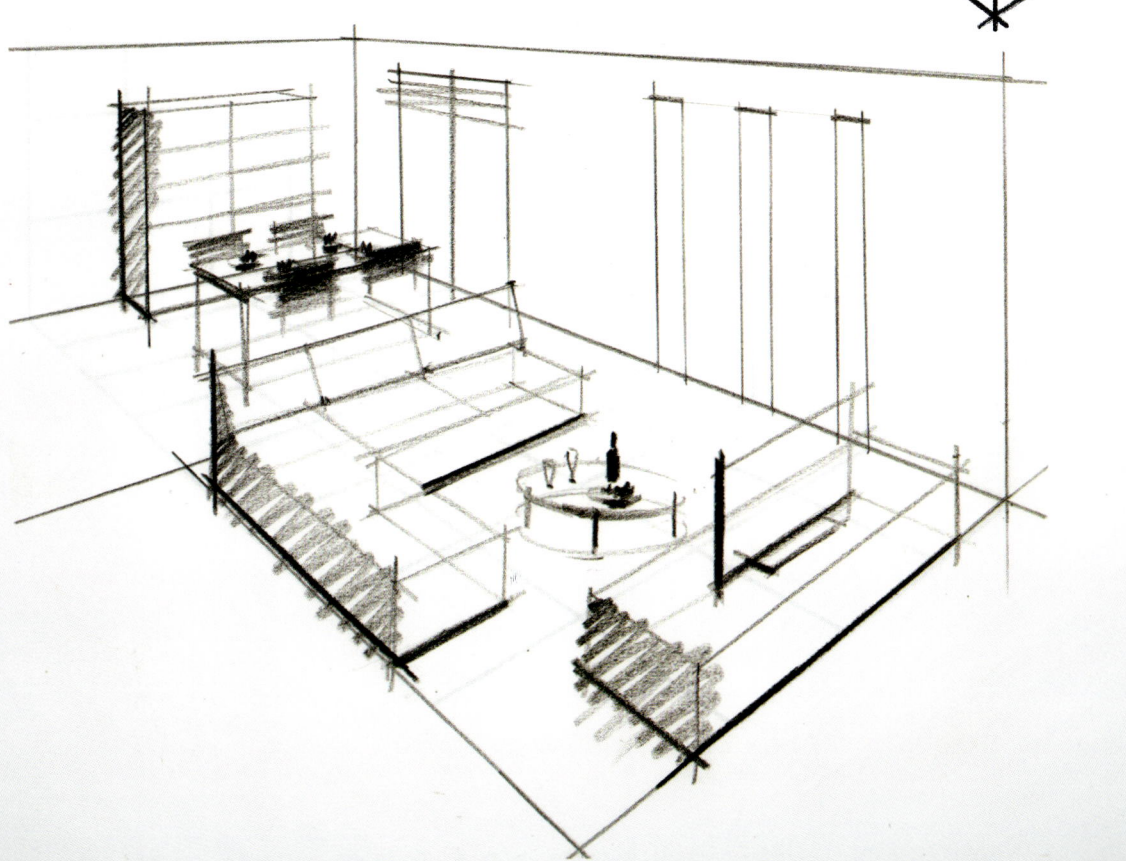

10-Sekunden-Skizze

Mit einfachen Linien zeichnen wir Möbel, Elemente und Geräte in etwa 10 Sekunden. Es geht nicht darum, schnell viele Linien zu ziehen, sondern so wenige Linien wie nötig zu zeichnen. Solche simplen Skizzen können beim Kundengespräch sehr hilfreich sein, denn Sie können während des Gesprächs zeichnen. Diese Skizzen bestehen überwiegend aus rechtwinkligen und schrägen Linien (30°). Hier geht es darum, schnell und entschlossen zu zeichnen, ohne darauf zu achten, ob Linien eventuell überstehen.

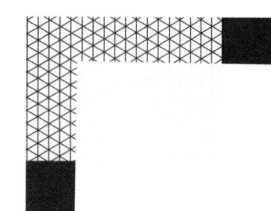

Kopieren Sie Seite 152 und legen Sie die Kopie unter Ihr Papier. So können Sie schräge Linien besser zeichnen.

Zwölf einfache Skizzen

Neben den hier gezeigten Elementen gibt es zahlreiche andere Möbel und Haushaltsgeräte. Mit der Vorgabe der 10 Sekunden lernen wir Techniken und Ansätze zur Vereinfachung von Bildern. Sie können diese Techniken fortsetzen und auf nicht hier gezeigte Elemente anwenden.

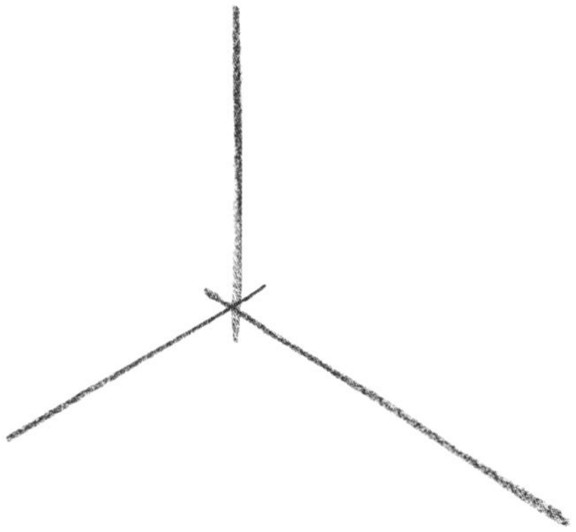

① Innenwinkel

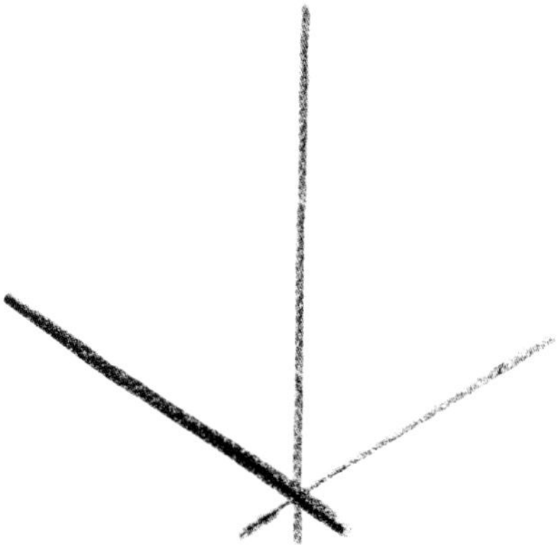

② Außenwinkel

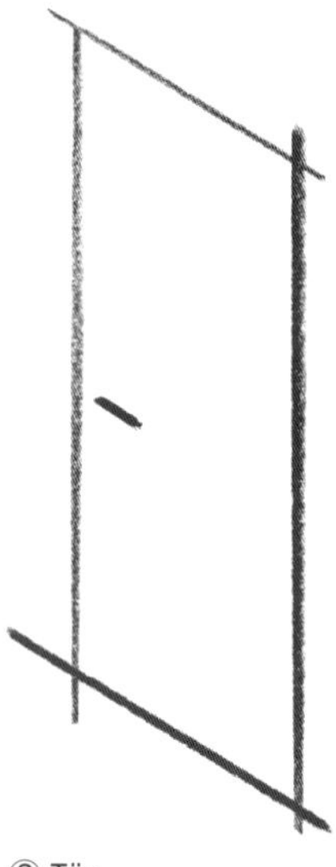

③ Tür

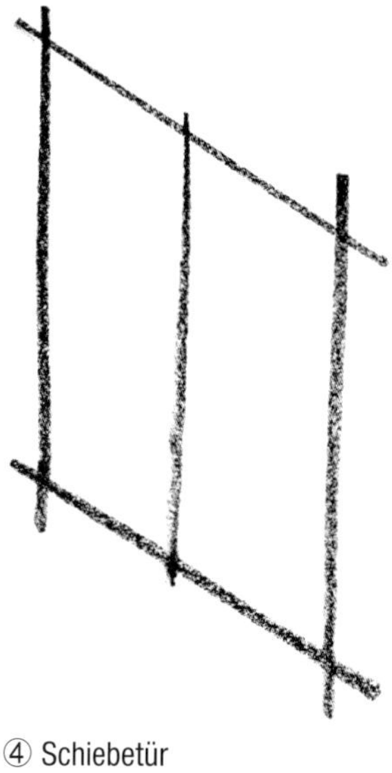

④ Schiebetür

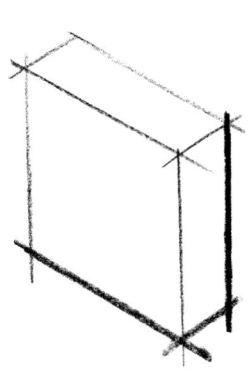

⑤ Schrank

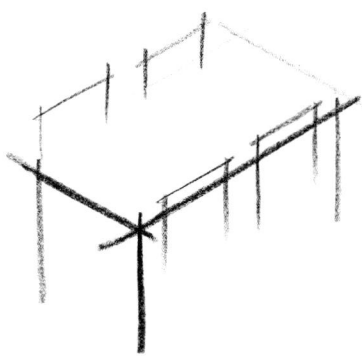

⑥ Esstisch mit Stühlen

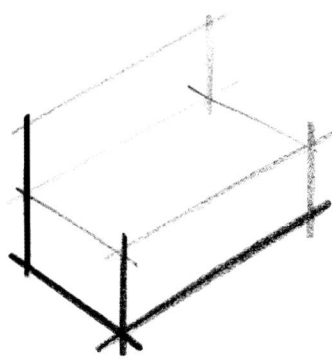

⑦ Sofa

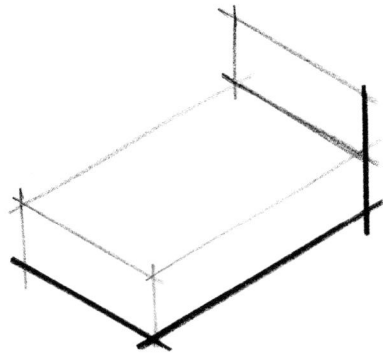

⑧ Bett

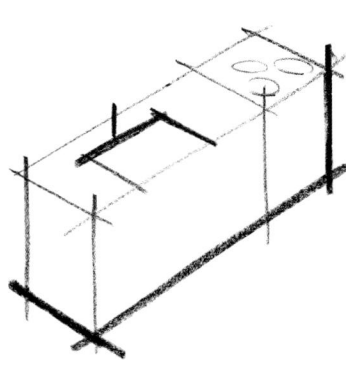

⑨ Küche

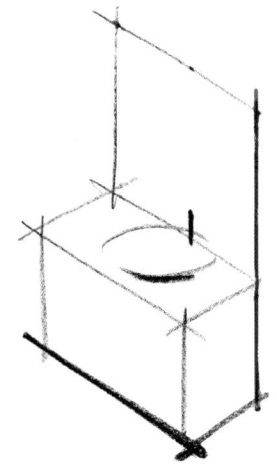

⑩ Waschtisch und Spiegel

⑪ WC

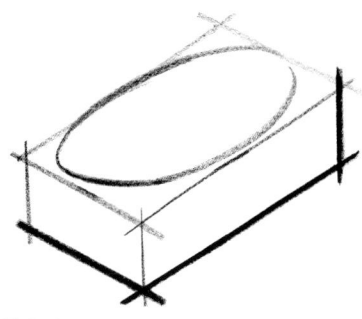

⑫ Badewanne

Innenwinkel, Außenwinkel, Fenster und Türen

Einfache Komposition für ein Wohnzimmer

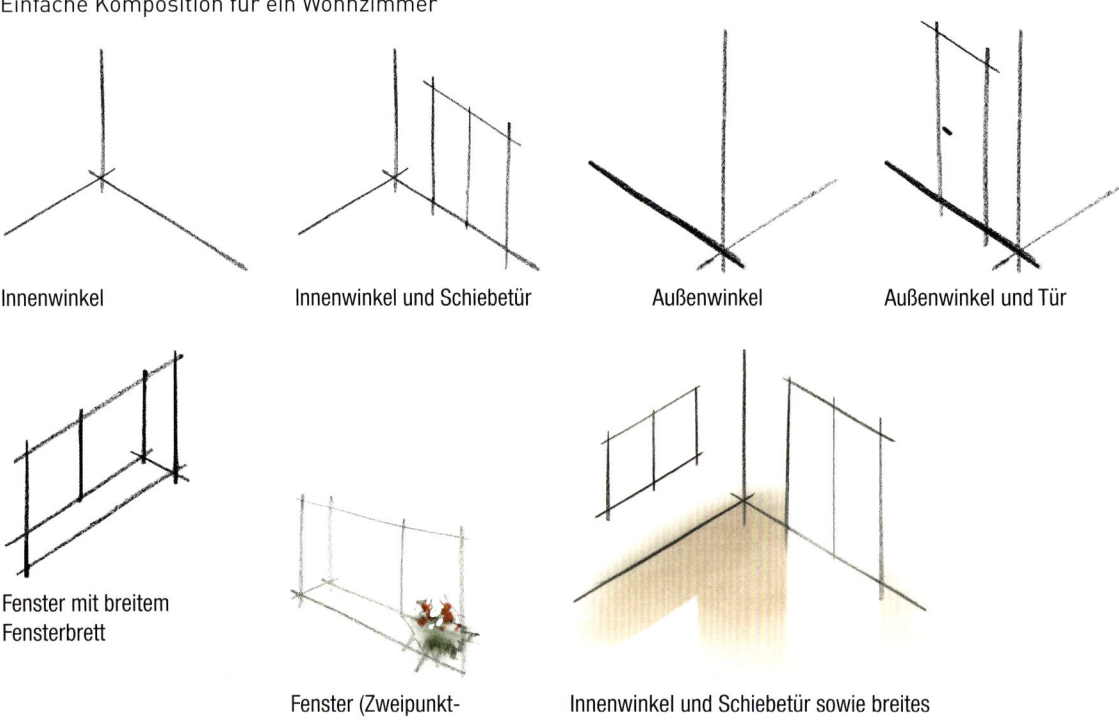

Eine Tür zeichnen

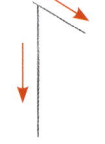   

① Eine vertikale Linie und eine Linie, die nach rechts unten weist

② Eine vertikale Linie rechts davon

③ Bodenlinie, die auch nach rechts unten weist

④ Zum Abschluss eine kurze Linie für die Türklinke

Ein Schiebefenster zeichnen

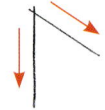 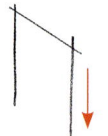  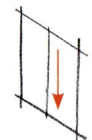

① Eine vertikale Linie und eine Linie, die nach rechts unten weist

② Eine weitere vertikale Linie

③ Bodenlinie, die nach rechts unten weist

④ Eine vertikale Linie in der Mitte zum Abschluss

Ein breites Fenster zeichnen

  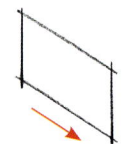 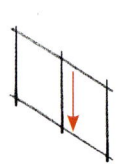

① Eine vertikale Linie und eine längere Linie, die nach rechts unten weist

② Eine vertikale Linie rechts davon

③ Eine Bodenlinie, die nach rechts unten weist

④ Eine vertikale Linie in der Mitte zum Abschluss

| Schrank | Eines der elementarsten Möbel. Durch die Änderung von Länge, Höhe und Tiefe kann man Form und Funktion stark verändern. |

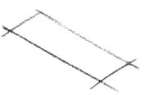
① Das Dachelement

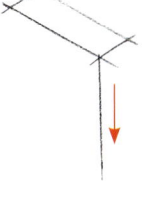
② Von der vorderen rechten Ecke eine vertikale Linie nach unten ziehen.

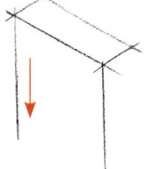
③ Von der vorderen linken Ecke eine vertikale Linie nach unten ziehen.

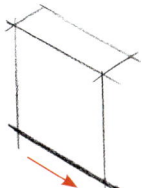
④ Bodenlinie, die nach rechts unten weist

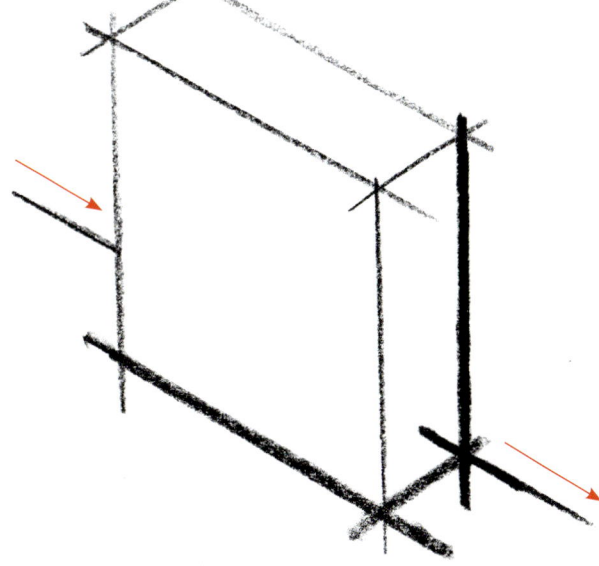

⑤ Weitere Bodenlinie nach rechts oben ziehen.

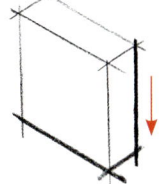
⑥ Von der hinteren rechten Ecke eine vertikale Linie nach unten zum Abschluss ziehen.

⑦ Durch die dicken Linien hinter dem Schrank wirkt es, als ob der Schrank an einer Wand steht.

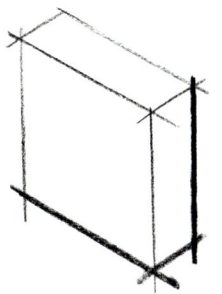
Grundform eines Schrankes

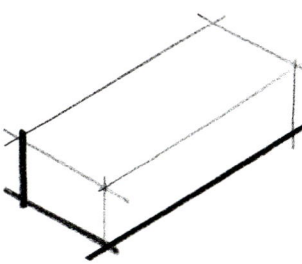
Staumöbel (Fernsehtisch usw.)

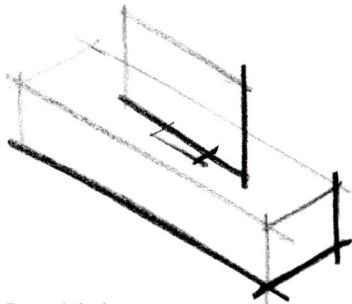
Fernsehtisch

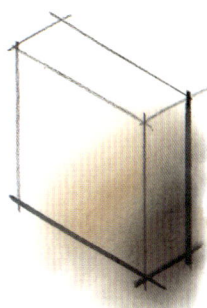
Einfach kolorierter Schrank (2 min)

Sideboard (3 min)

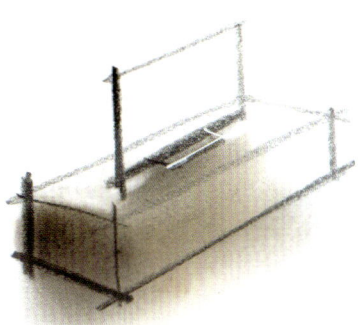
Fernsehtisch (2 min)

Esstisch mit Stühlen

Hier werden die Stühle vereinfacht, damit es schnell geht. Es wird nur die Rückenlehne gezeichnet! Sitzfläche und Beine werden weggelassen.

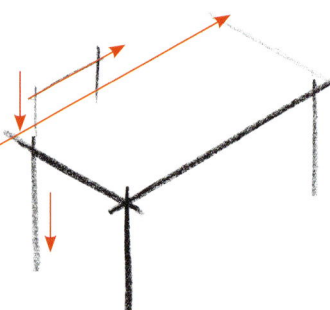

Stühle, mit Farbstiften koloriert (4 min)

① Tischplatte skizzieren.

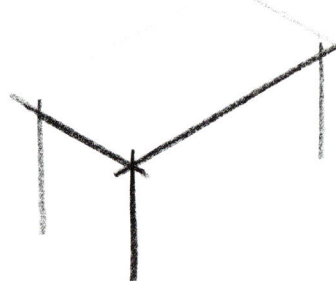

② Tischbeine skizzieren (drei genügen).

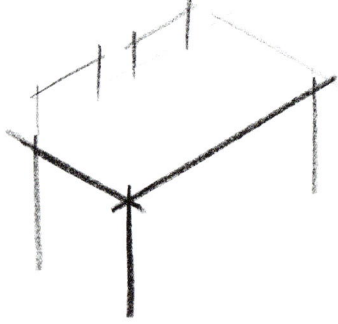

④ Zweiten Stuhl passend einfügen.

⑤ Beide Stühle im Vordergrund skizzieren. Sitzflächen weglassen.

③ Stuhl skizzieren. Stuhlrücken parallel zu Tischplatte und Beinen.

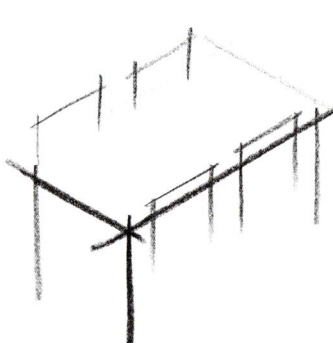

⑥ Fertiger Esstisch mit Stühlen

Mit Pastellkreide koloriert (5 min)

Beispiel für einen runden Tisch

Runder Tisch mit Stühlen

Verschiedene Ausrichtungen zum Üben

Beispiele mit Pastellkreide koloriert.

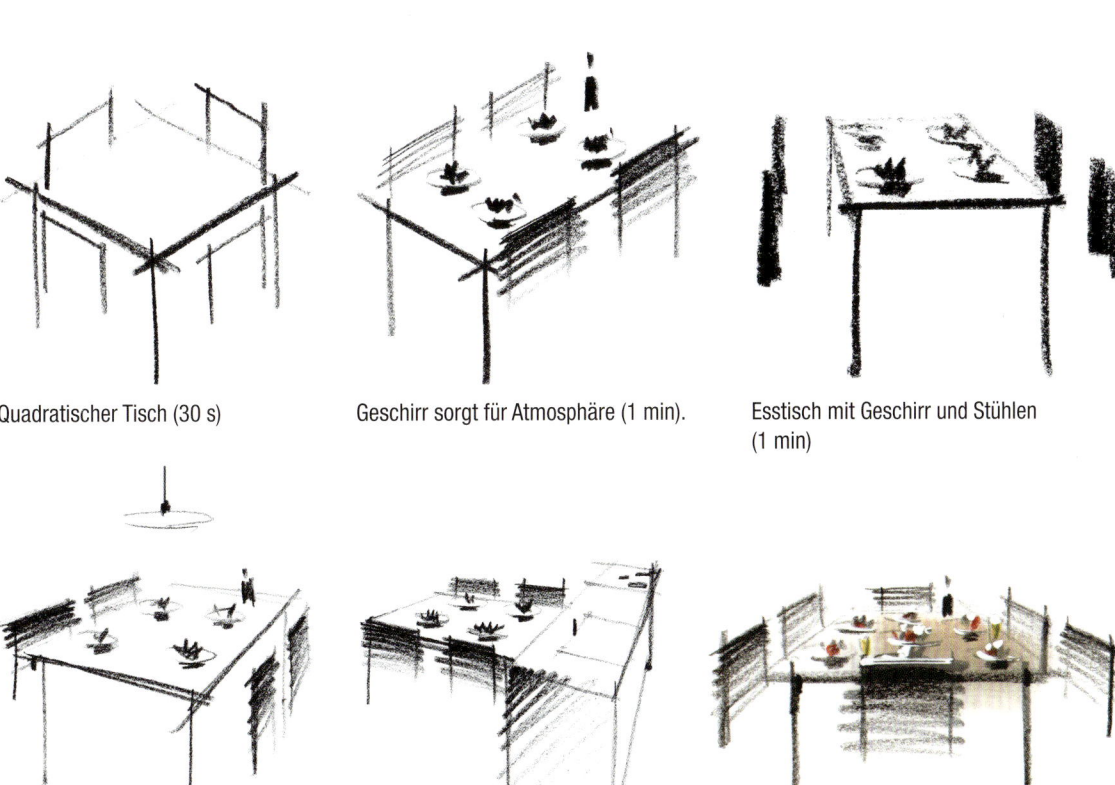

Quadratischer Tisch (30 s)

Geschirr sorgt für Atmosphäre (1 min).

Esstisch mit Geschirr und Stühlen (1 min)

Leuchte (1 min)

Kombination aus Arbeitsplatte und Esstisch (2 min)

Esstisch mit sechs Plätzen, mit Pastellkreide koloriert (3 min)

| Sofa | Beim Zeichnen eines Sofas achten wir ganz unbewusst auf Design und Komfort. Deshalb werden meist zu viele Details gezeichnet. Wollen wir aber eine Skizze in 10 Sekunden erstellen, müssen wir überflüssige Linien weglassen und alles ganz einfach halten. Die feineren Merkmale und Details können bis zur nächsten Besprechung mit dem Kunden warten.

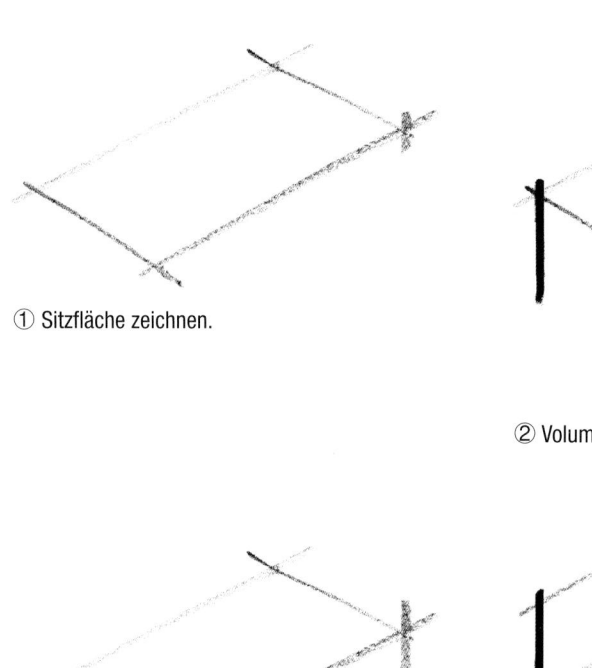

① Sitzfläche zeichnen.

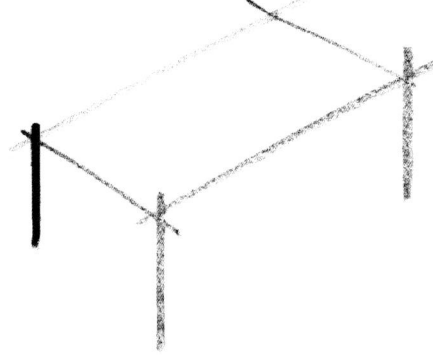

② Volumen erzeugen.

③ Bodenlinien zeichnen.

④ Rückenlehne zum Abschluss

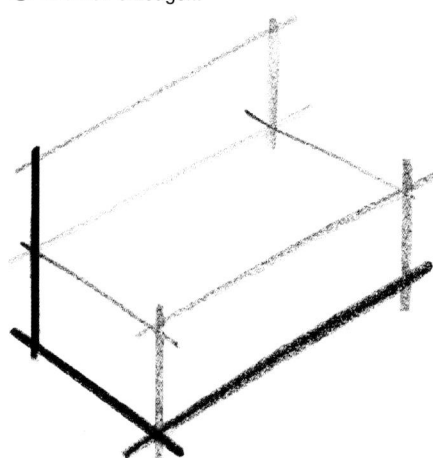

Sofas aus verschiedenen Blickwinkeln

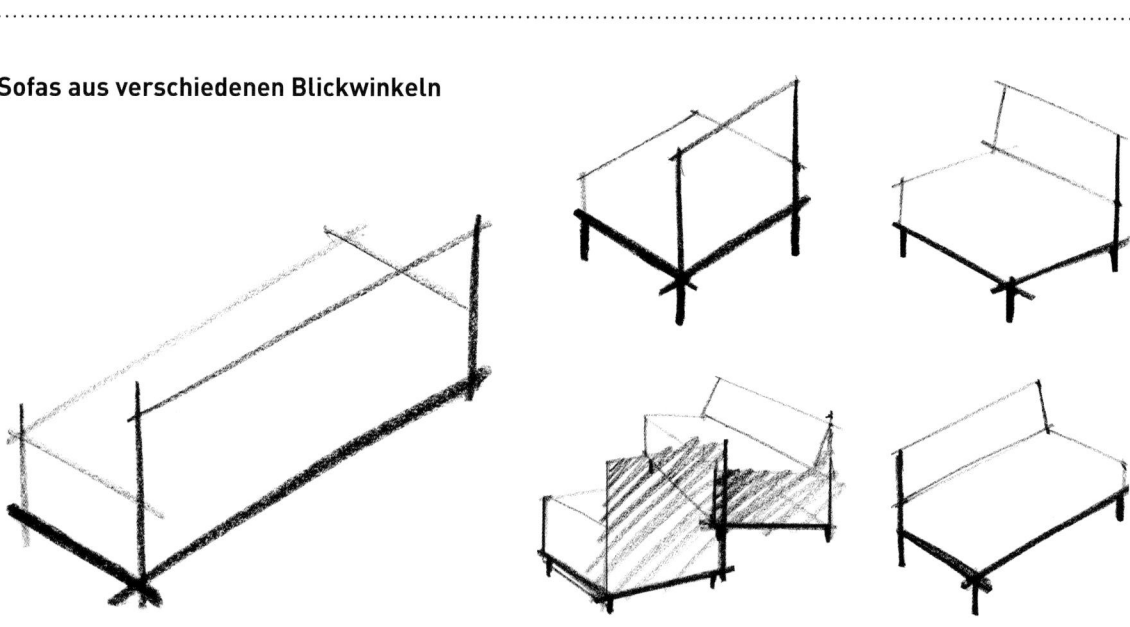

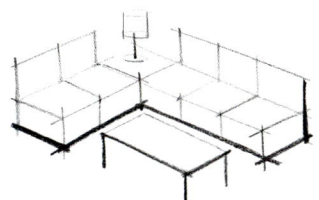
L-förmiges Anbausofa (1 min)

Mit Pastellkreide koloriert (3 min)

Koloriert mit Pastellkreide und Farbstiften (4 min)

Koloriert mit Pastellkreide und Farbstiften (4 min)

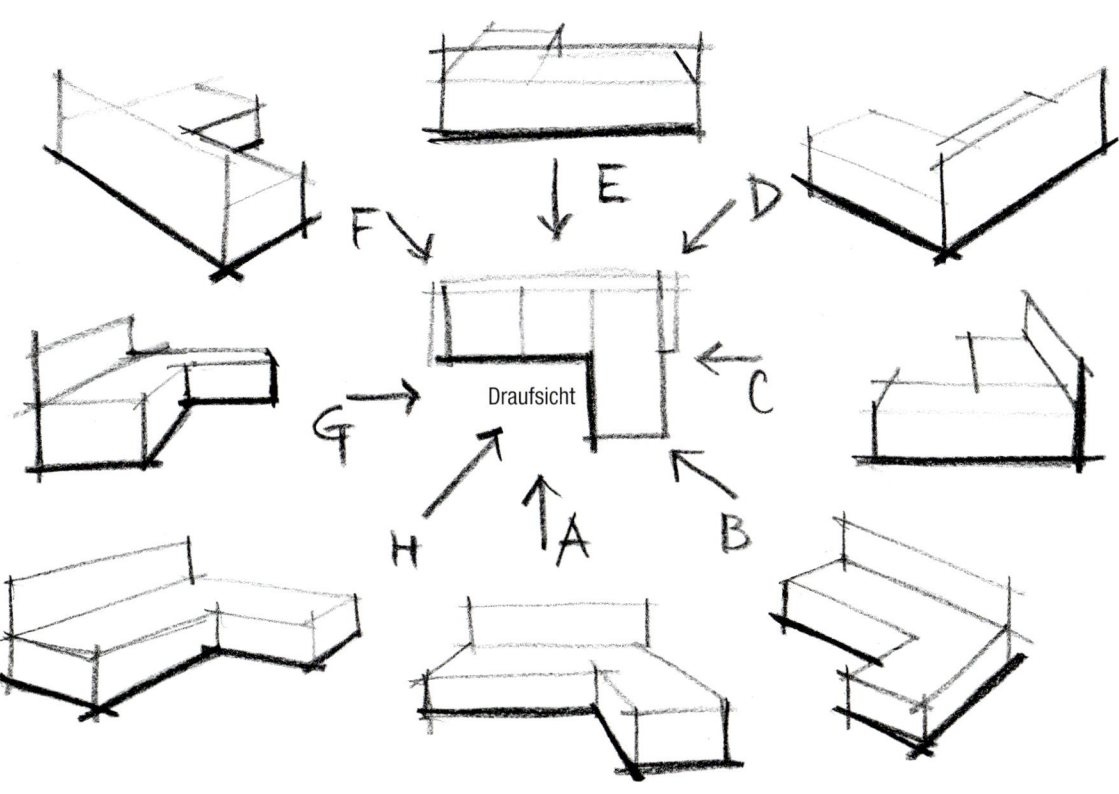
Variationen aus acht Blickwinkeln

| Bett | Ähnliche Vereinfachungen wenden wir auf unser Bett an. Aus dem Rücken des Sofas wird das Kopfende für das Bett.

① Oberfläche der Matratze

② Vertikale Linien nach unten

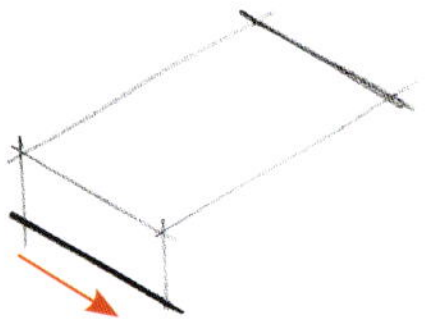

③ Auf die Dicke der Matratze achten.

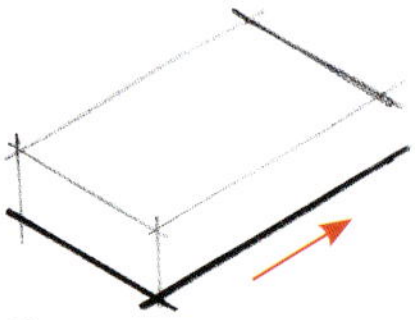

④ Eine Linie nach rechts oben ziehen.

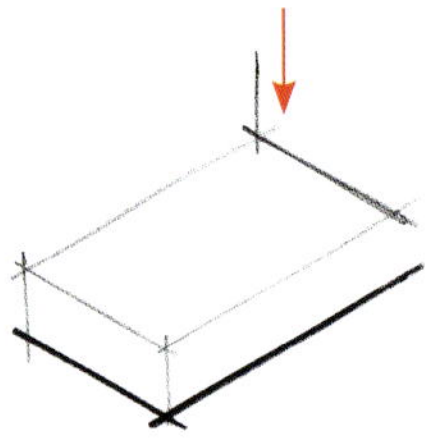

⑤ Grundlinie des Kopfendes

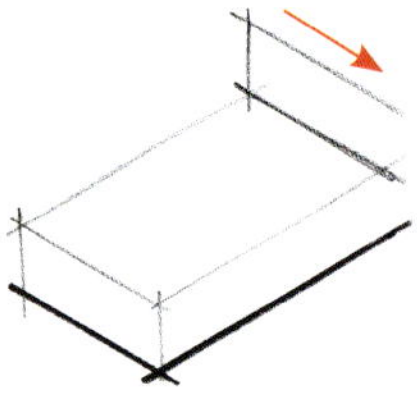

⑥ Oberkante parallel zur Grundlinie

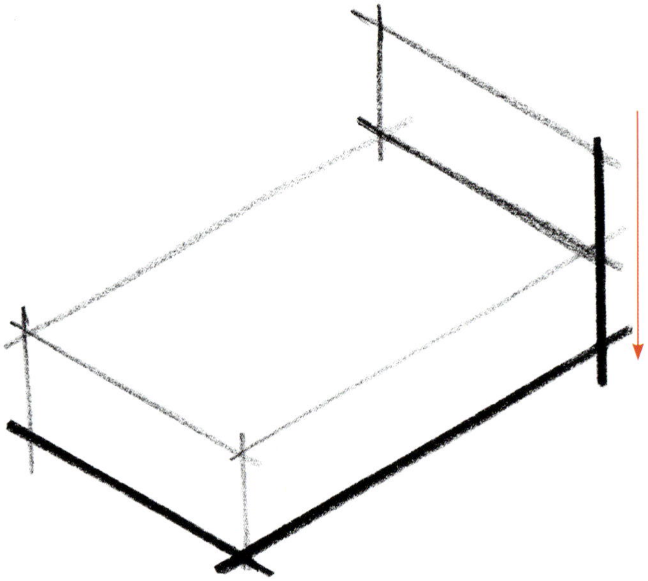

⑦ Zum Abschluss folgt der vertikale rechte Bettpfosten.

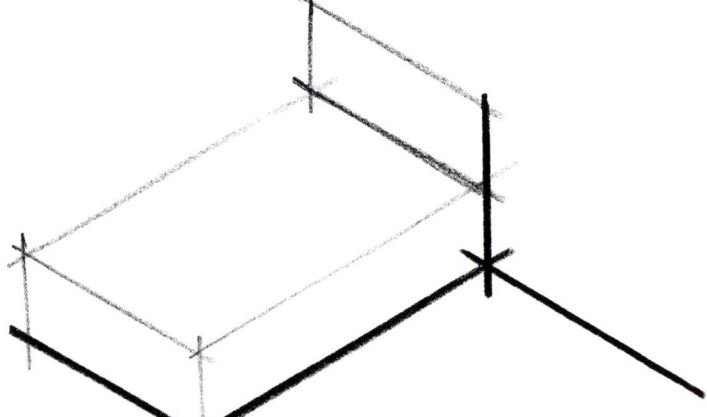

Eine Linie nach rechts unten vom Bettfuß aus schließt die Skizze des Schlafzimmers ab (weitere 1 s).

Schatten durch Schattierung (1 min)

Beispiel: Dicke der Matratze weggelassen.

Die Kolorierung mit Pastellkreide bringt Atmosphäre in das Schlafzimmer (5 min).

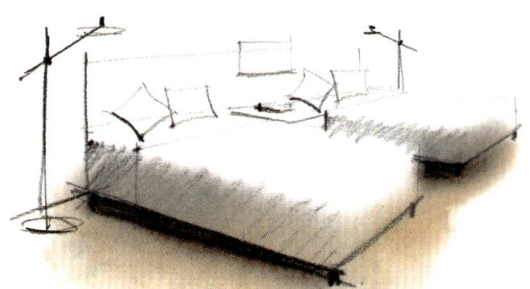

Das Knetgummi zaubert Lichtflecken auf jedes Bett (5 min).

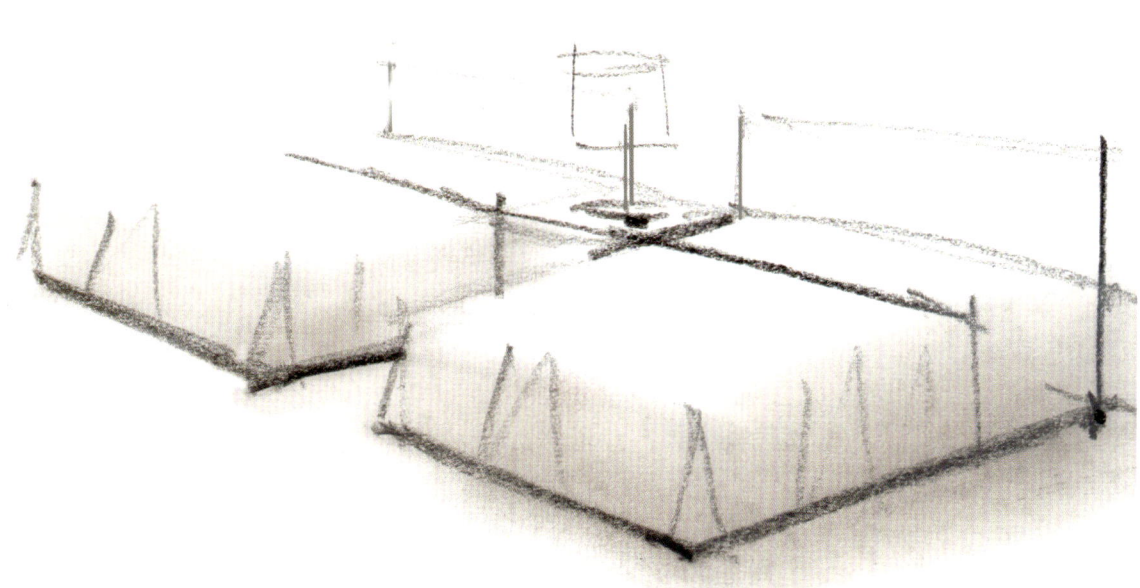

Weiche, flauschige Betten in der Zweipunkt-Perspektive

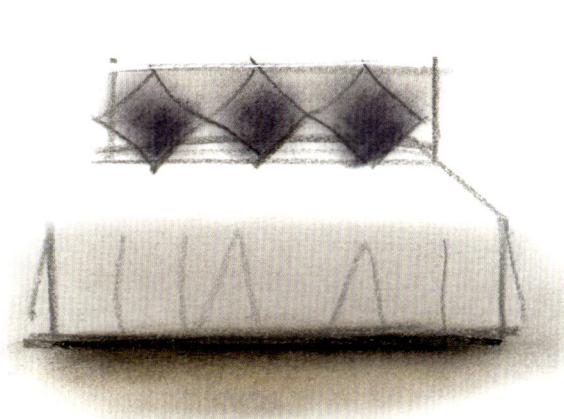

Kissen und luxuriöse Details (3 min)

Pastellkreide vermittelt ein flauschiges Gefühl (1 min).

| Küche | Verzichten Sie auf Wandschränke, Dunstabzugshauben, Fliesenspiegel und Türen. Zeichnen Sie nur, was für eine Küche unbedingt nötig ist. Die anderen Elemente können Sie bei der nächsten Besprechung einfügen. |

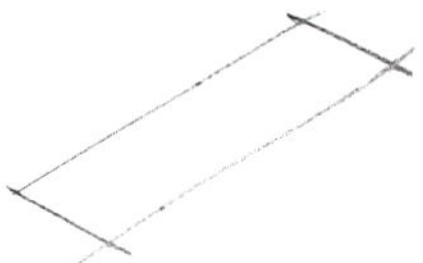

① Tischplatte

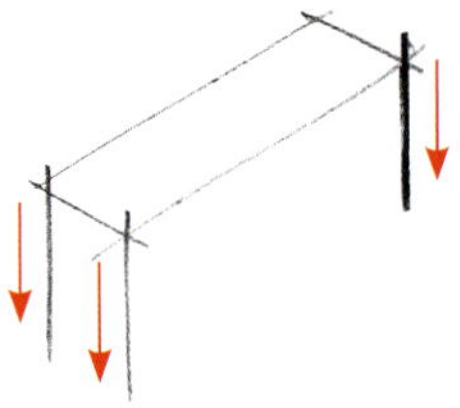

② Drei vertikale Linien nach unten

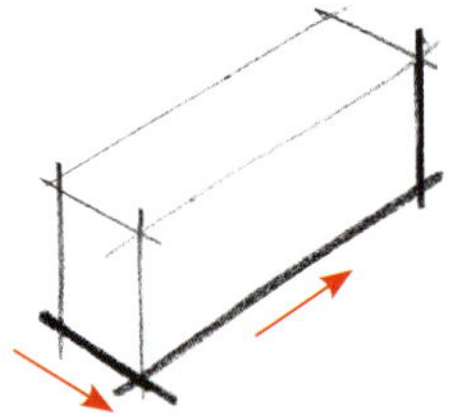

③ Zwei Linien für Tiefe und Länge

④ Eine einfache Spüle mit Armatur

⑤ Dazu der Herd

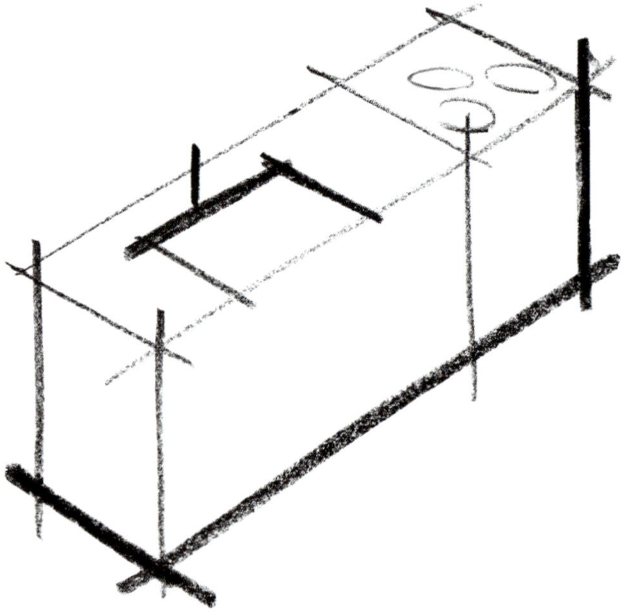

⑥ Zum Abschluss die Herdplatte (10 bis 15 s)

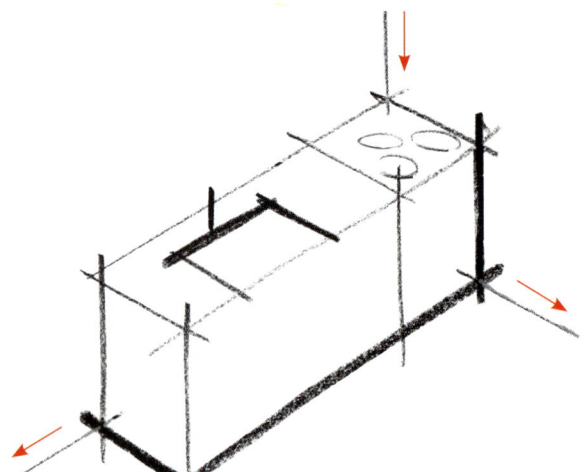

Diese drei Linien vermitteln den Eindruck, als ob die Küchentheke in der Raumecke steht.

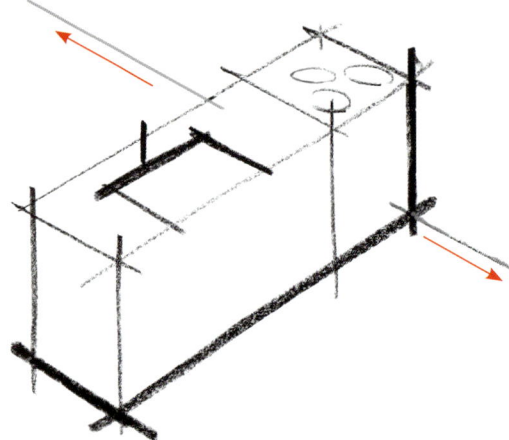

Mit zwei Linien wird aus der Theke eine Kücheninsel.

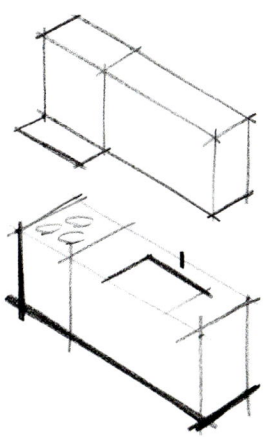

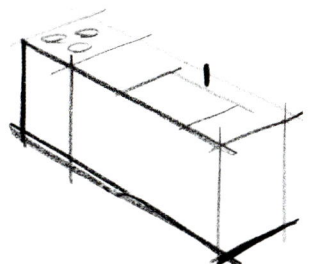
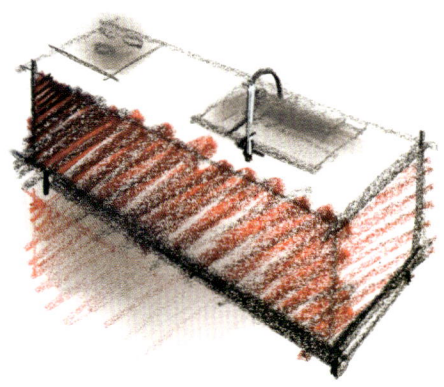

Hängeschränke und Dunstabzugshaube

Beispiel: Kücheninsel mit einer einfachen Dunstabzugshaube (20 s)

In Zweipunkt-Perspektive, koloriert mit Pastellkreide und Farbstiften (2 min)

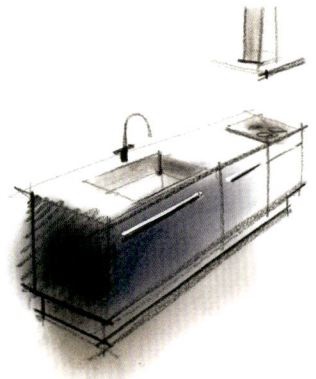
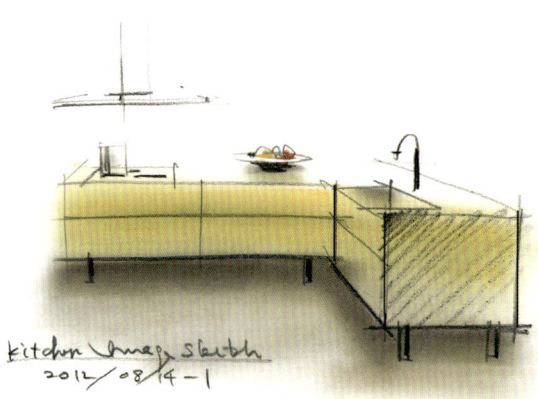

In Zweipunkt-Perspektive, koloriert mit Pastellkreide (3 min)

In Zentralperspektive, koloriert mit Pastellkreide (4 min)

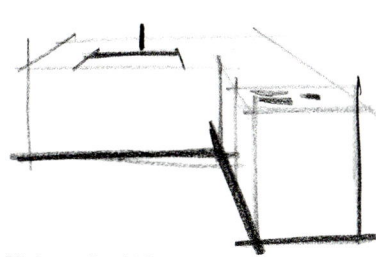

Blick aus Punkt A

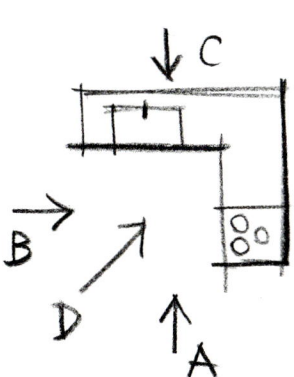

L-förmige Küche: Draufsicht

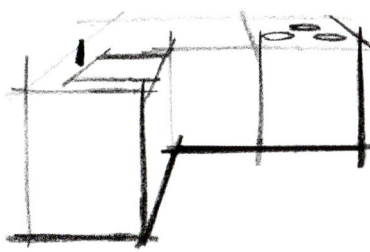

Blick aus Punkt B

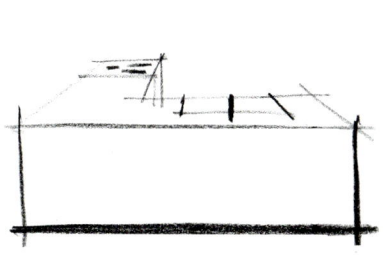

Blick aus Punkt C

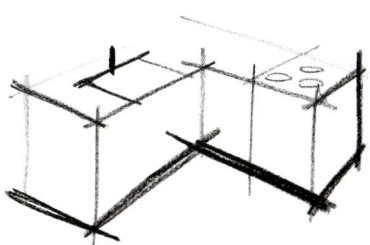

Blick aus Punkt D

| Waschtisch | Waschtisch mit Waschbecken und Spiegel in harmonischen Proportionen.

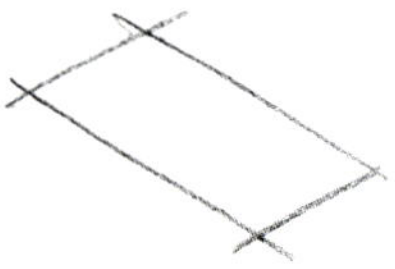

① Tischplatte

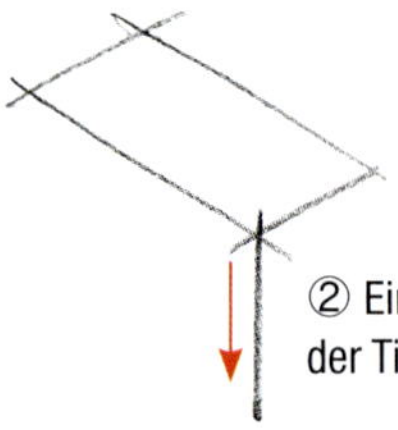

② Eine vertikale Linie von der Tischplatte nach unten

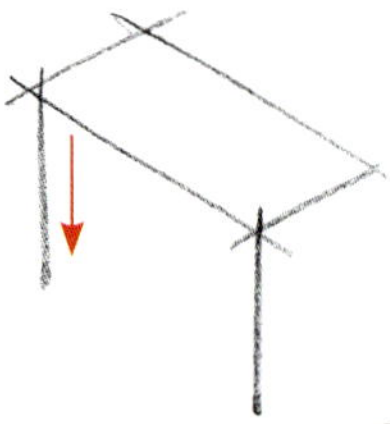

③ Eine zweite vertikale Linie von der Tischplatte nach unten

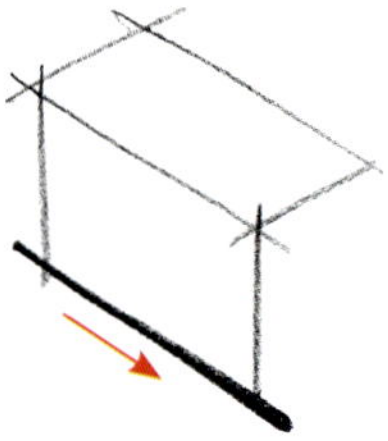

④ Linien am Boden parallel zur Tischplatte verbinden.

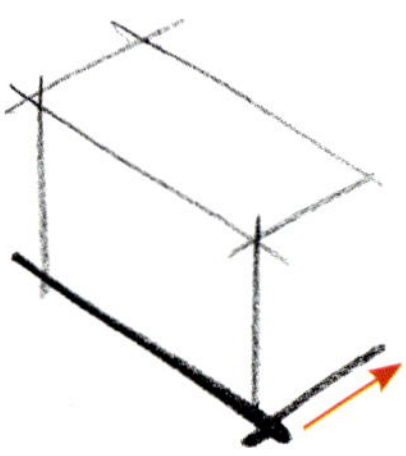

⑤ Diese Linie am Boden vermittelt die Tiefe.

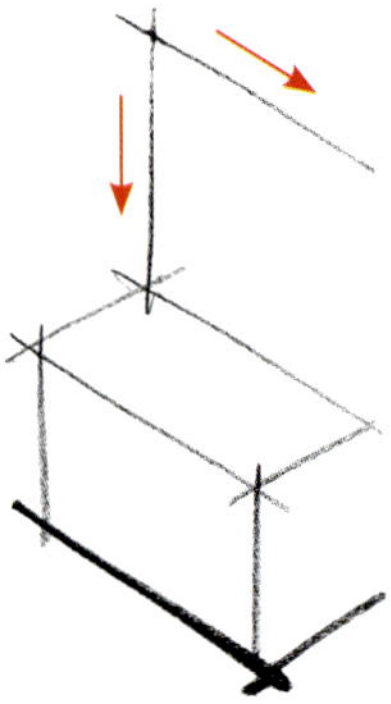

⑥ Linien für den Spiegel

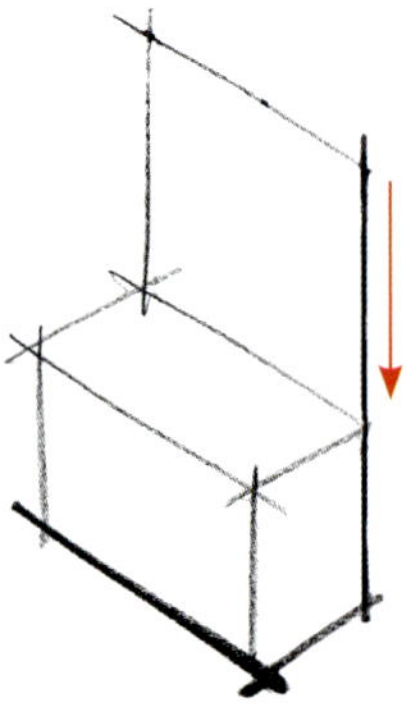

⑦ Fertiger Spiegel

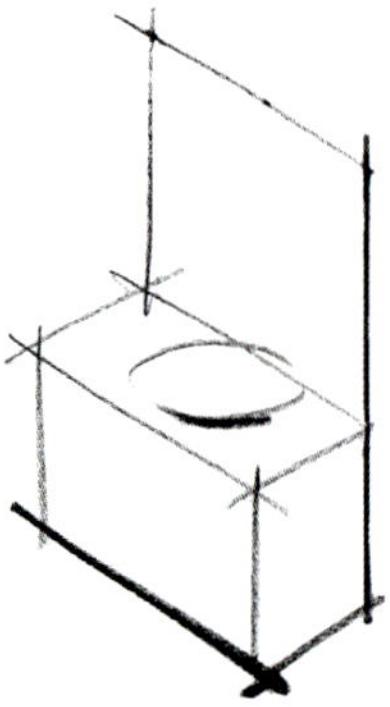

⑧ Waschbecken

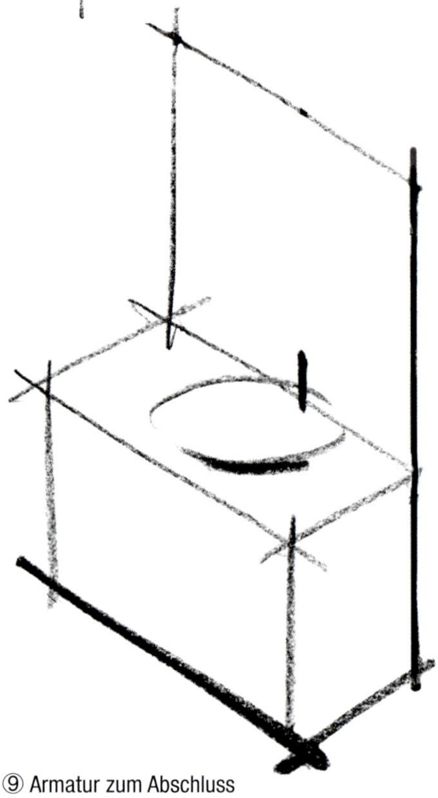

⑨ Armatur zum Abschluss

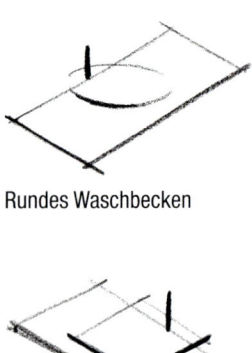

Rundes Waschbecken

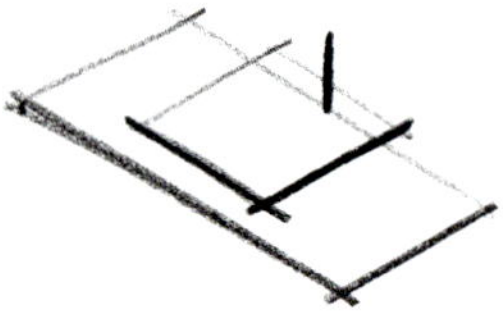

Eckiges Waschbecken

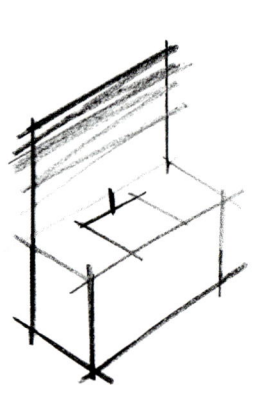

Schattierung für den Spiegel

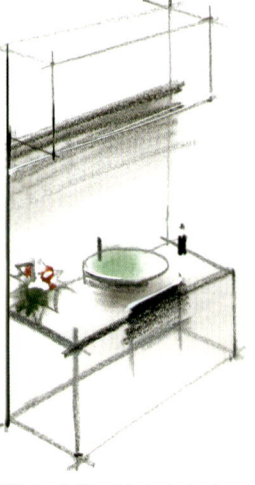

Mit Pastellkreide koloriert (3 min)

Mit Pastellkreide koloriert (3 min)

WC Bei der Toilettenschüssel muss der Bogen möglichst glatt und ausgewogen gezeichnet werden.

① Oberteil

② Höhe im Verhältnis zur Breite des Oberteils

③ Eine weitere Linie

④ Tiefe erzeugen.

⑤ Eine spiegelsymmetrische Kurve für den oberen Rand der Schüssel

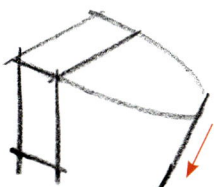
⑥ Linie nach schräg unten

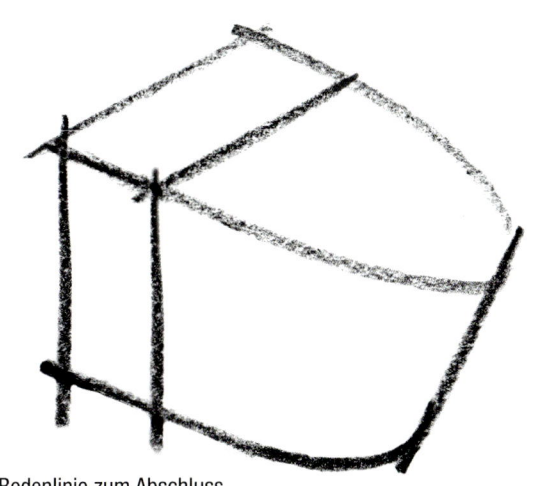
⑦ Bodenlinie zum Abschluss

Die einfachstmögliche Lösung

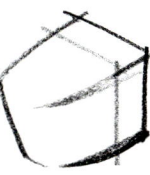
Verschiedene Linienstärken bringen mehr Ausdruck.

Einfache Skizze von WC mit Spülkasten

Einfache Skizze von WC ohne Spülkasten

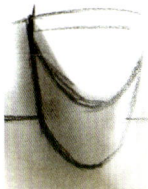
WC ohne Spülkasten, mit Pastellkreide koloriert (2 min)

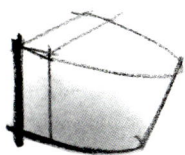
Betonte Linien, mit Pastellkreide koloriert (1 min)

Stärker betonte Linien, mit Pastellkreide koloriert (1 min)

WC mit Spülkasten, mit Pastellkreide koloriert (1 min)

WC ohne Spülkasten, mit Pastellkreide koloriert (2 min)

| **Badewanne** | Es gibt Badewannen in verschiedensten Formen, aber oft begnügt man sich wie hier mit einer simplen ovalen Wanne. Das Oval muss möglichst groß sein, als ob es fast den Rahmen sprengen würde. |

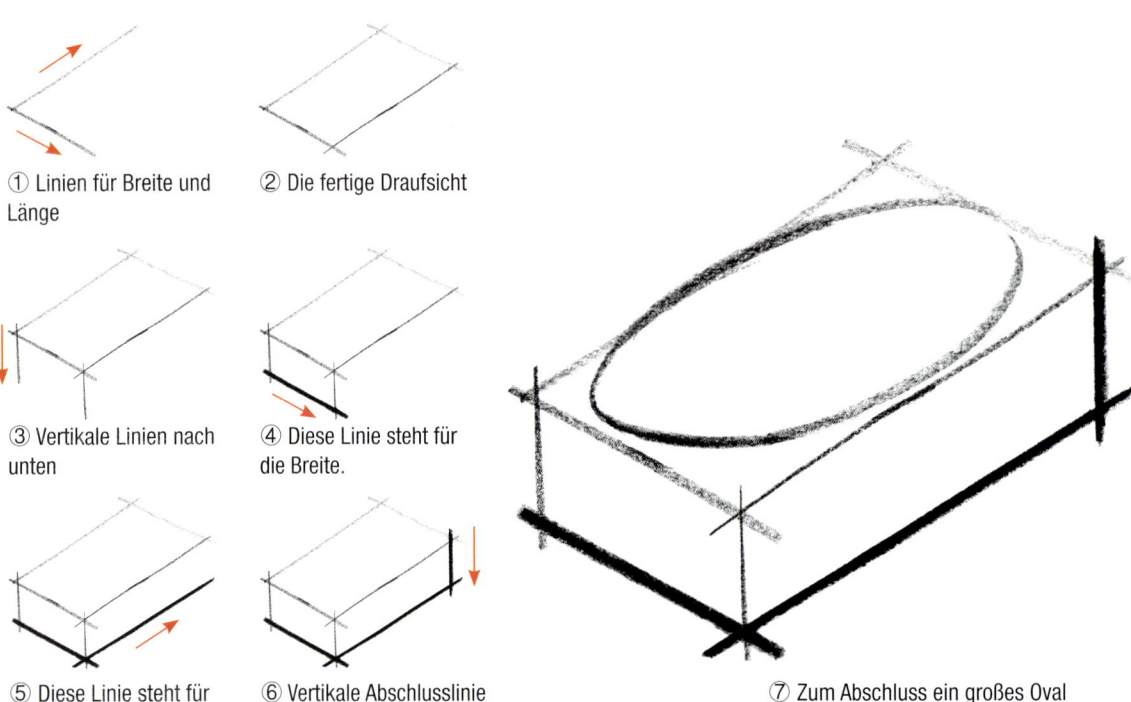

① Linien für Breite und Länge

② Die fertige Draufsicht

③ Vertikale Linien nach unten

④ Diese Linie steht für die Breite.

⑤ Diese Linie steht für die Länge.

⑥ Vertikale Abschlusslinie

⑦ Zum Abschluss ein großes Oval

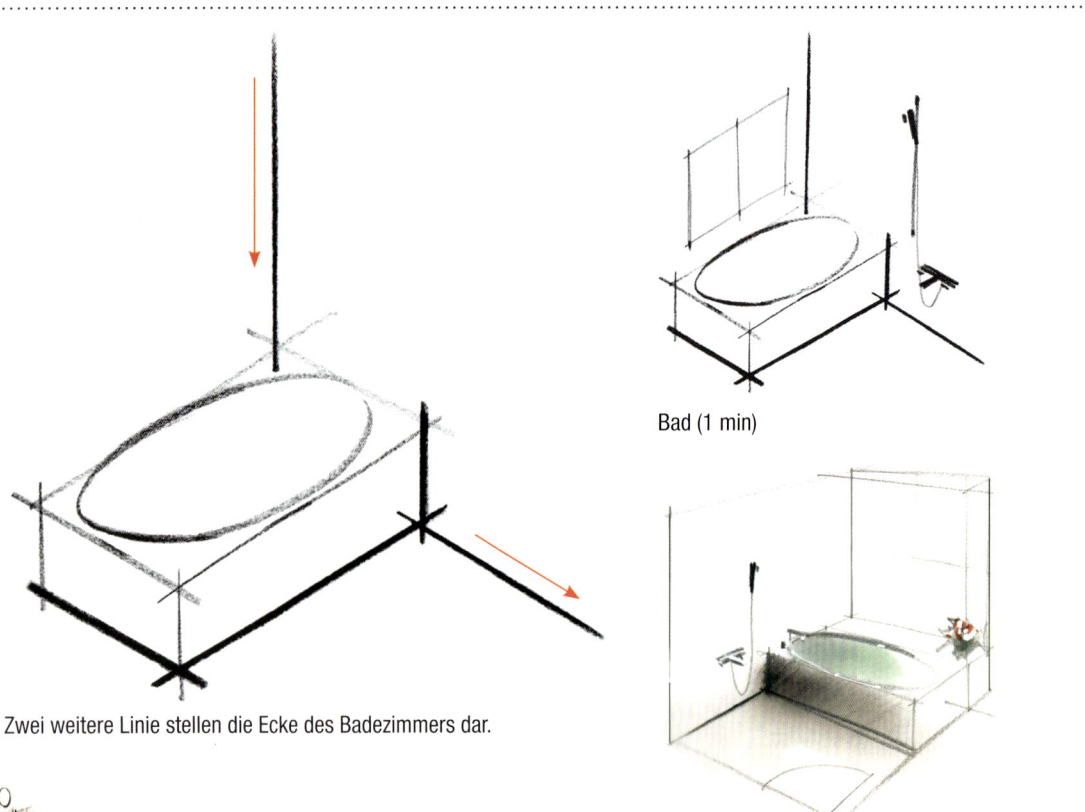

Zwei weitere Linie stellen die Ecke des Badezimmers dar.

Bad (1 min)

Bad (3 min)

ENDE

Treppen

Neben den zwölf bereits vorgestellten Grundelementen müssen wir auf alle Fälle auch Treppen zeichnen können. Hier geht es vor allem um die Vereinfachung von Tritt- und Setzstufen.

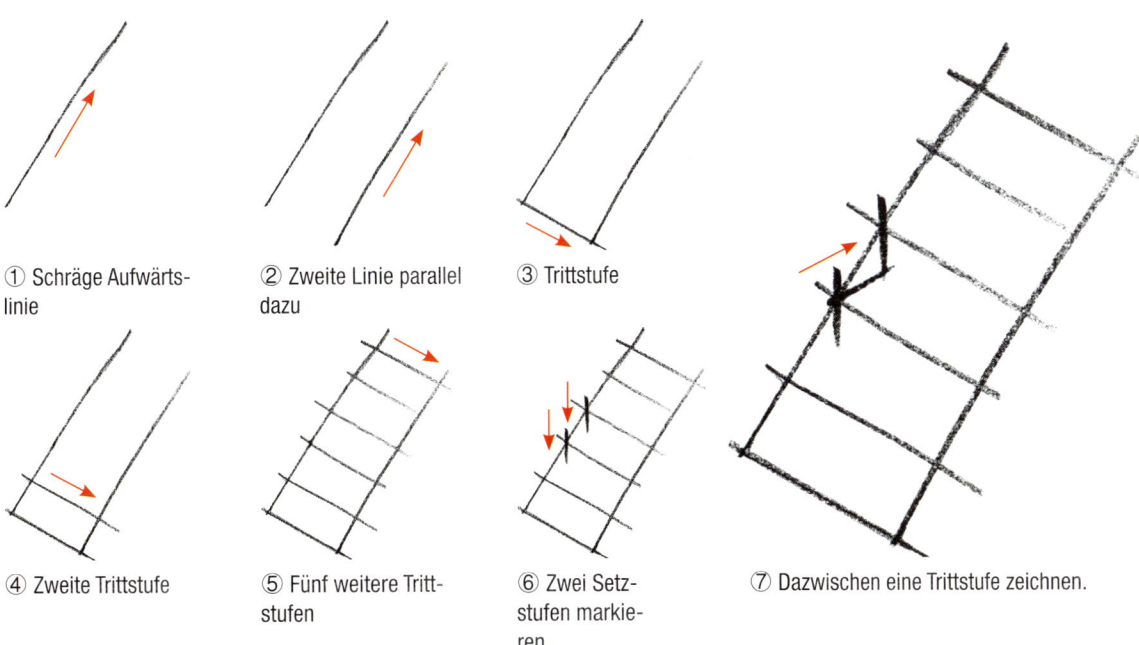

① Schräge Aufwärtslinie
② Zweite Linie parallel dazu
③ Trittstufe
④ Zweite Trittstufe
⑤ Fünf weitere Trittstufen
⑥ Zwei Setzstufen markieren.
⑦ Dazwischen eine Trittstufe zeichnen.

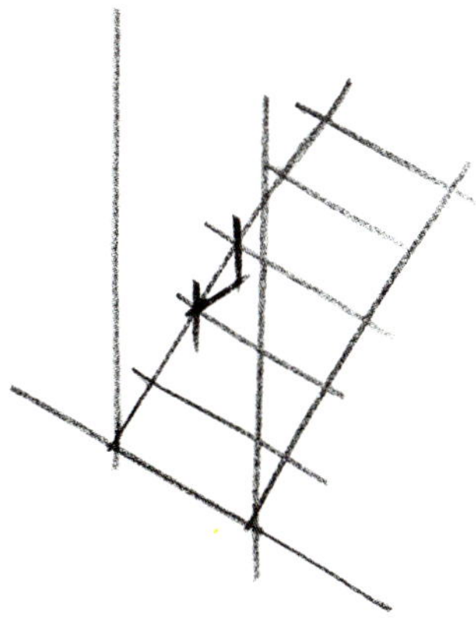

Wand und Treppen: A

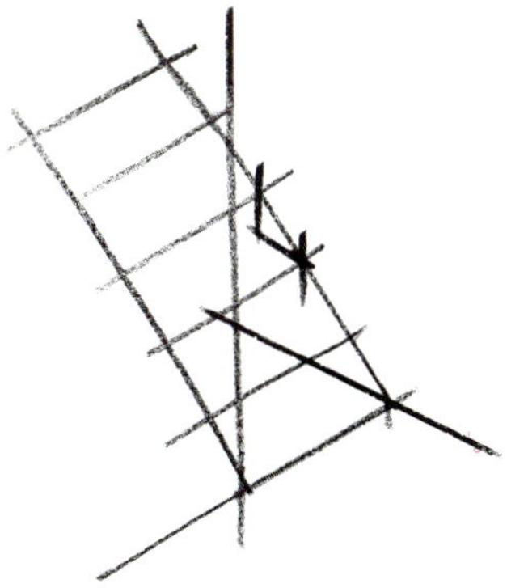

Wand und Treppen: B

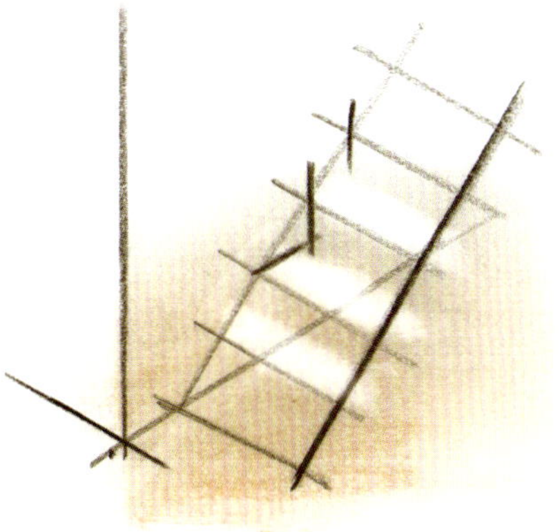

Mit Pastellkreide koloriert (2 min)

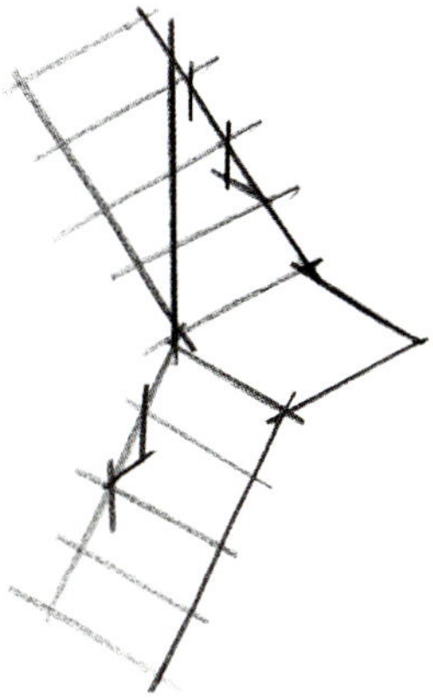

Treppenabsatz A

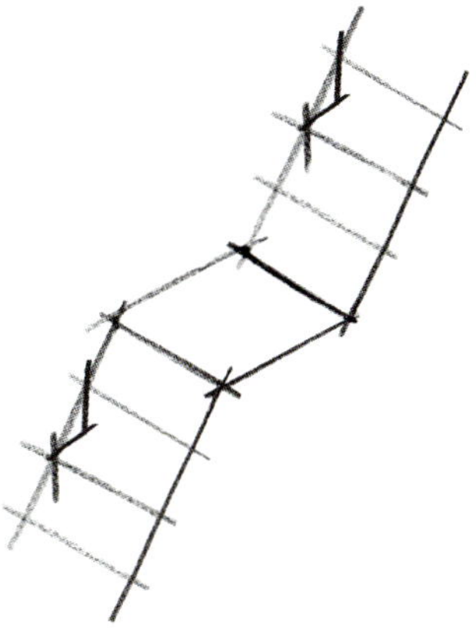

Treppenabsatz B

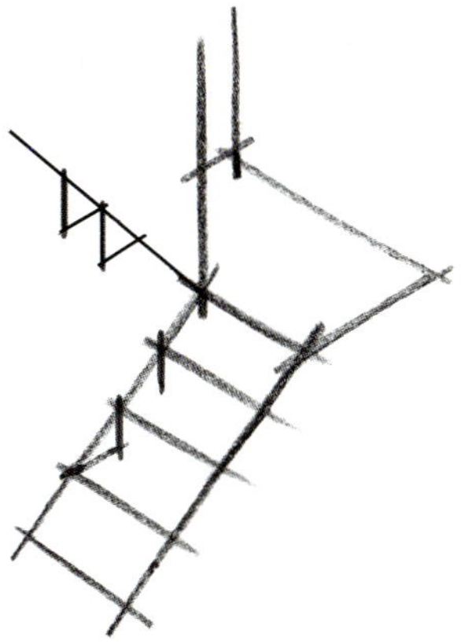

Treppenabsatz C

1-Minuten-Skizze

Wir wollen einen Innenraum in nur 1 Minute zeichnen Hier werden 10-Sekunden-Skizzen kombiniert. Da diese Skizze nichts weiter ist als ein einfaches Kommunikationsmittel für die erste Besprechung, erfüllt sie ihren Zweck, wenn die wichtigsten Elemente vorhanden sind. Man muss nicht jedes Element zeichnen, was sich im Haus befindet.

| Flur | Wichtig für den Flur ist die Kante, welche die Setzstufe vorn am Eingang bildet. |

 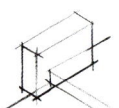 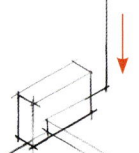

① Ein Schrank

② Setzstufe hinzufügen.

③ Eine vertikale Linie schließt die linke Wand ab.

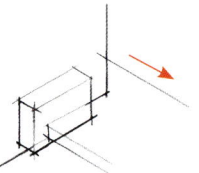 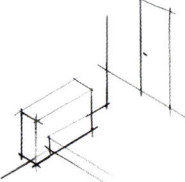 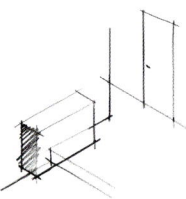 

④ Eine einzige Längslinie steht für den Flur.

⑤ Eine Tür zeichnen.

⑥ Zum Abschluss wird der Schrank schattiert (1 min).

Mit Pastellkreide koloriert (5 min)

 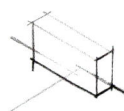 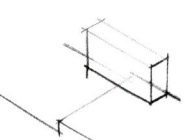

① Einen Quader zeichnen.

② Setzstufe hinzufügen.

③ Trittstufe hinzufügen.

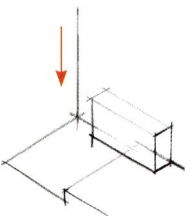 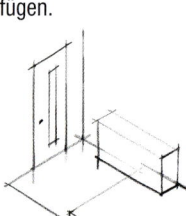 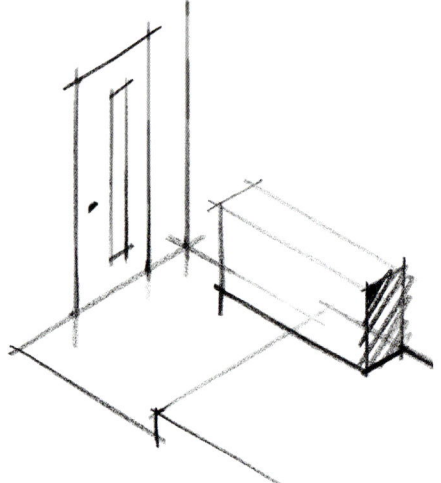

④ Eine Linie bildet die linke Wand.

⑤ Die Eingangstür

⑥ Zum Abschluss wird der Schrank schattiert (1 min).

| **Wohnzimmer** | Achten Sie beim Zeichnen auf die Ausgewogenheit von Sofa, Fernsehtisch usw.

① Ein Schrank

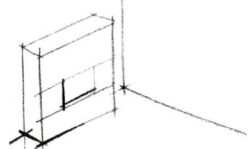
② Innenwinkel und Fernsehgerät

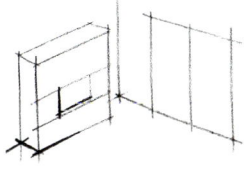
③ Schiebetüren

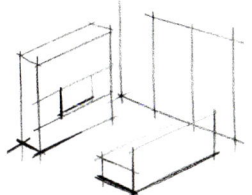
④ Ein Sofa

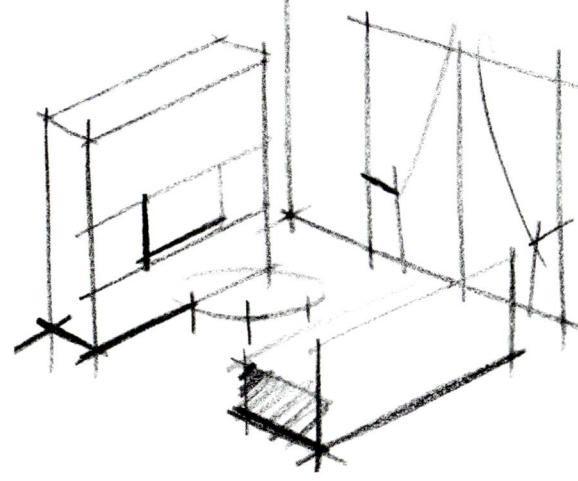

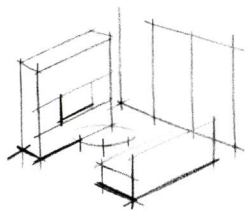
⑤ Ein Tisch

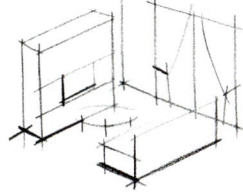
⑥ Gardinen zum Abschluss

⑦ Die fertige Skizze schattieren (1 min).

① Ein Fernsehtisch

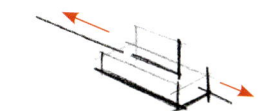
② Eine Linie für die Wand

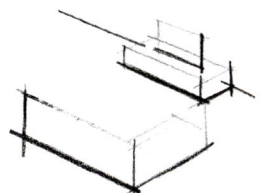
③ Ein dreisitziges Sofa

④ Ein Sessel

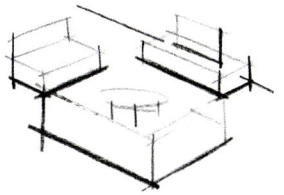
⑤ Zum Abschluss ein Couchtisch

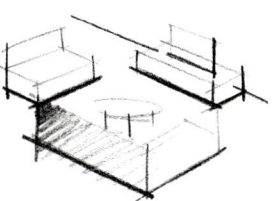
⑥ Die fertige Skizze schattieren (1 min).

Koloriert mit Pastellkreide und Farbstiften (4 min)

Küche & Esszimmer

Kochen und Essen sind verwandte Tätigkeiten. Um dieses Verhältnis deutlich zu unterstreichen, müssen wir üben, Arbeitsplatten und Esstische zusammen zu zeichnen.

① Arbeitsplatte

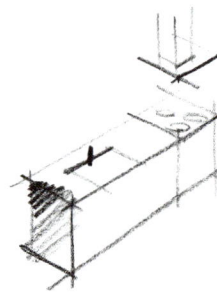
② Dunstabzugshaube

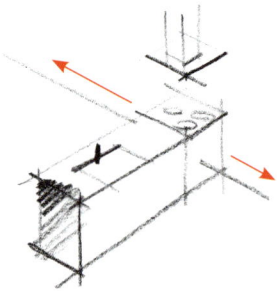
③ Mit zwei Bodenlinien entsteht eine Kücheninsel.

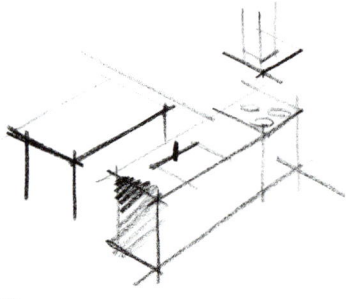
④ Ein Esstisch

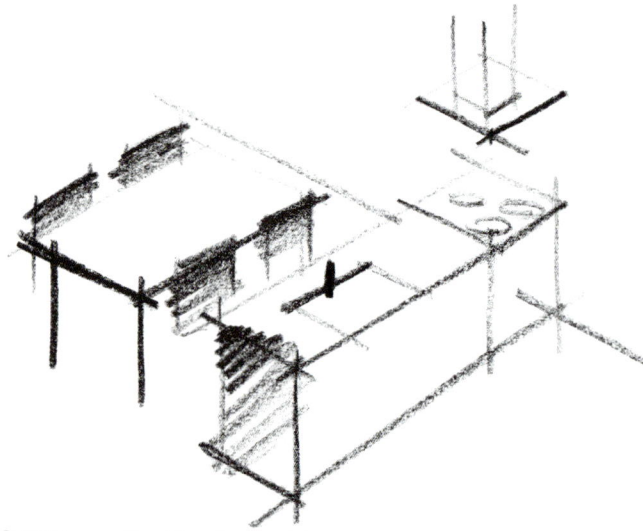
⑤ Stühle zum Abschluss (ca. 1 min)

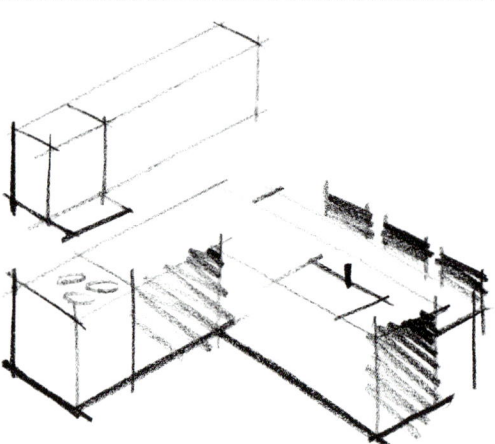
L-förmige Küche mit Frühstücksbar (1 min)

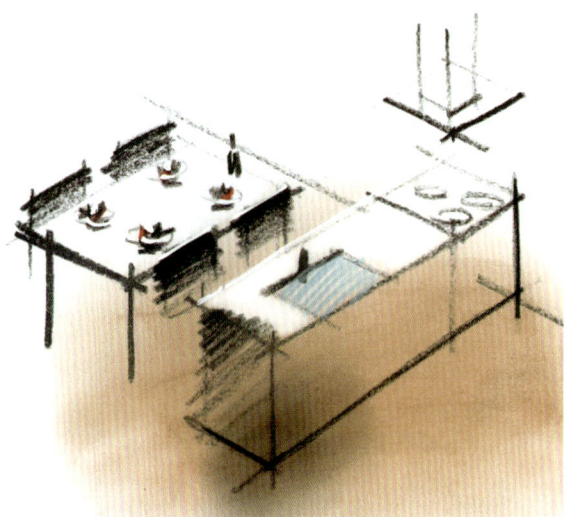
Geschirr zeichnen und mit Pastellkreide und Farbstiften kolorieren (ca. 3 min).

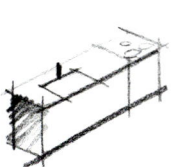

① Arbeitsplatte

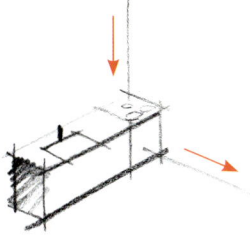

② Linien für die Ecke, an die die Arbeitsplatte grenzt

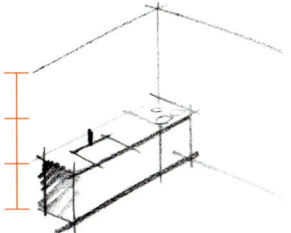

③ Die Decke ist etwa dreimal so hoch wie die Arbeitsplatte.

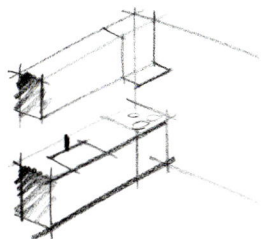

④ Ein Hängeschrank

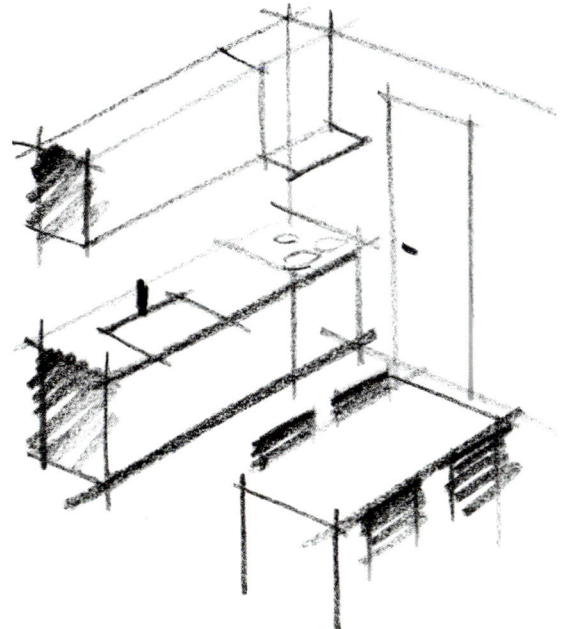

⑤ Esstisch mit Stühlen

⑥ Eine Tür zum Abschluss (ca. 2 min)

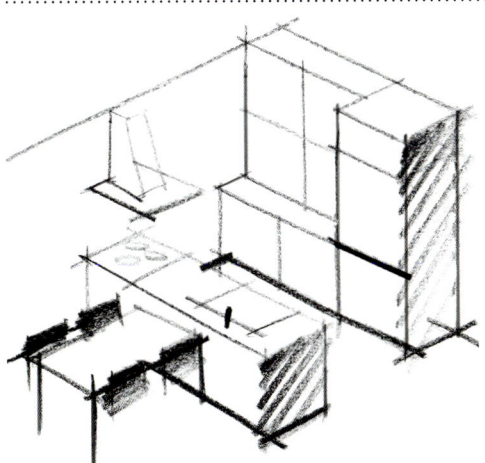

Blick von oben von der Esstischseite (2 min)

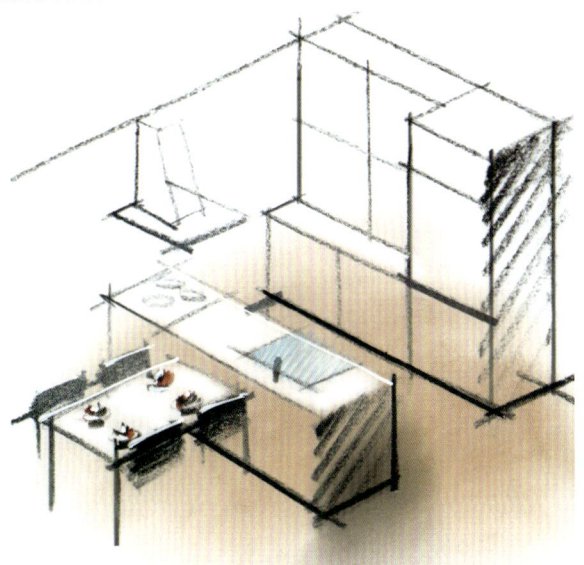

Geschirr zeichnen und mit Pastellkreide und Farbstiften kolorieren (ca. 3 min).

| Schlafzimmer | Bei einem Schlafzimmer kommt es ganz auf das Verhältnis zwischen Bett und Möbeln an. Man muss ständig auf die Größe der einzelnen Möbelstücke achten.

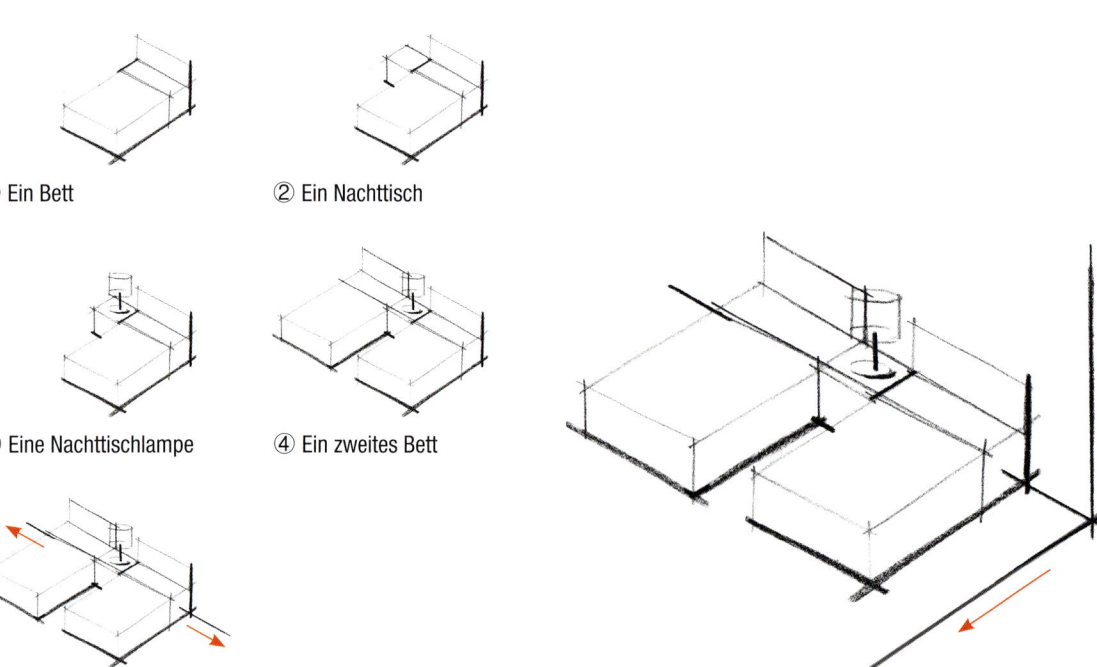

① Ein Bett

② Ein Nachttisch

③ Eine Nachttischlampe

④ Ein zweites Bett

⑤ Die Bodenlinie für das Schlafzimmer

⑥ Wandlinien zum Abschluss (1 min)

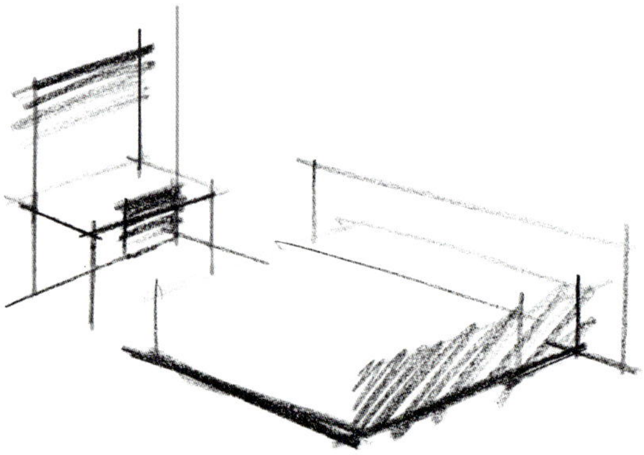

Ein breites Doppelbett und Schminktisch (ca. 1 min)

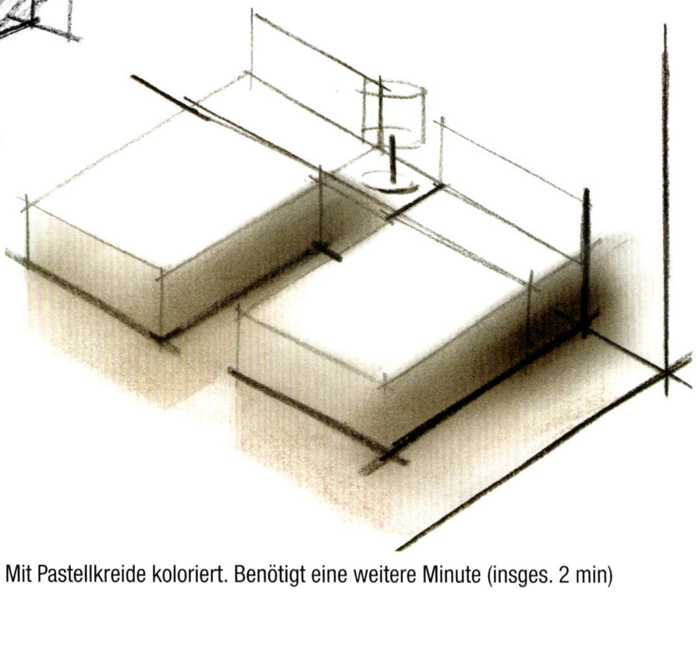

Mit Pastellkreide koloriert. Benötigt eine weitere Minute (insges. 2 min)

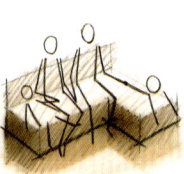

| Bad | Natürlich benötigen wir eine Badewanne, aber auch eine Mischarmatur und einen einfachen Duschkopf. Als Herausforderung stellen wir eine Topfpflanze in das Fenster. |

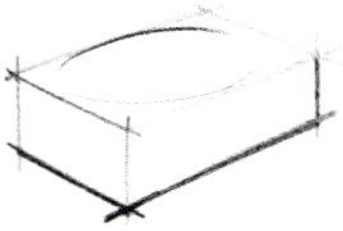

① Eine Badewanne

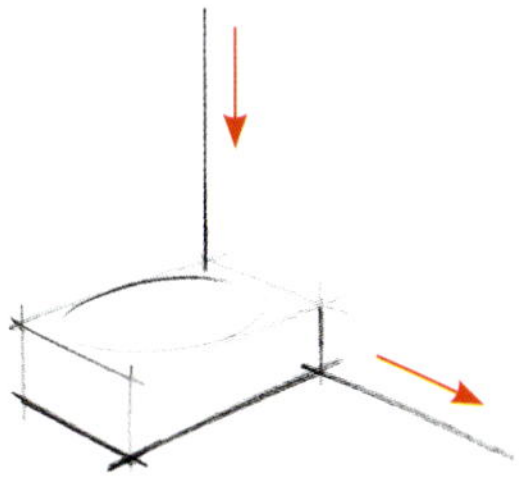

② Wandlinien in zwei Sekunden

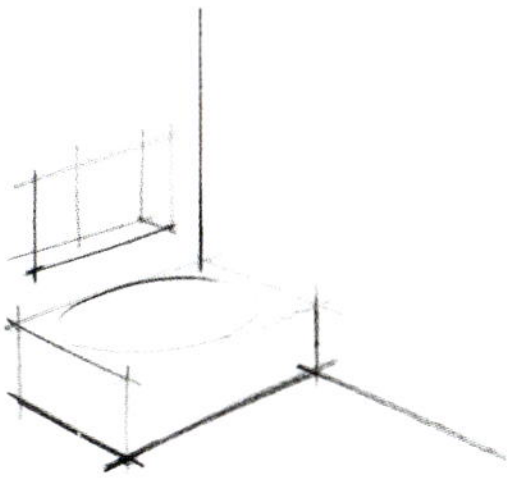

③ Ein Fenster

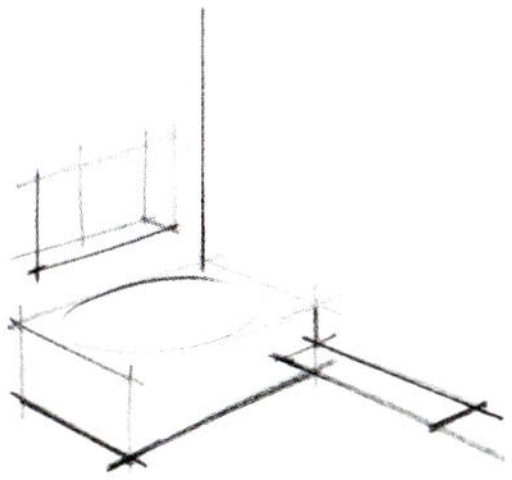

④ Eine Ablage

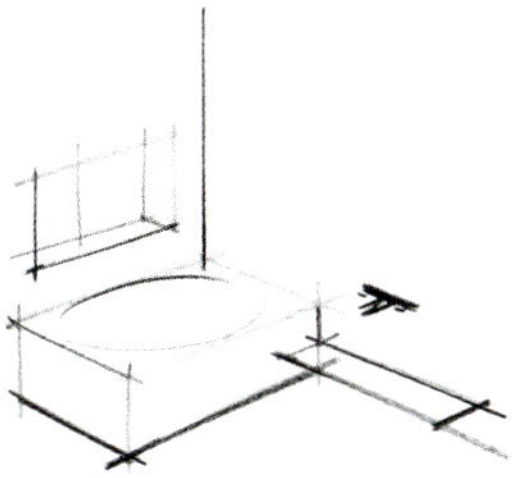

⑤ Eine Mischarmatur

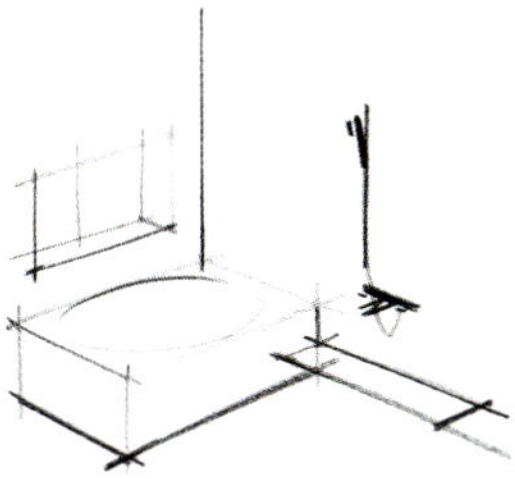

⑥ Ein Duschkopf

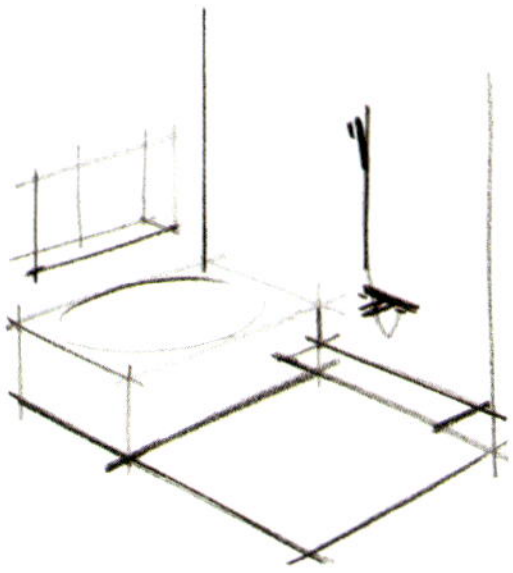

⑦ Ein Duschraum im japanischen Stil

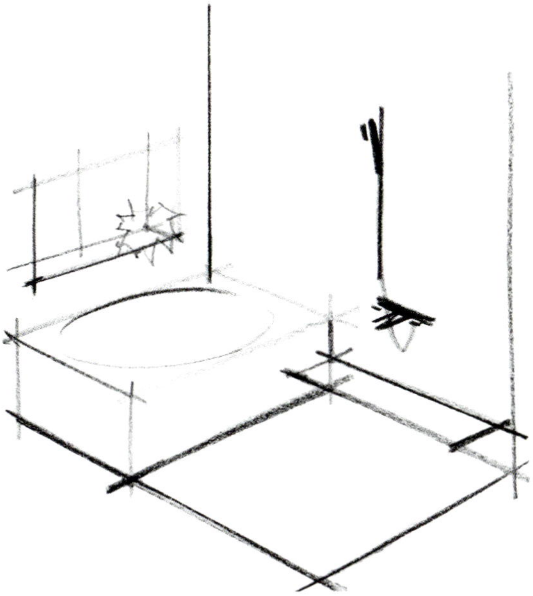

⑧ Zum Abschluss eine Topfpflanze

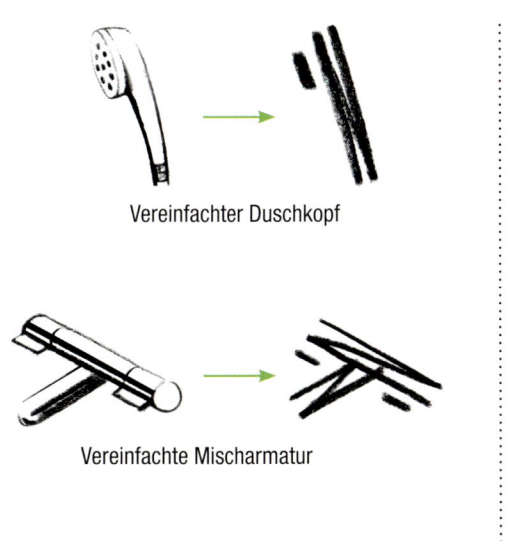

Vereinfachter Duschkopf

Vereinfachte Mischarmatur

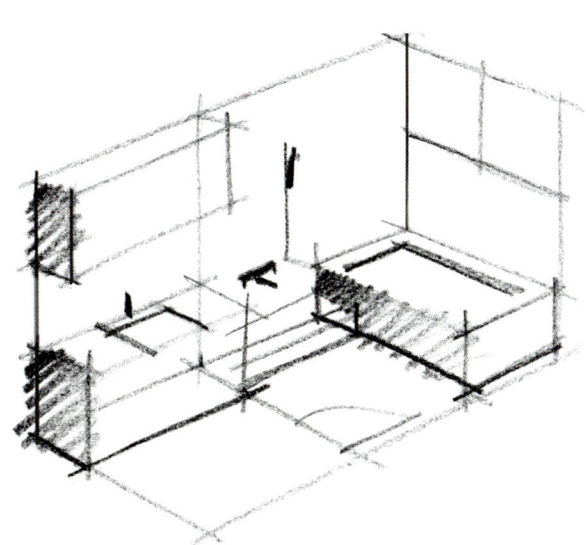

Zusätzlicher Waschplatz (ca. 2 min)

Haushaltsraum Zeichnen Sie eine Spüle und daneben eine Waschmaschine.

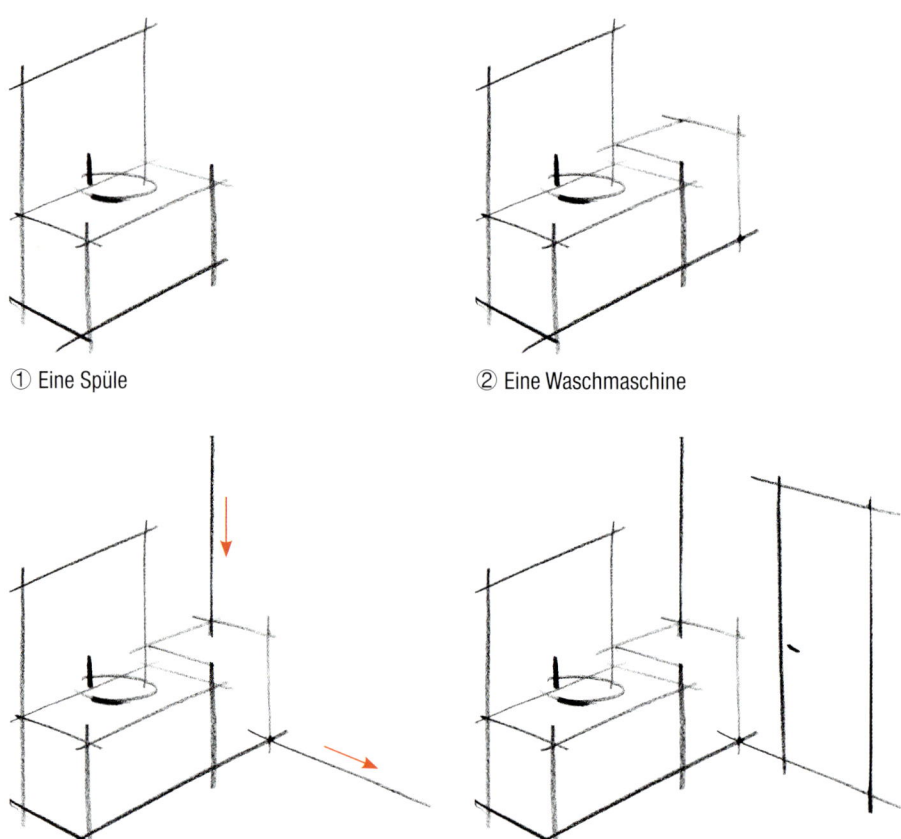

① Eine Spüle

② Eine Waschmaschine

③ Die Wand

④ Zum Abschluss eine Tür

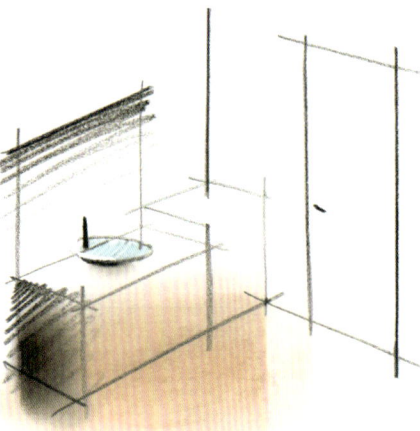

Koloriert mit Pastellkreide und Farbstiften.
Benötigt eine weitere Minute (insges. 2 min).

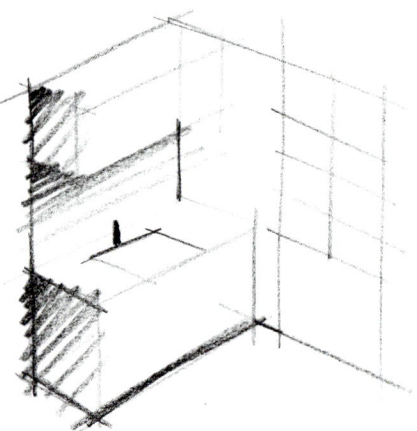

Rechts befindet sich ein Wandschrank (1 min).

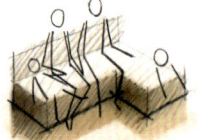

Bad Zeichnen Sie ein WC und einen Waschplatz daneben.

① WC (ohne Spülkasten)

② Bodenlinie

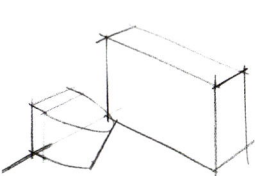
③ Ein Schrank

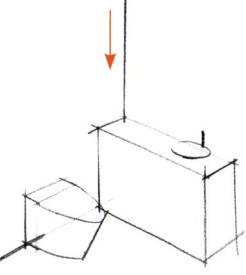
④ Eine Wandlinie und ein Waschbecken

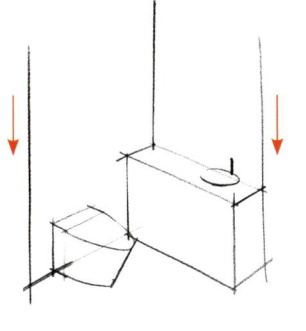
⑤ Zwei Wandlinien

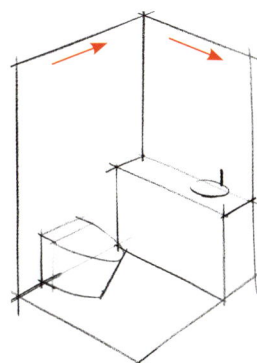
⑥ Zwei Deckenlinien

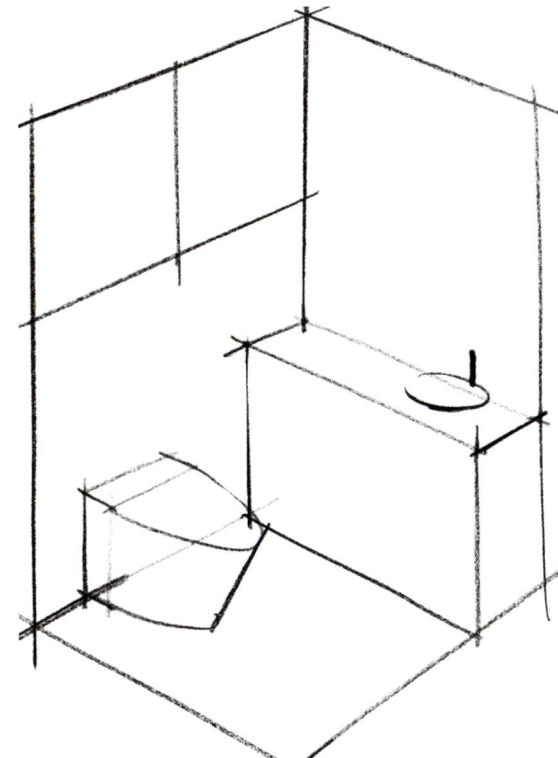
⑦ Zum Abschluss ein Fenster

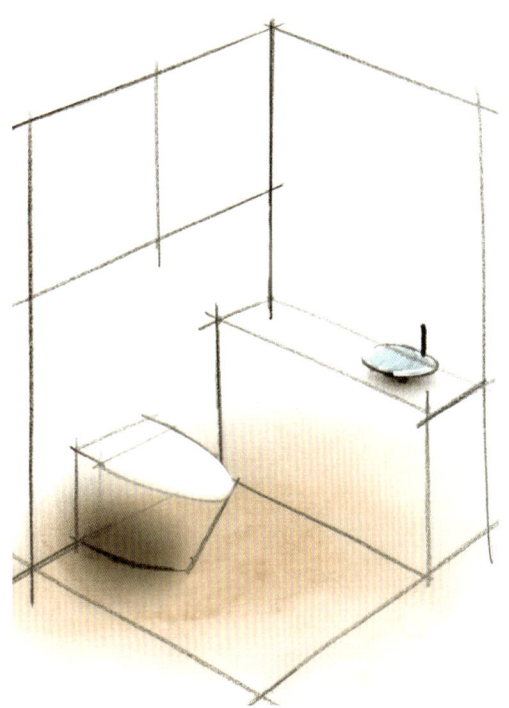
Koloriert mit Pastellkreide und Farbstiften (insges. 2 min)

3- bis 5-Minuten-Skizze: Zentralperspektive

Kopieren Sie die Vorlage für die Zentralperspektive auf Seite 155 und legen Sie sie unter Ihr Papier, um die Proportionen in der Perspektive einzuhalten.

| Wohnzimmer | Dieses Wohnzimmer hat etwa 15 m². Es ist einfach eingerichtet mit einem Sofa, einem Fernsehtisch und einem Couchtisch. Sie können Gardinen, Leuchten, Pflanzen usw. hinzufügen. Hier wurde ein fetthaltiger Marker verwendet (Mitsubishi Dermatograph Nr. 7600). |

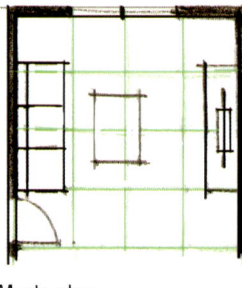

Musterplan

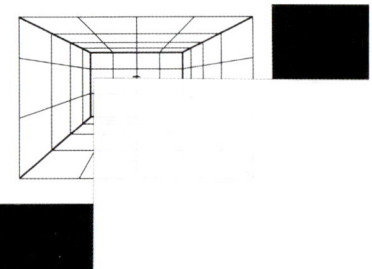

① Ein leeres DIN-A4-Blatt auf die kopierte Vorlage legen.

② Gegenüberliegende Wand zeichnen.

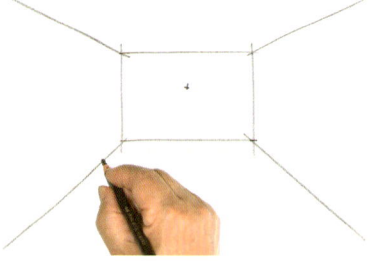

③ Wand- und Bodenlinien gemäß Vorlage

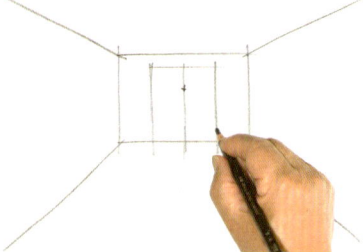

④ Eine Schiebetür

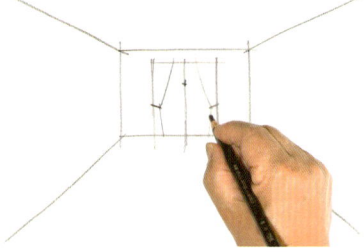

⑤ Gardinen

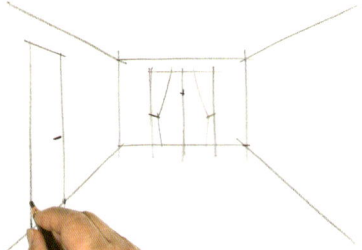

⑥ Eine Tür

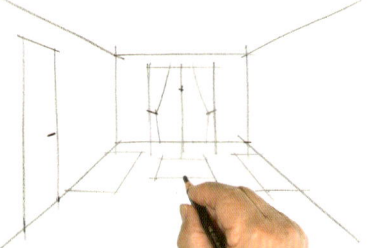

⑦ Grundriss der Möbel

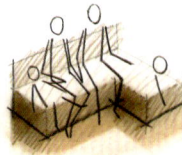

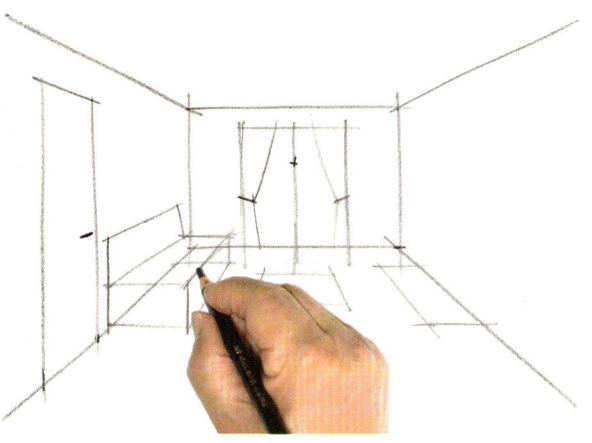

⑧ Ein Sofa

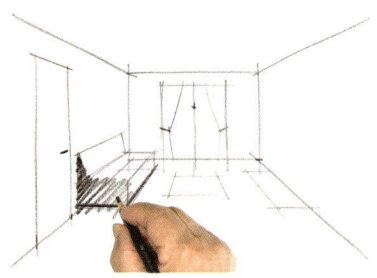

⑨ Das Sofa detaillieren und nuanciert schattieren.

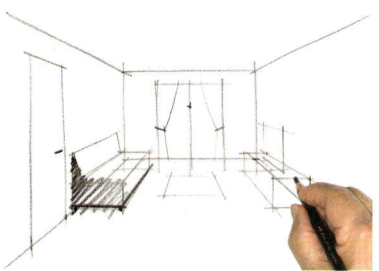

⑩ Ein Fernsehtisch

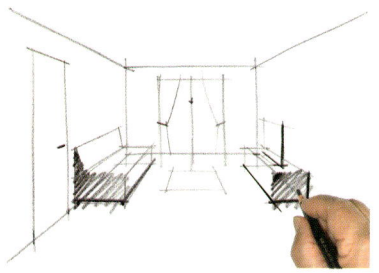

⑪ Den Fernsehtisch detaillieren und schattieren.

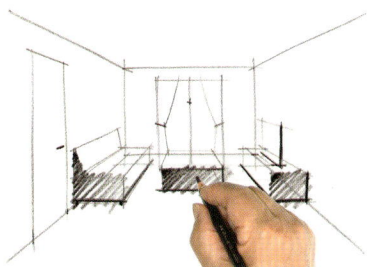

⑫ Ein Couchtisch

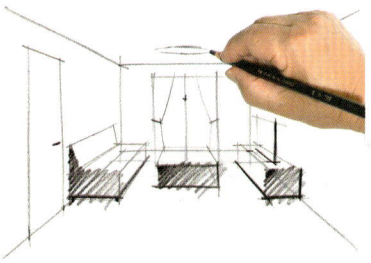

⑬ Eine Leuchte an der Decke

⑭ Zum Abschluss Stehlampen, Pflanzen, Geschirr usw. zeichnen.

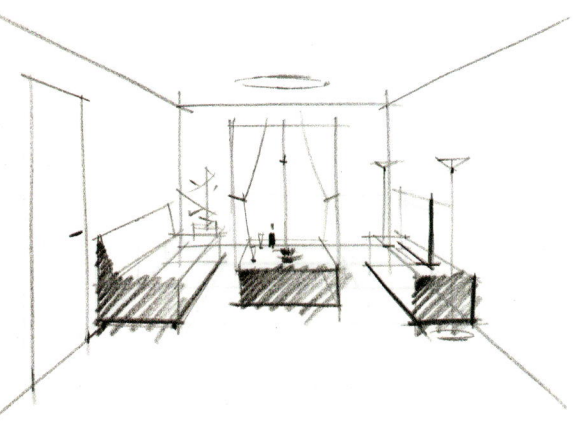

③ Ausführungszeit: etwa 3 Minuten

Esszimmer und Küche

Dieses Esszimmer mit Küche hat etwa 18 m². Es ist eingerichtet mit Arbeitsplatte, Esstisch mit Stühlen, Kühlschrank und Geschirrschrank. Wenn Sie noch Zeit haben, können Sie Leuchten, Küchengerät, Geschirr usw. hinzufügen.

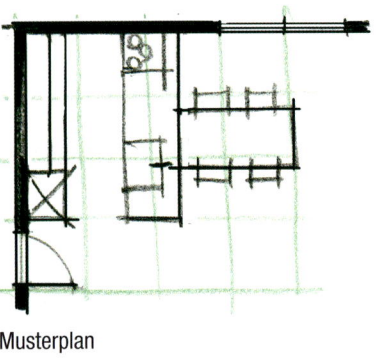
Musterplan

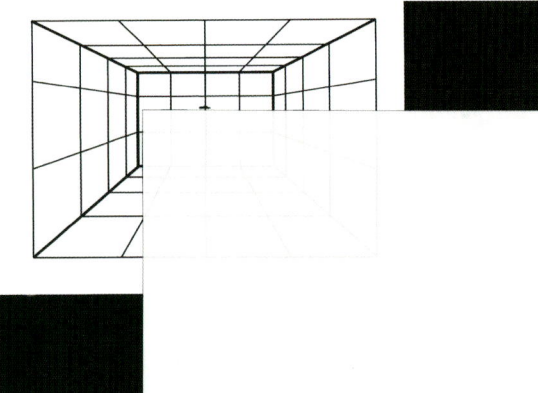
① Ein leeres DIN-A4-Blatt auf die kopierte Vorlage für die Zentralperspektive legen.

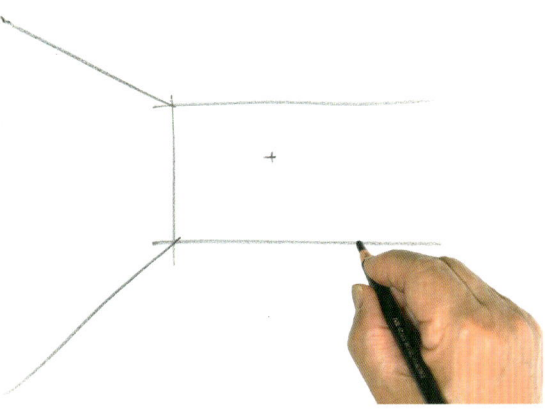
② Eine Wand zeichnen.

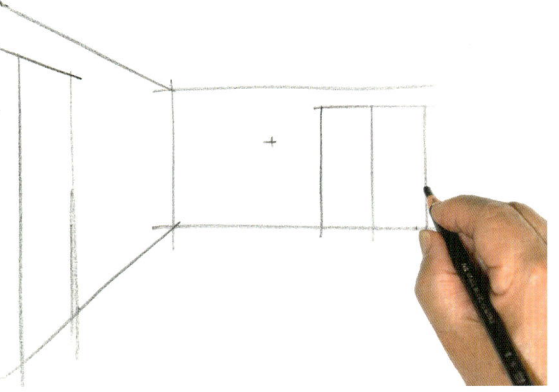
③ Tür und Schiebefenster zeichnen.

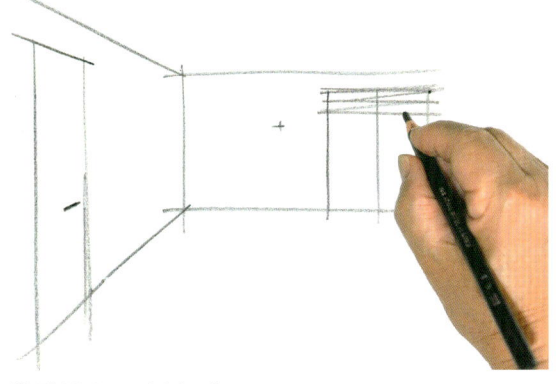
④ Türklinke und Jalousien

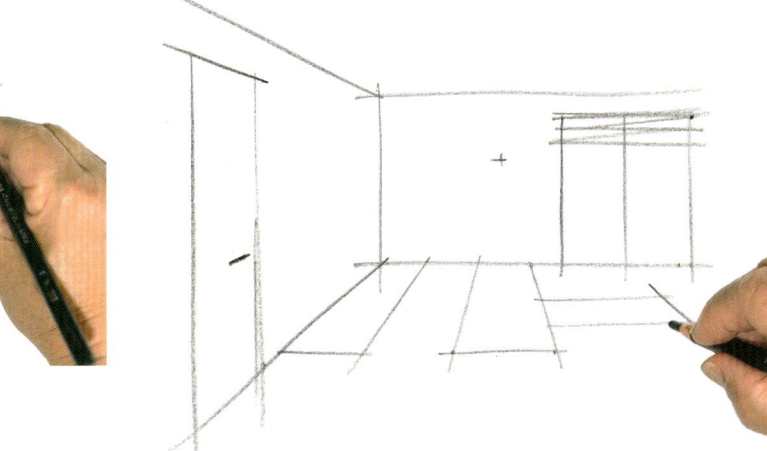
⑤ Grundrisse der Möbel und Geräte

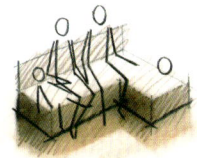

⑥ Ein Geschirrschrank

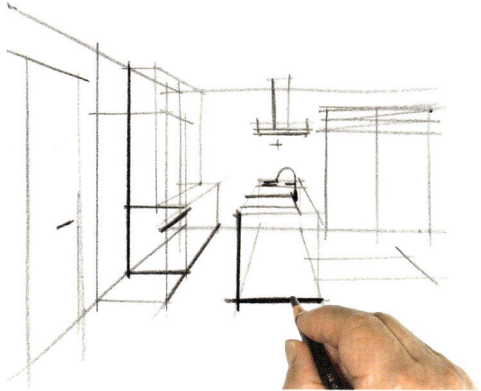
⑦ Eine Kücheninsel

⑧ Esstisch mit Stühlen

⑨ Zum Abschluss abgestufte Schatten zeichnen.

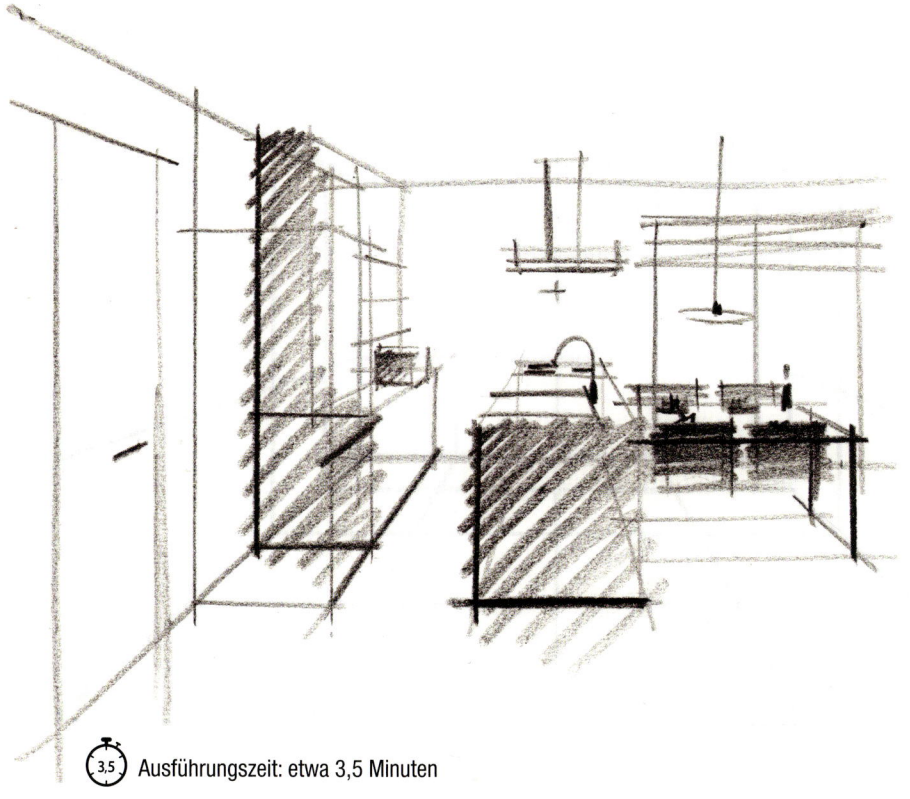
⏱ Ausführungszeit: etwa 3,5 Minuten

3- bis 5-Minuten-Skizze: Isometrische Darstellung

Wohn- und Esszimmer mit Küche

Dieses Wohn- und Esszimmer mit Küche für Senioren hat etwa 29 m². Wenn Sie noch Zeit haben, können Sie Leuchten, Küchengerät, Geschirr hinzufügen. Kopieren Sie die Vorlage für die isometrische Darstellung auf Seite 155 und legen Sie sie unter Ihr Papier, um die Proportionen in der Perspektive einzuhalten.

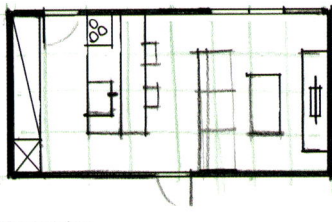

Musterplan

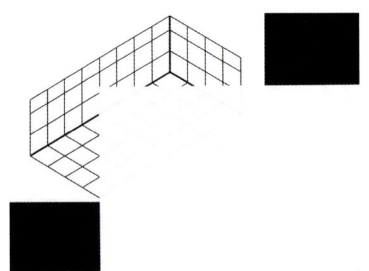

① Ein leeres DIN-A4-Blatt auf die kopierte Vorlage legen.

② Die Linien für Wände und Boden ziehen.

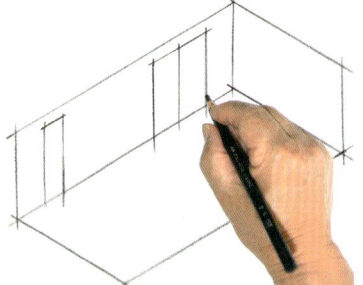

③ Tür und Schiebefenster hinzufügen.

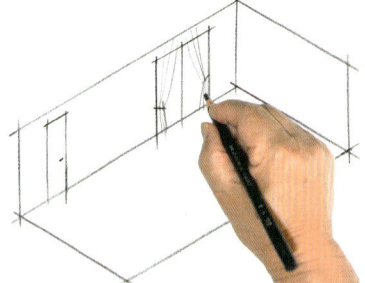

④ Türklinke und Gardinen hinzufügen.

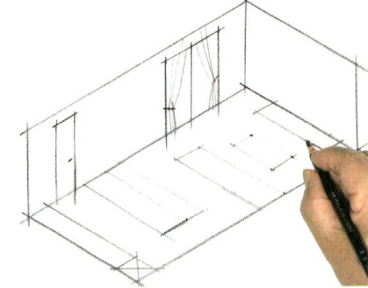

⑤ Grundrisse der Möbel und Geräte

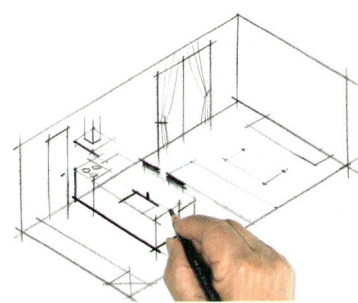

⑥ Arbeitsplatte und Frühstücksbar

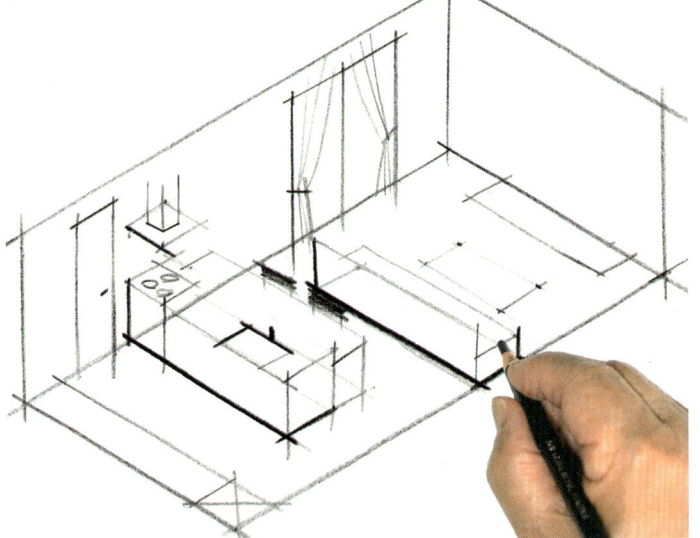

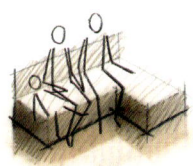

⑦ Ein Sofa

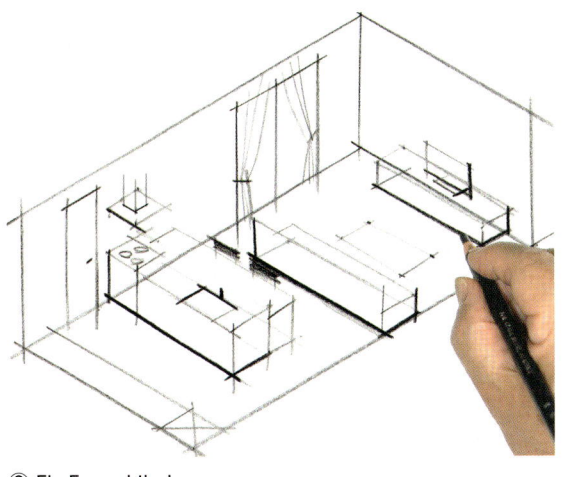
⑧ Ein Fernsehtisch

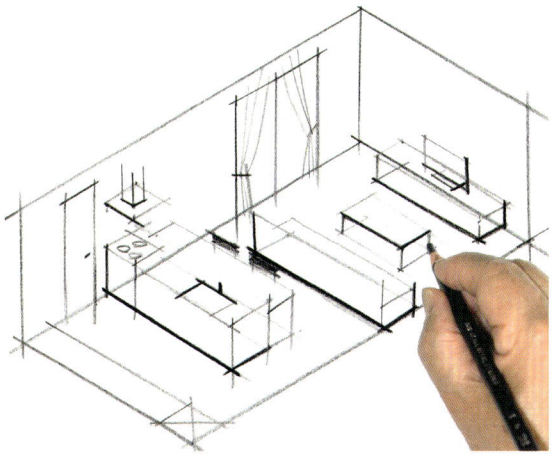
⑨ Ein Couchtisch

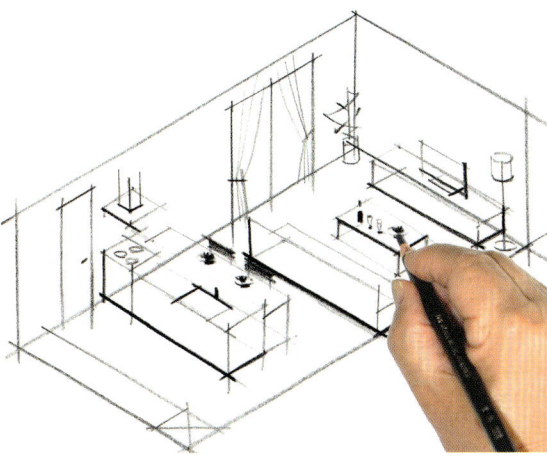
⑩ Stehlampen, Pflanzen, Geschirr usw.

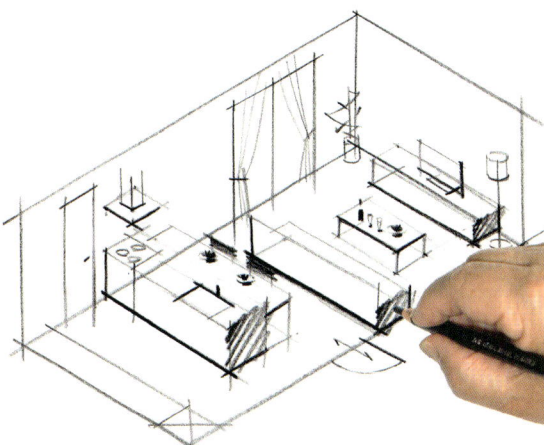
⑪ Zum Abschluss Schatten durch Schattierung erzeugen.

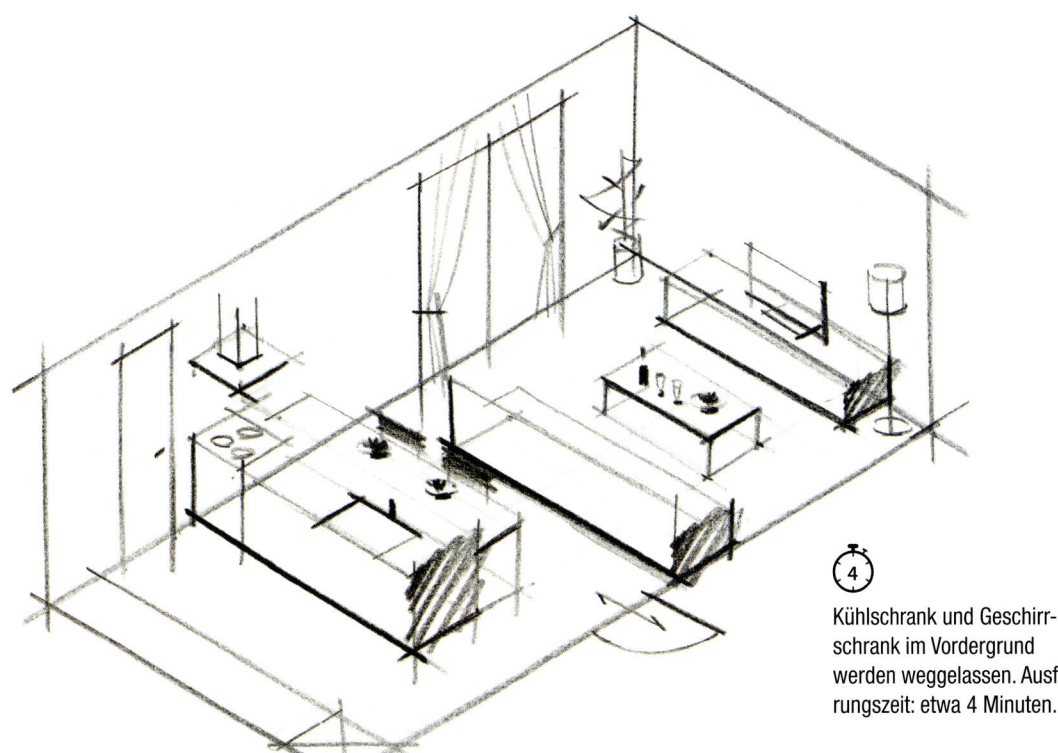

(4)

Kühlschrank und Geschirrschrank im Vordergrund werden weggelassen. Ausführungszeit: etwa 4 Minuten.

3- bis 5-Minuten-Skizze: Zweipunkt-Perspektive

> Esszimmer und Küche

Dieses Esszimmer mit Küche hat etwa 18 m². Es ist eingerichtet mit Arbeitsplatte, Esstisch mit Stühlen, Kühlschrank und Geschirrschrank. Wenn Sie noch Zeit haben, können Sie Leuchten, Küchengerät, Geschirr usw. hinzufügen. Kopieren Sie die Vorlage für die Zweipunkt-Perspektive auf Seite 156 und legen Sie sie unter Ihr Papier, um die Proportionen in der Perspektive einzuhalten.

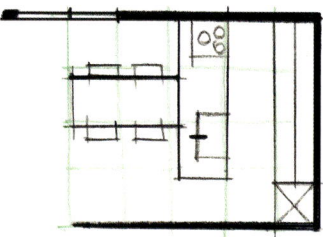

Musterplan

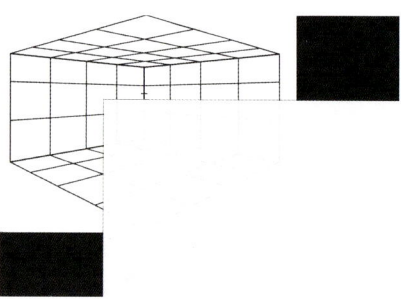

① Ein leeres DIN-A4-Blatt auf die kopierte Vorlage legen.

② Die Linien für Wände und Boden ziehen.

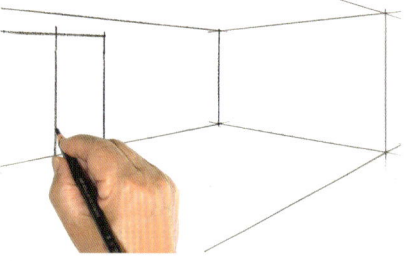

③ Schiebefenster hinzufügen.

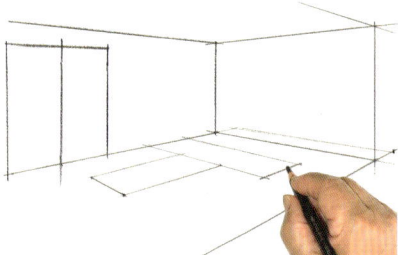

④ Grundriss für Arbeitsplatte und Esstisch

⑤ Jalousien

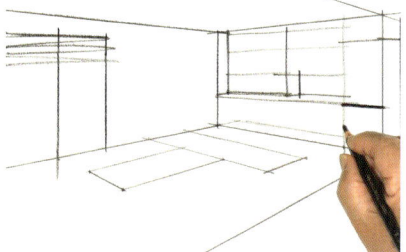

⑥ Kühlschrank und Geschirrschrank

⑦ Arbeitsplatte

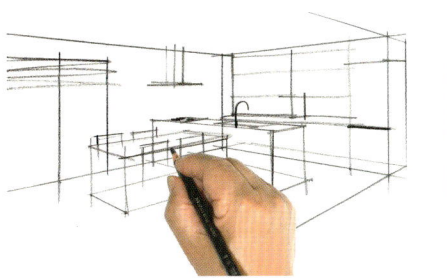
⑧ Esstisch mit Stühlen

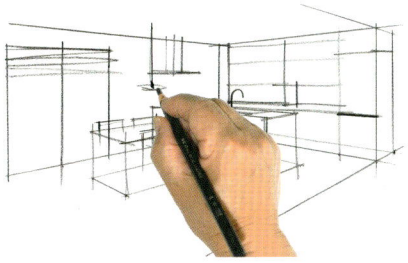
⑨ Leuchten

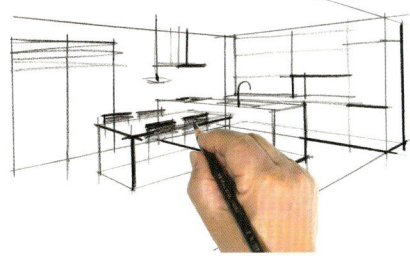
⑩ Rückenlehnen der Stühle schattieren.

⑪ Teller, Geräte, Geschirr usw. hinzufügen.

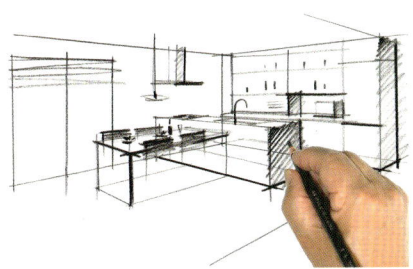
⑫ Arbeitsplatte und Kühlschrank schattieren.

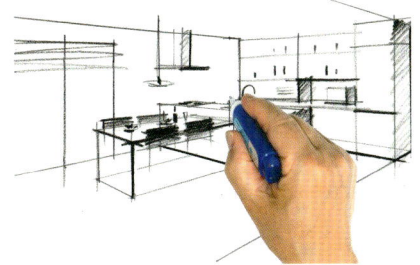
⑬ Unnötige Linien mit Whiteout entfernen.

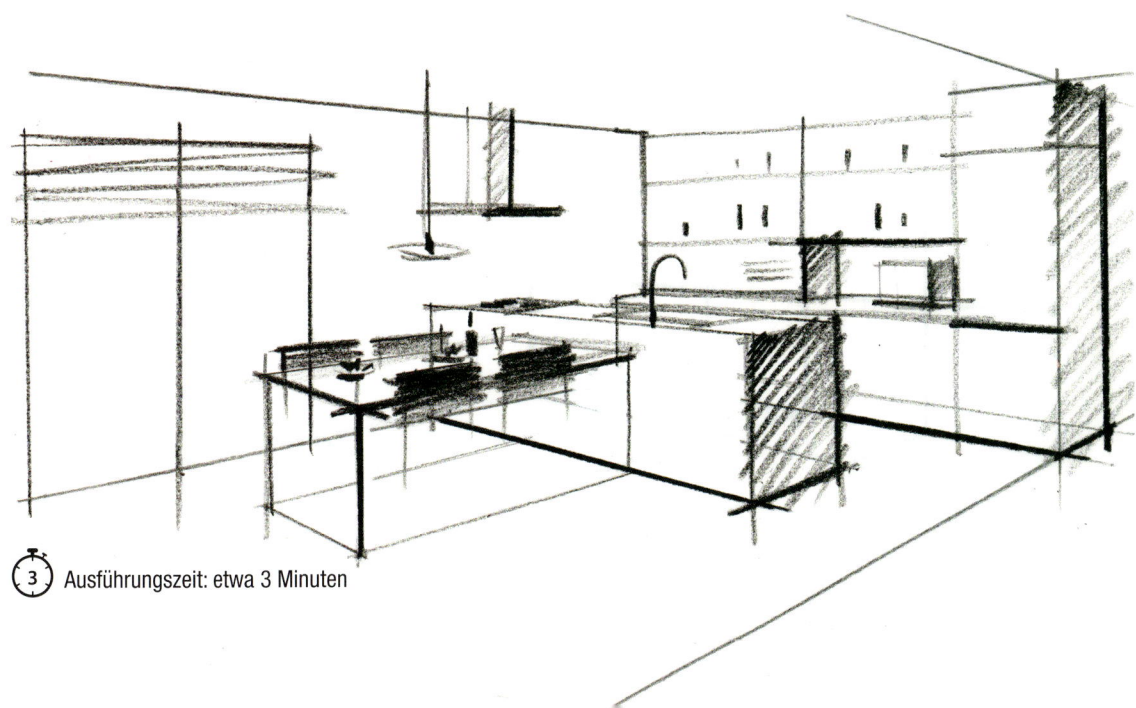
Ausführungszeit: etwa 3 Minuten

| Wohn- und Esszimmer | Kopieren Sie die Vorlage für die Zweipunkt-Perspektive auf Seite 157 und legen Sie sie unter Ihr Papier, um die Proportionen in der Perspektive einzuhalten.

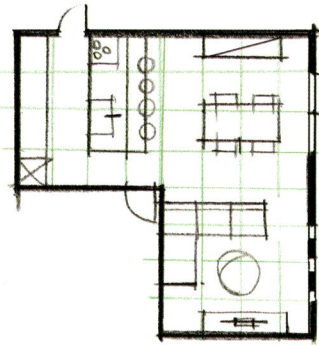

Musterplan

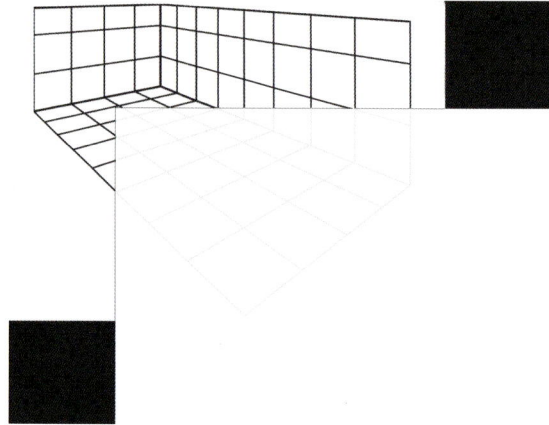

① Ein leeres DIN-A4-Blatt auf die kopierte Vorlage legen.

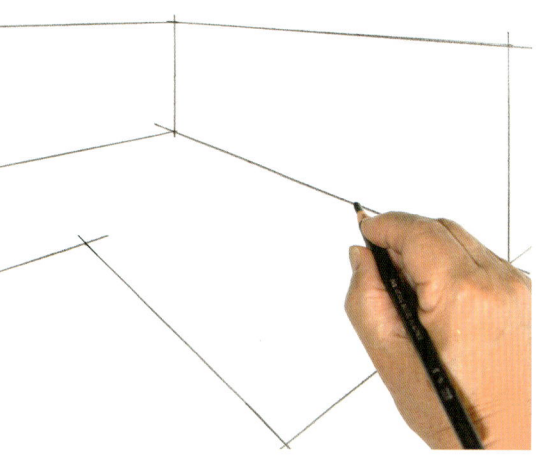

② Die Linien für Wände und Boden nach der Vorlage ziehen.

③ Ein Schiebefenster und schmale Fenster

④ Grundriss der Möbel

⑤ Ein Geschirrschrank und ein Esstisch mit Stühlen

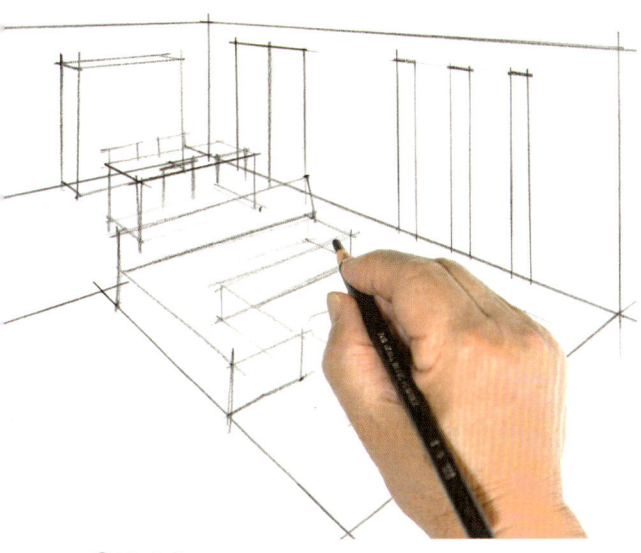

⑥ Ein Sofa

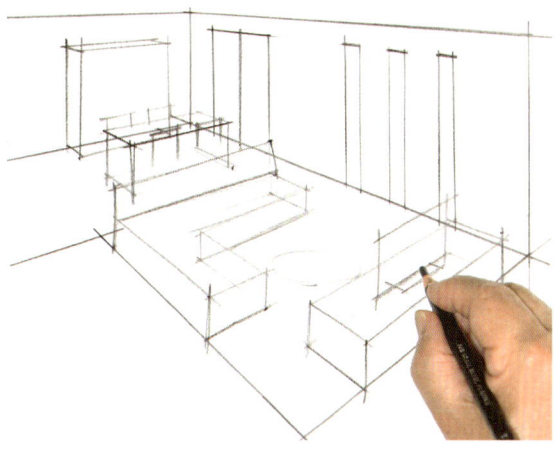

⑦ Ein Fernsehtisch und ein Fernsehgerät

⑧ Ein Couchtisch

⑨ Regale

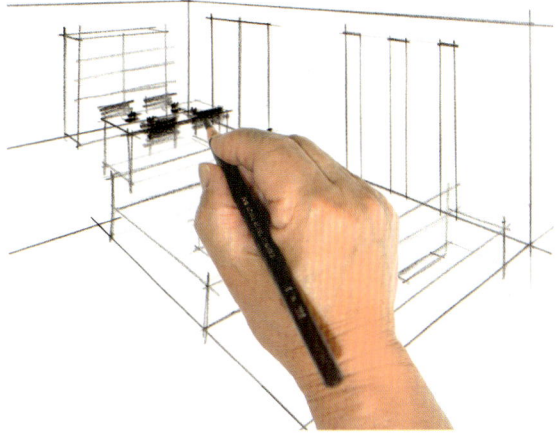

⑩ Esstisch mit Stühlen

⑪ Bodenlinie des Sofas betonen (dicke, starke Linien).

⑫ Fernsehtisch betonen (dicke, starke Linien).

⑬ Geschirr usw.

⑭ Jalousien

⑮ Zum Abschluss Möbel schattieren.

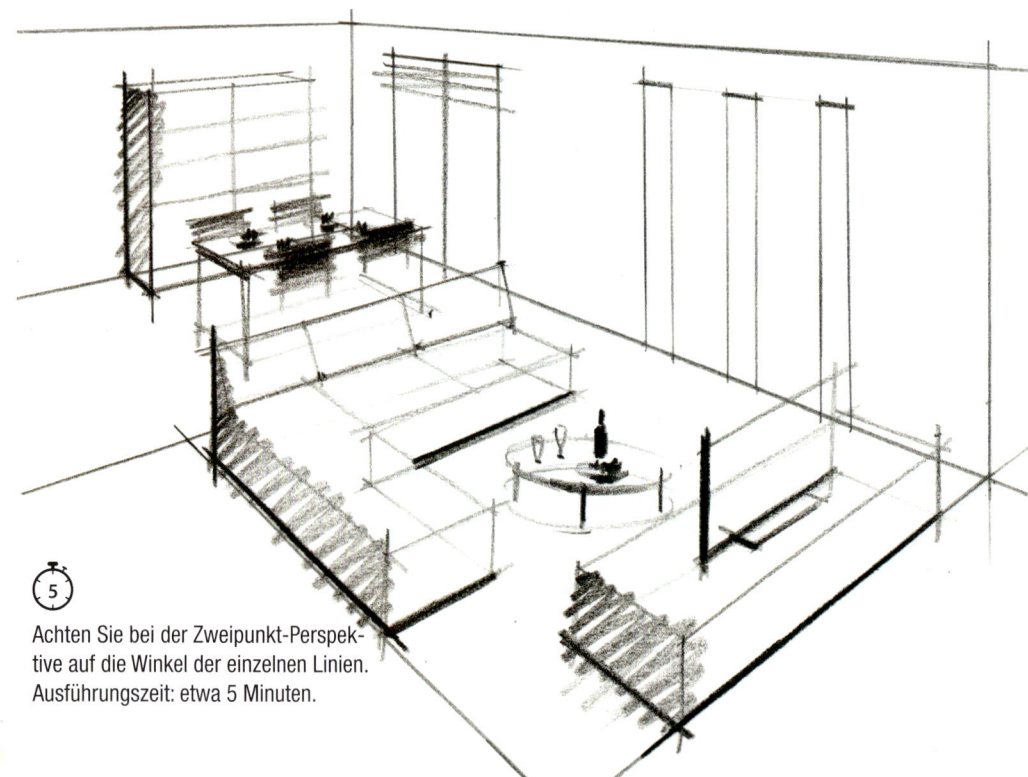

Achten Sie bei der Zweipunkt-Perspektive auf die Winkel der einzelnen Linien. Ausführungszeit: etwa 5 Minuten.

Kapitel 3

Zeichentechniken

Hier zeigen wir, wie eine Skizze durch einfache Techniken wie die Betonung von Linien und Schattierung an Ausdruck gewinnt.

Verschiedene Linienstärken

Durch verschieden starke Linien gewinnen Ihre einfachen Skizzen an Ausdruck. Dienen die Skizzen einfach als Kommunikationsmittel, eignet sich ein Stift am besten, der dicke, starke Linien zieht. So vermitteln Sie Ihre Ideen am deutlichsten.

Fetthaltiger Marker (Dermatograph Mitsubishi Nr. 7600)
Die Mine bricht selten und der Stift schreibt nicht nur auf Papier, sondern auch auf Glas, Kunststoff usw. Damit ist er ein sehr nützliches Instrument.

Methoden für verschiedene Linienstärken. Für den Beginn genügen Linien in drei Stärken – fein, mittel und Kontur. Wenn Sie über fünf Stärken verfügen, haben Sie mehr als genug. Auf der Seite gegenüber sehen Sie, dass auch schon zwei verschiedene Linienstärken überzeugend wirken. Halten Sie den Stift locker in der Hand, ohne zu drücken. So können Sie blasse, dünne und schwache Linien zeichnen. Wenn Sie den Stift fest greifen und im Winkel auf das Papier drücken, ziehen Sie dicke, starke Linien.

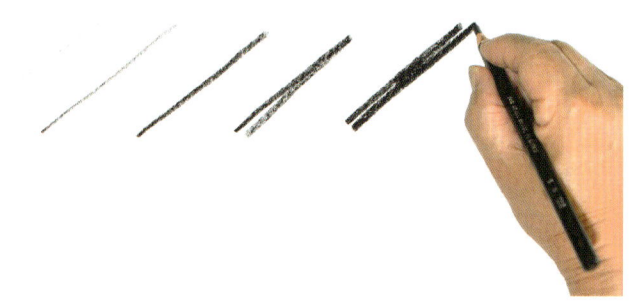

Wenn Sie die Stärke Ihrer Linien und den Druck Ihrer Hand steuern können, erzeugen Sie gute Übergänge bei den Schatten. Sie können von stark und dick zu dünn und blass übergehen. Schöne Schatten erzielt man eher, wenn man schnell zeichnet.

Umgekehrt sollten Sie auch üben, wie sie kontinuierliche Schatten von dünn und blass hin zu dick und stark zeichnen. Wenn Sie das beherrschen, haben Sie mehr Variation in Ihrem Ausdruck.

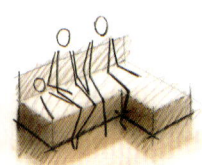

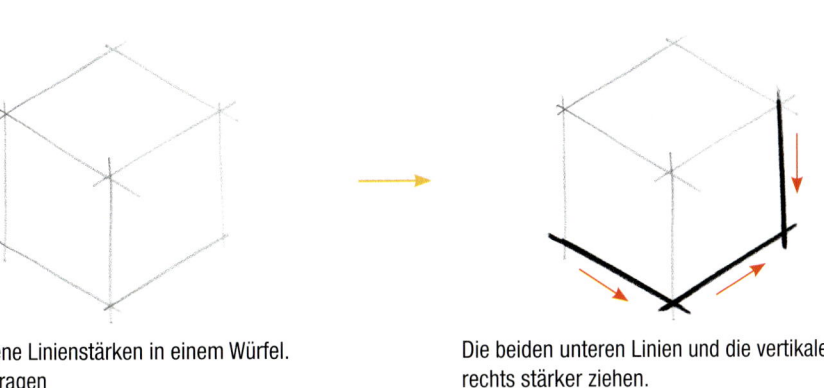

Verschiedene Linienstärken in einem Würfel. Leicht auftragen

Die beiden unteren Linien und die vertikale Linie rechts stärker ziehen.

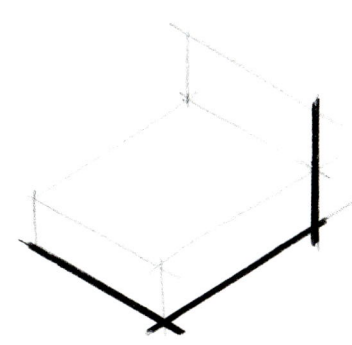

Verschiedene Linienstärken an einem Bett. Leicht auftragen

Die beiden unteren Linien und die vertikale Linie rechts stärker ziehen.

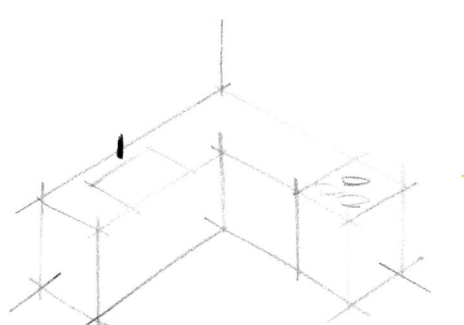
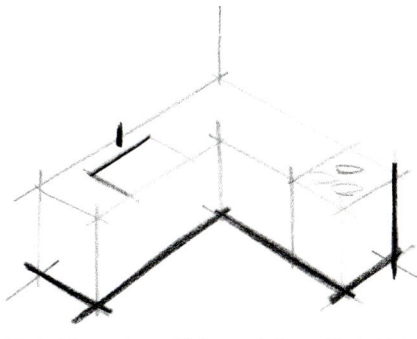

Verschiedene Linienstärken an einer Küchenzeile. Leicht auftragen – außer bei der Armatur

Die beiden unteren Linien und die vertikale Linie rechts stärker ziehen.

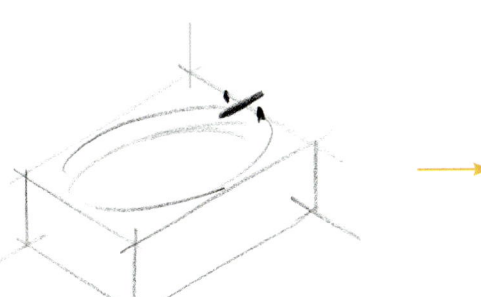
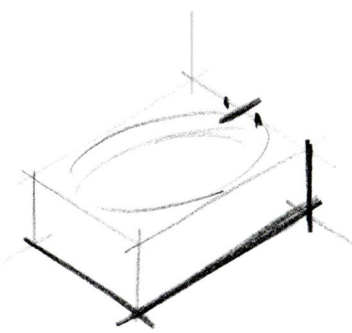

Verschiedene Linienstärken an einer Badewanne. Leicht auftragen – außer bei der Armatur

Die beiden unteren Linien und die vertikale Linie rechts stärker ziehen.

Verschiedene Linienstärken

Wir wollen Innenräume mit verschiedenen Linienstärken zeichnen. Die Stärke der Linien hängt von der Richtung der Lichtquelle ab.

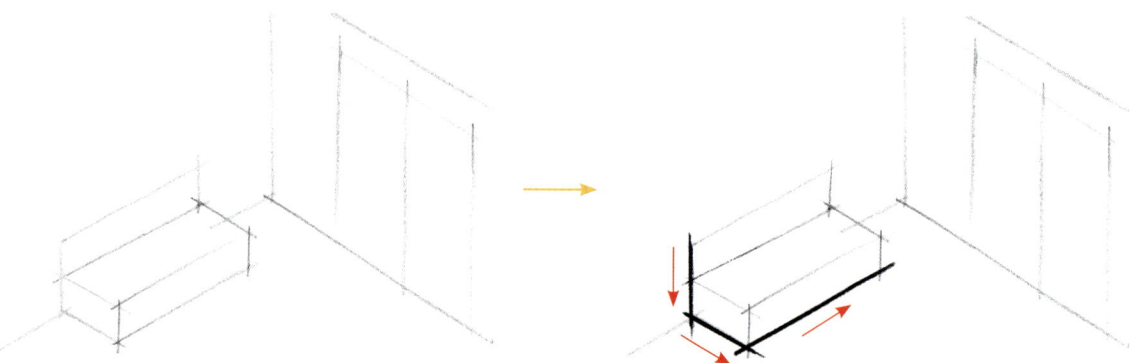

Den gesamten Raum mit dünnen Linien zeichnen.

Da das Fenster rechts ist, ziehen wir die Bodenlinie des Sofas und die vertikale Linie links stärker.

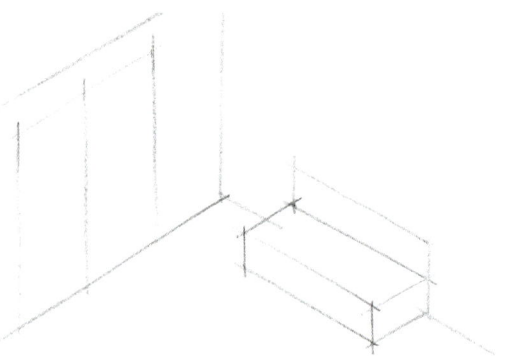
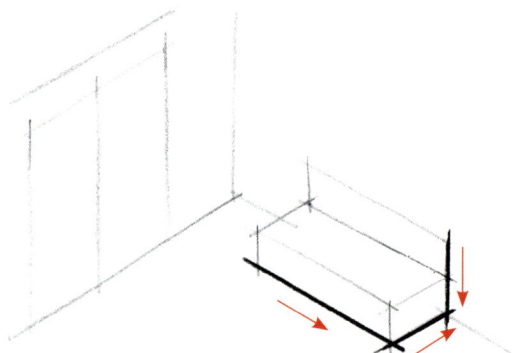

Den gesamten Raum mit dünnen Linien zeichnen.

Da das Fenster links ist, ziehen wir die Bodenlinie des Sofas und die vertikale Linie rechts stärker.

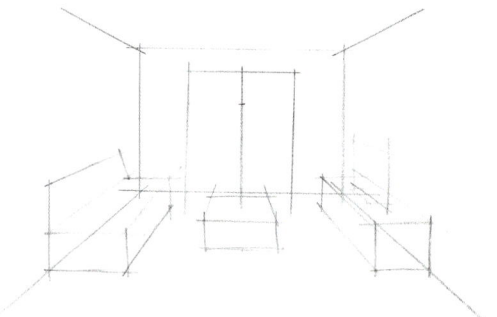
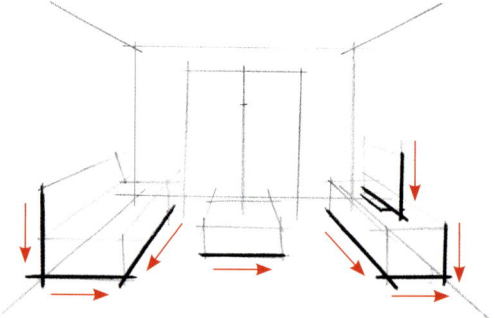

Ist das Fenster in der Mitte, wird der gesamte Raum dünn gezeichnet.

Beim Sofa die vertikale Linie links stärker ziehen. Das Gleiche gilt für die vertikale Linie des Fernsehtisches und die Grundlinie des Couchtisches.

Schattierungen hinzufügen

Schatten lassen das Objekt dreidimensionaler wirken.

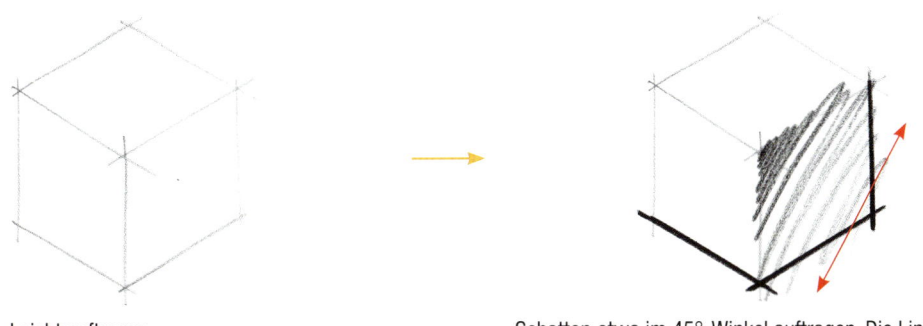

Leicht auftragen

Schatten etwa im 45°-Winkel auftragen. Die Linien dürfen über die Kanten hinausragen.

■ **Bett**

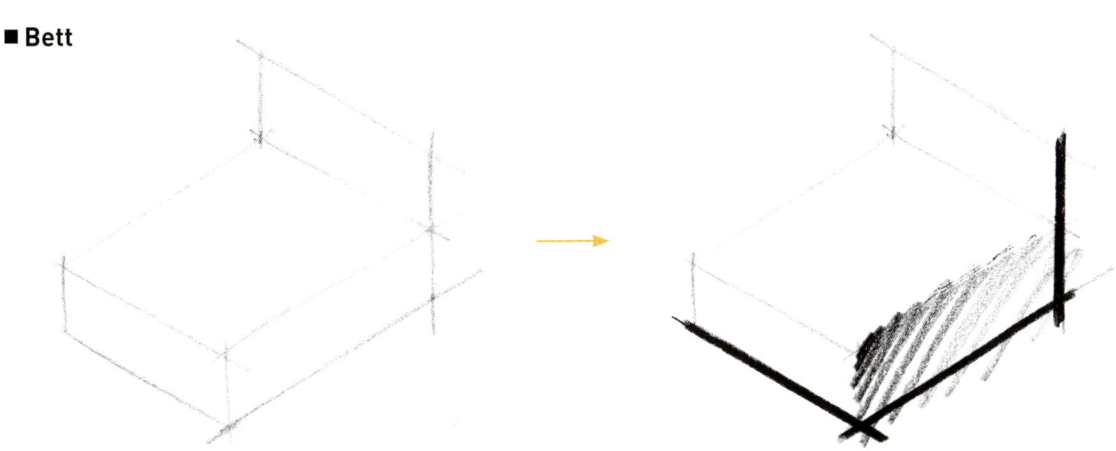

Leicht auftragen

Schatten etwa im 45°-Winkel auftragen. Die Linien dürfen über die Kanten hinausragen.

■ **Bad**

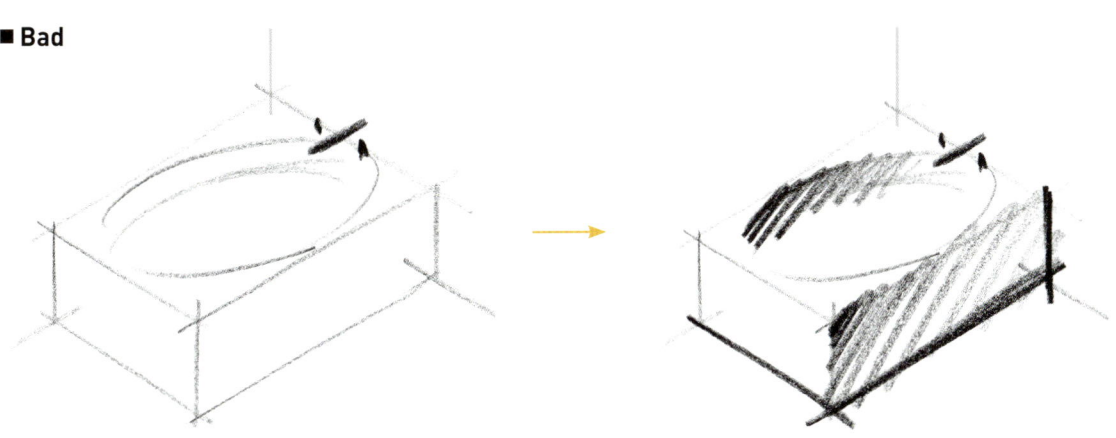

Leicht auftragen – außer bei der Armatur

Schatten etwa im 45°-Winkel auftragen. Die Linien dürfen über die Kanten hinausragen.

Schattierungen hinzufügen

■ **Küche**

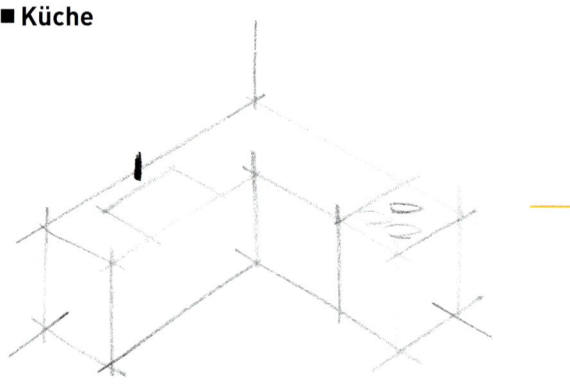 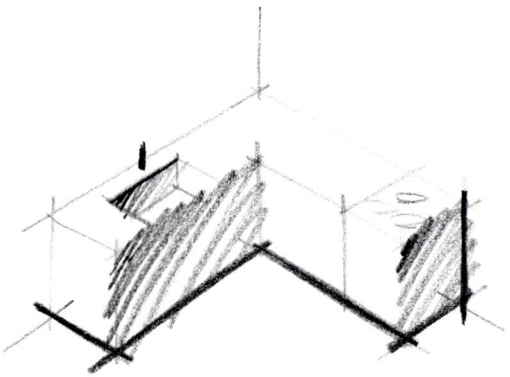

Leicht auftragen – außer bei der Armatur

Schatten etwa im 45°-Winkel auftragen. Die Linien dürfen über die Kanten hinausragen.

■ **Waschtisch (Zentralperspektive)**

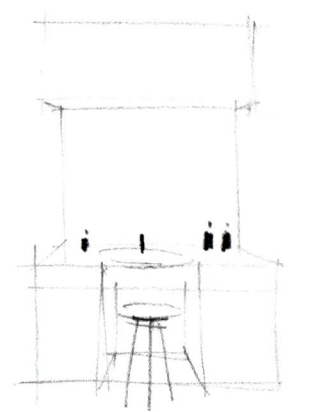 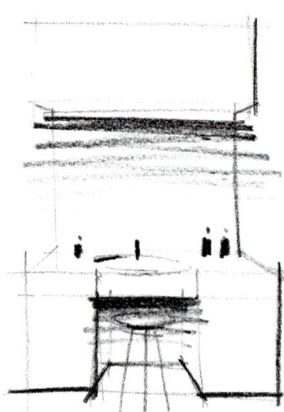

Leicht auftragen – außer bei der Armatur

Schattierung für Spiegel und Schatten

■ **Geschirrschrank (Zentralperspektive)**

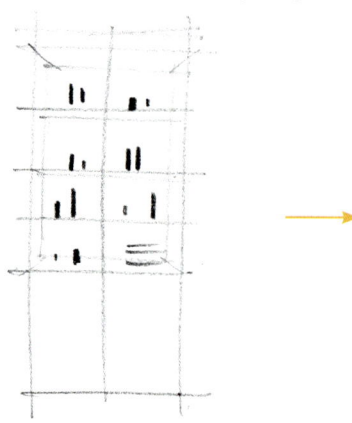 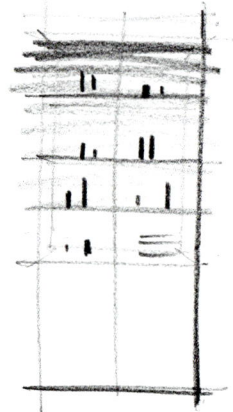

Leicht auftragen – außer beim Geschirr

Die horizontalen Schatten lassen das Geschirr sichtbar bleiben. Die Linien dürfen über die Kanten hinausragen.

■ Esstisch mit Stühlen

① Esstisch dünn zeichnen.

② Vier Stühle zeichnen.

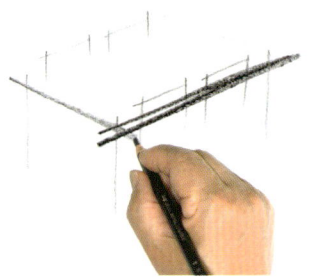

③ Tischkante stärker ziehen.

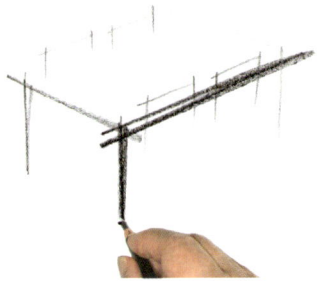

④ Tischbein stärker ziehen.

⑤ Schatten hinzufügen – vorn dunkel, hinten heller.

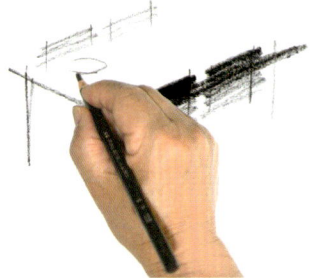

⑥ Teller

⑦ Essen auf dem Teller zeichnen.

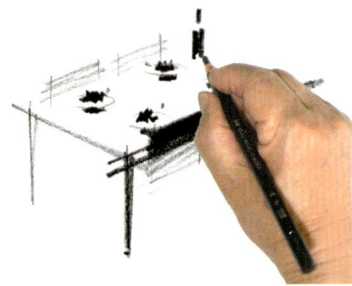

⑧ Zum Abschluss eine Flasche Wein

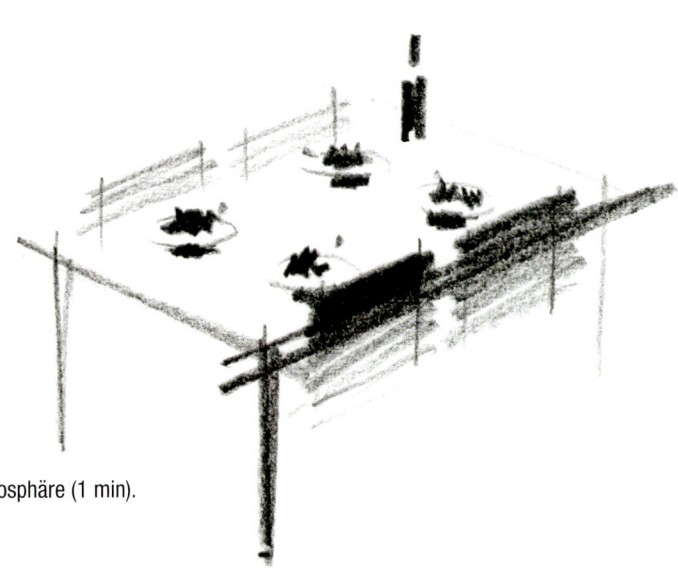

Das Geschirr sorgt für Atmosphäre (1 min).

Schattierungen hinzufügen

■ Wohnzimmer

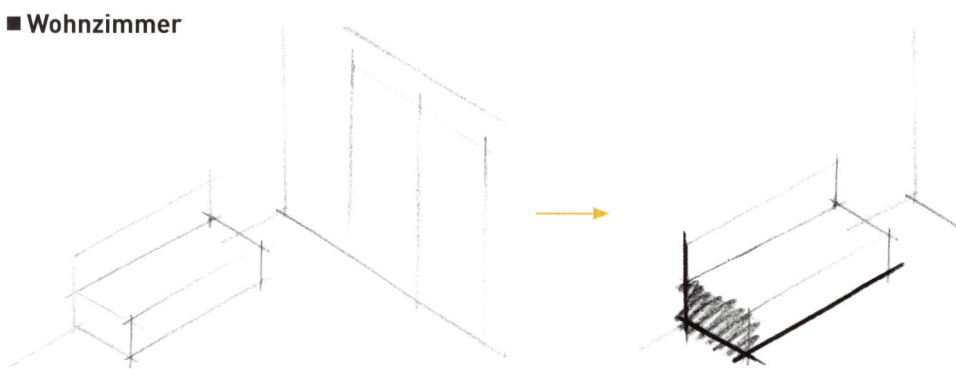

Designskizze für Wohnzimmer: dünne Linien ohne Schatten

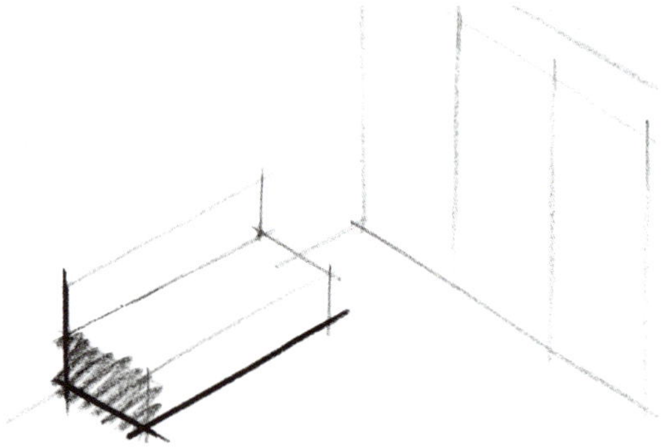

Da das Fenster rechts ist, werden Schatten auf die linke Seite des Sofas gelegt.

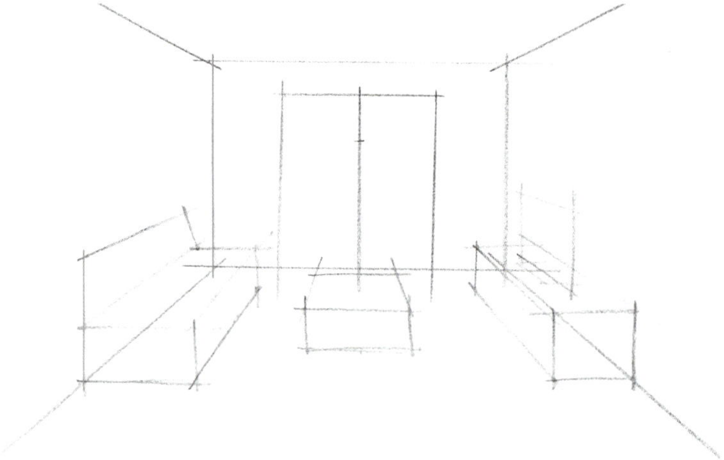

Designskizze für Wohnzimmer: dünne Linien ohne Schatten

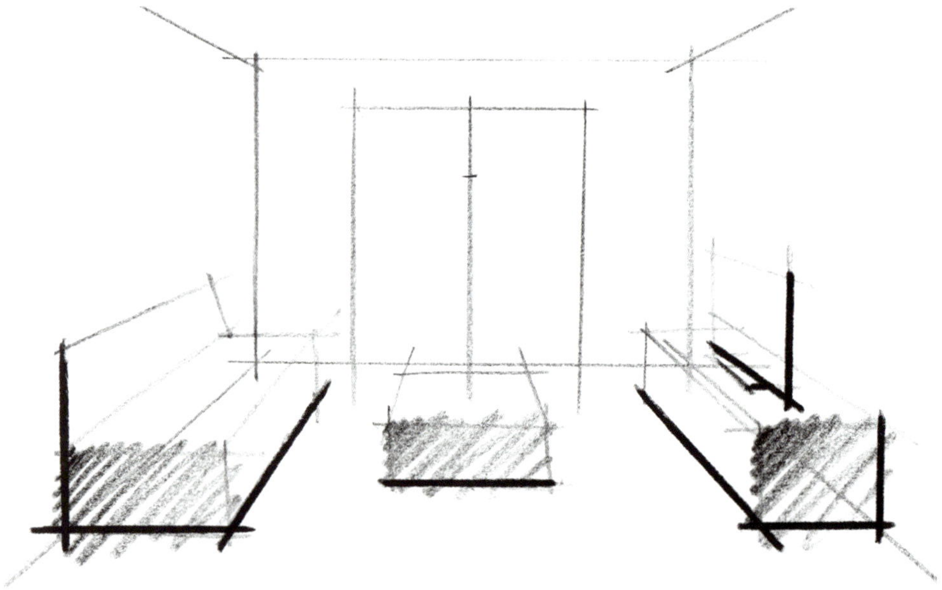

Da das Fenster in der Mitte der Wand ist, liegen Schatten auf der linken Seite des Sofas, der rechten Seite des Fernsehtischs und der Vorderseite des Couchtischs. Die Schatten dürfen über die Kanten ragen. Die massiven, eleganten Linien wirken sehr geschmackvoll.

Verschiedene Linienstärken anwenden: Stühle mit markantem Design

Wenn man bekannte Designstühle vorsichtig modifiziert, sehen sie manchmal ganz anders aus als das Original. Beim Zeichnen während des Gesprächs mit dem Kunden können Sie selbst mit einer einfachen Skizze die Vorstellung eines Stuhles vermitteln. Und wenn Sie die vereinfachte Form beherrschen, können Sie später recht einfach detailliertere Skizzen zeichnen.

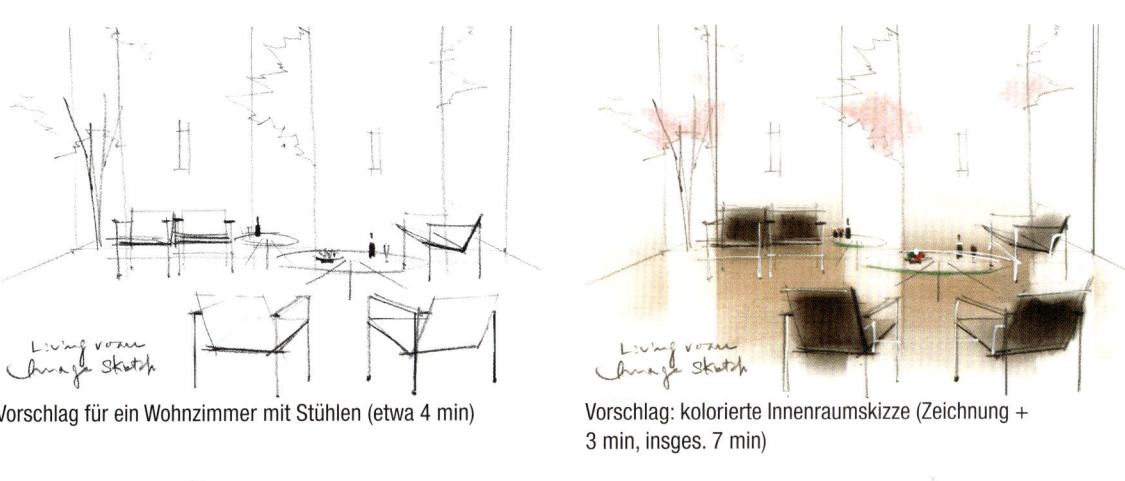

Vorschlag für ein Wohnzimmer mit Stühlen (etwa 4 min)

Vorschlag: kolorierte Innenraumskizze (Zeichnung + 3 min, insges. 7 min)

Zeichnen mit Schatten

Zeichnen mit typischen Designmerkmalen

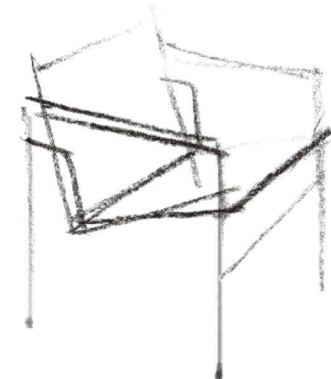

Zeichnen aus verschiedenen Blickwinkeln

■ A – Vereinfachung

① Stuhlrücken

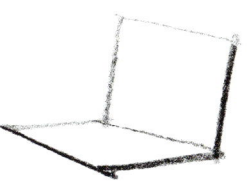

② Sitzfläche

③ Armlehnen

④ Noch drei Beine, dann ist die vereinfachte Form fertig.

Verschiedene Linienstärken anwenden: Stühle mit markantem Design

Konzeptvorschlag: kolorierte Innenraumskizze
(Zeichnung + 5 min, insges. 10 min)

Konzeptvorschlag: Wohnzimmer mit Sofa (5 min)

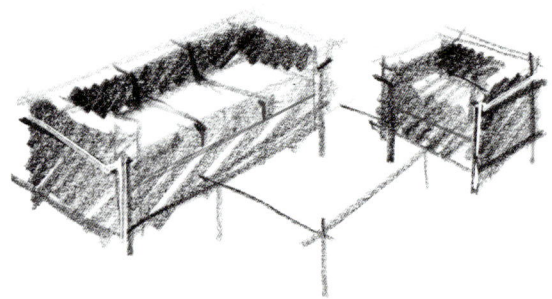

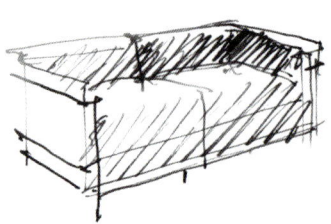

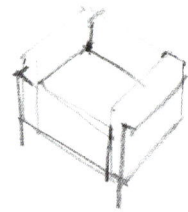

Zeichnen mit Schatten

Zeichnen mit typischen Designmerkmalen (gezeichnet mit Füllfederhalter)

Aus einem anderen Blickwinkel: von oben

■ B – Vereinfachung

① Bild einer Oberfläche zeichnen.

② Grobskizze eines Stuhles erstellen.

③ Die Sitzfläche markieren.

④ Fertige Grobskizze eines Stuhles

Konzeptvorschlag: kolorierte Innenraumskizze
(Zeichnung + 3 min, insges. 8 min)

Konzeptvorschlag: Wohnzimmer mit Stühlen (5 min)

Zeichnen mit Schatten   Zeichnen mit typischen Designmerkmalen

■ C – Vereinfachung

① Stuhlrücken   ② Sitzfläche   ③ Gebogene Stuhlbeine   ④ Zum Abschluss die restlichen Beine

Verschiedene Linienstärken anwenden: Stühle mit markantem Design

Konzeptvorschlag: kolorierte Innenraumskizze
(Zeichnung + 5 min, insges. 8 min)

Konzeptvorschlag: Wohnzimmer mit Sessel
(ca. 3 min)

Zeichnen mit Schatten

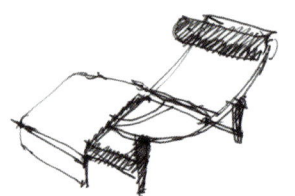

Zeichnen mit typischen Designmerkmalen (gezeichnet mit Füllfederhalter)

Zeichnen aus verschiedenen Blickwinkeln

■ D – Vereinfachung

① Grobskizze der Seitenlinie eines Stuhles

② Sitzfläche usw.

③ Kopfstütze

④ Gebogener Rahmen

⑤ Zum Abschluss der Skizze die Beine zeichnen.

Kapitel 4

Kolorieren

Hier lernen wir die Techniken für das Kolorieren von Fußböden und Möbeln und zur Darstellung von Licht und Schatten. Wir benötigen: Farbstifte (6 Farben), Pastellkreide, Knetgummi und Whiteout. Wenn die Kolorierung Licht und Schatten bringt, haben selbst die einfachsten Skizzen mehr Präsenz.

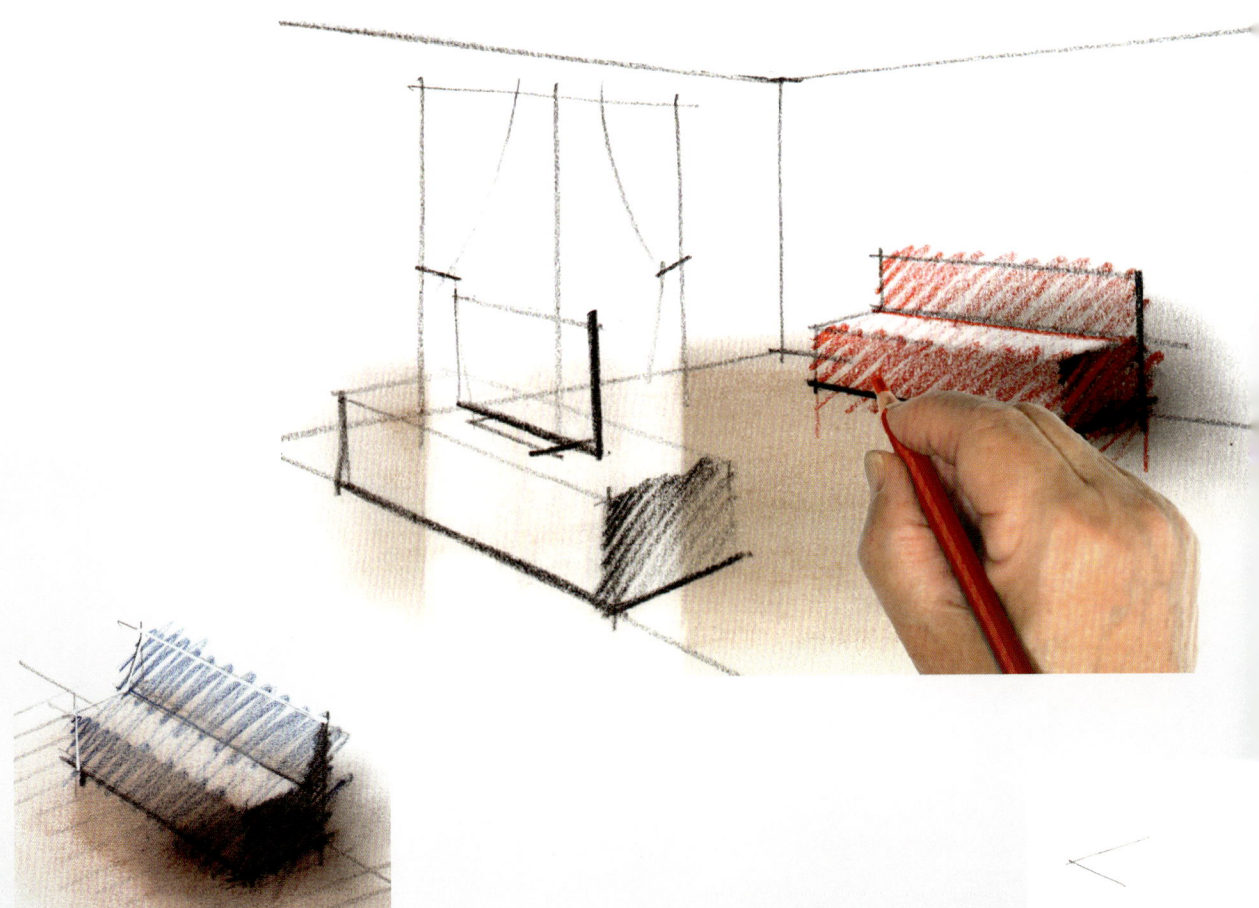

Grundlagen des Kolorierens

Es gibt die verschiedensten Materialien für unsere Skizzen, aber wir sollten daran denken, dass wir im Rahmen der Kommunikation spontan reagieren müssen. Beim Streben nach Tempo und Qualität bin ich zu dem Ergebnis gekommen, dass Pastellkreide die ideale Grundlage (für Böden, Wände usw.) ist, Farbstifte sich für Möbel und kleine Objekte eignen und Knetgummi für Licht und Schatten. Mit Whiteout bringen Sie Licht und Helligkeit ins Bild. Wenn Sie diese Materialien so einsetzen, erstellen Sie schnell Skizzen zur effektiven Kommunikation.

Beim Papier reicht die handelsübliche Qualität. Druckerpapier im DIN-A4-Format, drei Pastellkreiden in den Grundfarben und ein paar weitere Farben sollten für die erste Besprechung mit dem Kunden genügen.

Sechs Farbstifte in verschiedenen Farben reichen aus. Selbst wenn Sie die vom Kunden gewählte Farbe genau reproduzieren wollen, wird Ihnen das nie ganz gelingen, denn das Papier schluckt einen Teil der Farbe. Denken Sie nicht „Das ist genau die Farbe", sondern streben Sie „eine Atmosphäre, die in etwa passt" an.

Es gibt verschiedene Pastellkreiden im Handel. Ich persönlich benutze halbharte Pastellkreide von Holbein.

Für das Speed-Sketching genügen sechs verschiedene Farbstifte. Statt Farbstiften können Sie auch fetthaltige Stifte in Rot, Grün und Marine benutzen.

Ein Knetgummi ist unverzichtbar für Lichtakzente.

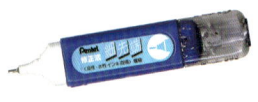

Mit Whiteout (Pentel Presto Fine-tip) betonen Sie Lichter.

Böden werden meist mit Pastellkreide koloriert. Verteilen Sie braune Pastellkreide auf einer Grundierung aus weißer Pastellkreide, die Sie mit den Fingerkuppen verteilt haben.

Der direkte Auftrag ohne Grundierung sorgt für ein ungleichmäßiges Ergebnis.

■ **Versuchen wir uns an einem Sofa**

① Zeichnen Sie ein Sofa.

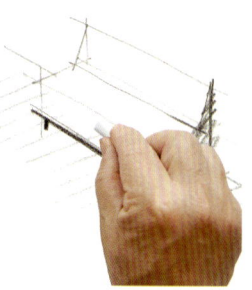

② Weiße Pastellkreide als Grundierung auftragen.

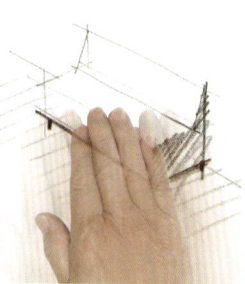

③ Grundierung mit den Fingerkuppen quer über das Papier verteilen.

 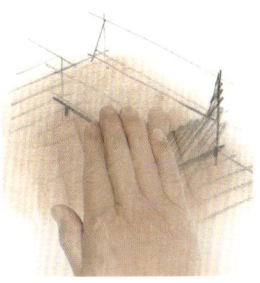  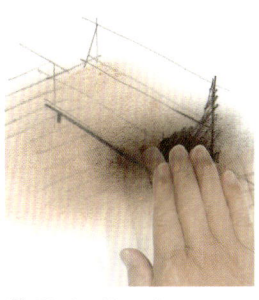

④ Bodenfarbe auftragen (braun).

⑤ Die Bodenfarbe sanft mit der Grundierung verreiben Es macht nichts, wenn das Sofa Farbe abbekommt.

⑥ Schwarz für Schatten auftragen .

⑦ Mit den Fingerkuppen verreiben.

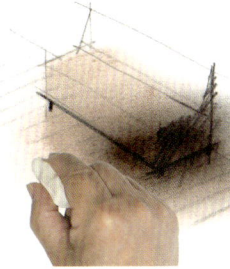 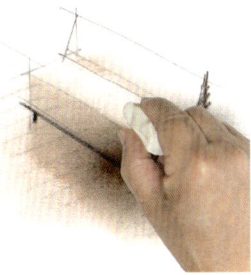 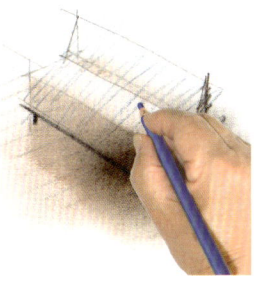 

⑧ Mit dem Knetgummi helle Flecken auf den Boden bringen (es radiert die Pastellkreide weg).

⑨ Die Sitzfläche mit Knetgummi darstellen.

⑩ Sofa mit Farbstift kolorieren. Das ganze Sofa leicht kolorieren.

⑪ Rücken und Unterbau des Sofas etwas dunkler kolorieren.

⑫ Die Seite des Sofas dunkler, dicker und dichter kolorieren.

⑬ Zum Abschluss helle Stellen mit Whiteout akzentuieren.

Ausführungszeit: etwa 3 Minuten

Fensterspiegelungen 1

Hier geht es um Spiegelungen auf dem Boden von einer hellen Stelle des Fensters und nicht um durch das Fenster einfallendes Sonnenlicht. In dem Bildbeispiel rechts wird nicht das schräg durch das Fenster einfallende Licht gespiegelt. Stattdessen spiegeln sich die Fenster selbst und andere helle Stellen wie ein Spiegel vertikal auf dem Boden. So kann man die Eigenschaften des Bodenbelags wiedergeben. Kopieren Sie die Vorlage für die Zentralperspektive auf Seite 155 und legen Sie unter Ihr Papier, um die Proportionen in der Perspektive einzuhalten.

Bildbeispiel für die Spiegelungen von einem Fenster (Sketching Interiors: Color, Yoshinori Hasegawa)

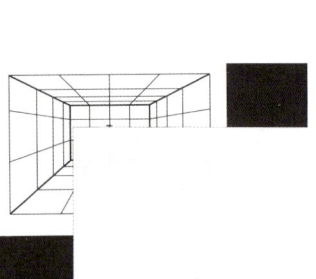

① Ein leeres DIN-A4-Blatt auf die kopierte Schablone für die Zentralperspektive legen.

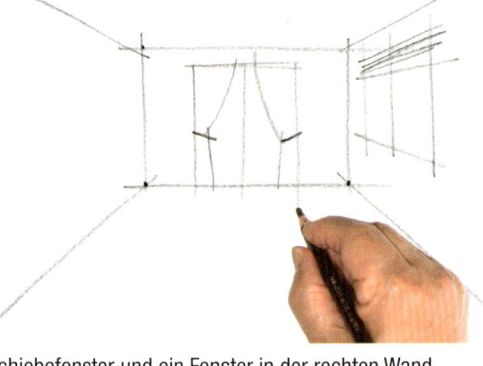

② Ein Schiebefenster und ein Fenster in der rechten Wand zeichnen.

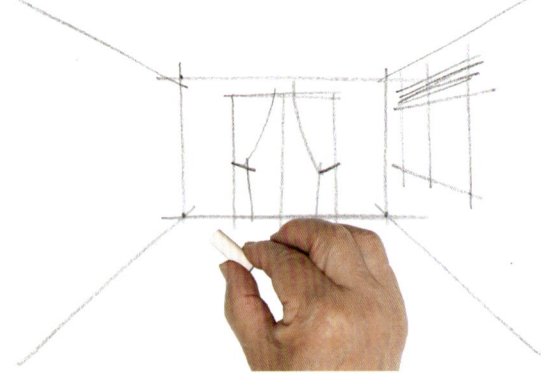

③ Weiße Pastellkreide auf den Boden auftragen.

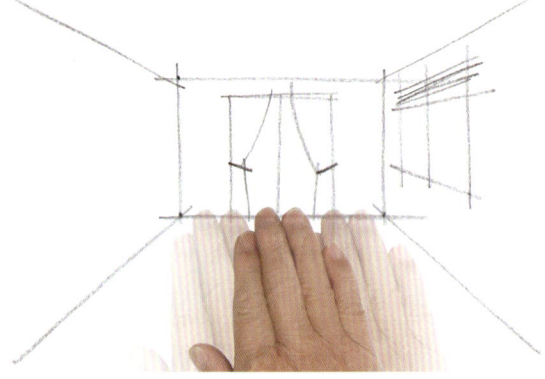

④ Weiße Pastellkreide mit den Fingerkuppen auf dem Boden verteilen.

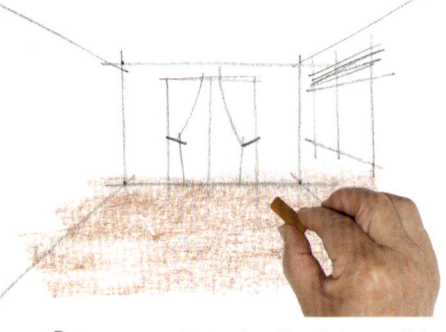

⑤ Den ganzen Boden (sanft) mit der gewählten Farbe kolorieren (meist braun).

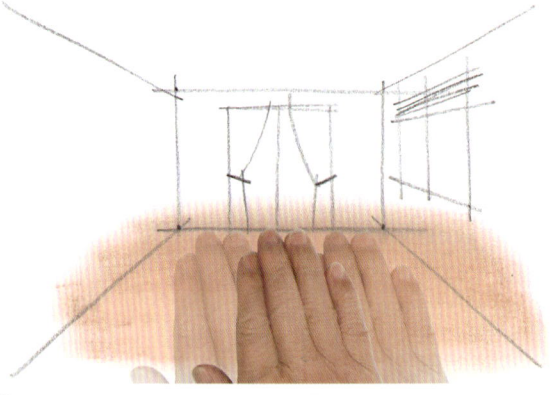

⑥ Die Kreide horizontal und gleichmäßig verreiben.

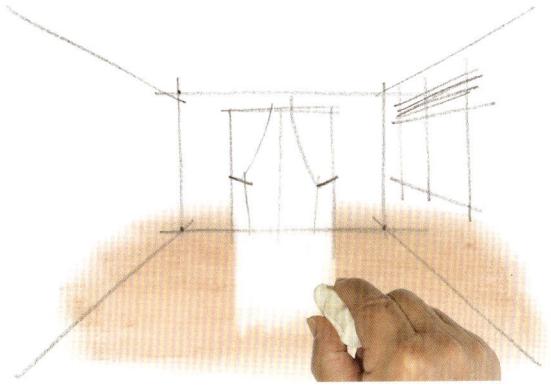

⑦ Knetgummi sorgt für die Spiegelungen des Fensters auf dem Boden.

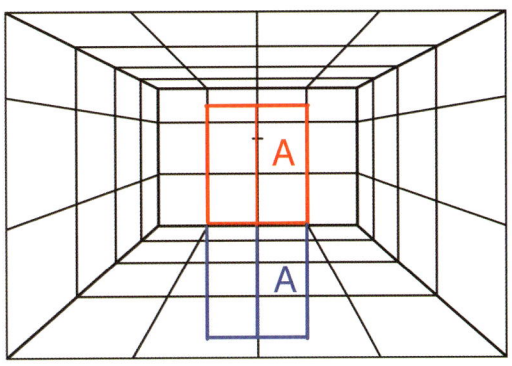

Mit dem Knetgummi Spiegelungen A (blau) auf dem Boden in Höhe des Schiebefensters A (rot) radieren.

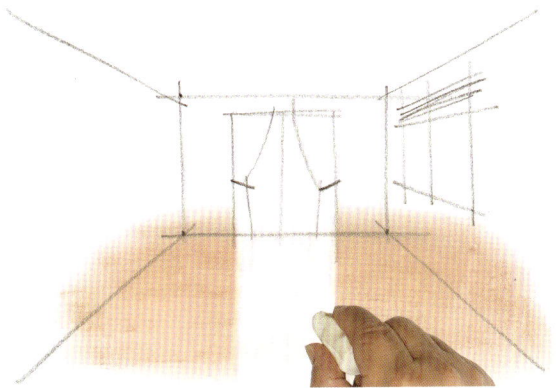

⑧ A hat eigentlich die gleiche Größe wie das Schiebefenster. Hier habe ich aber bis zur Kante radiert. Das geht schneller, weil man nicht alles ausmessen muss.

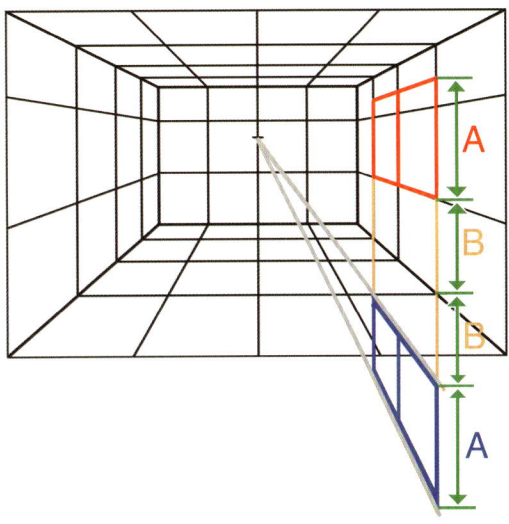

Die Höhe des rechten Fensters ist A (rot) und B ist die Höhe vom Boden bis zum Fenster. A (blau) hat die gleiche Höhe wie A (rot). Radieren Sie A (blau) mit einem Knetgummi aus.

⑨ Zum Abschluss die Spiegelung des rechten Fensters mit dem Knetgummi darstellen.

Die Spiegelung der Gardine wird nicht dargestellt. Ausführungszeit: etwa 2 Minuten.

Fensterspiegelungen 2

In der Zweipunkt-Perspektive befindet sich unter jedem Fenster eine Spiegelung auf dem Boden. Kopieren Sie die Vorlage für die Zweipunkt-Perspektive auf Seite 156 und legen Sie sie unter Ihr Papier, um die Perspektive einzuhalten.

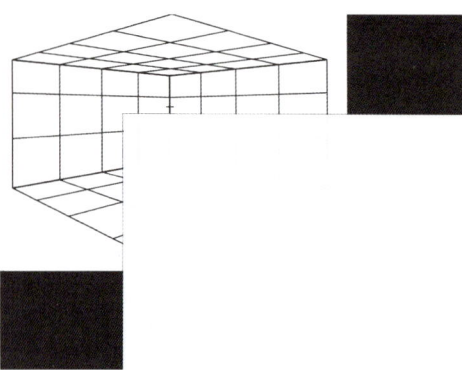

① Ein leeres DIN-A4-Blatt auf die kopierte Zweipunkt-Perspektive legen.

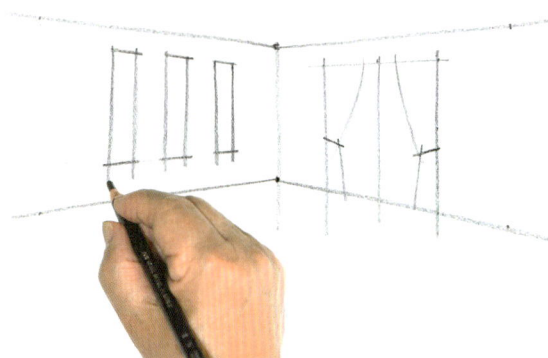

② Schmale Fenster links und Schiebefenster in der rechten Wand zeichnen.

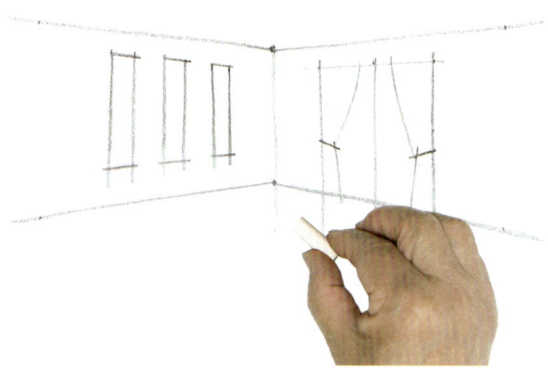

③ Weiße Pastellkreide auf den Boden auftragen.

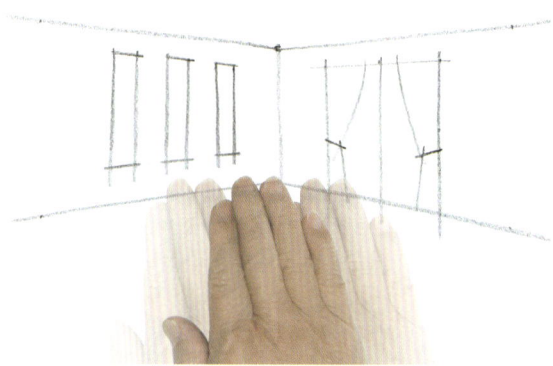

④ Weiße Pastellkreide mit den Fingerkuppen auf dem Boden verteilen.

⑤ Den ganzen Boden sanft braun kolorieren.

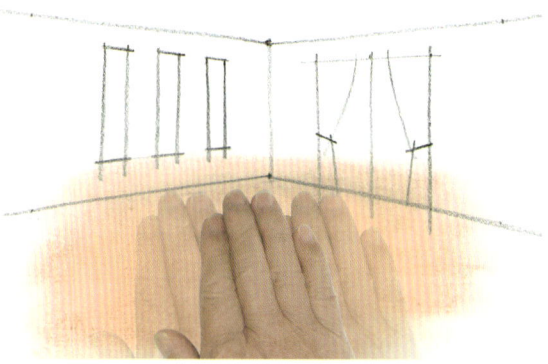

⑥ Die Kreide horizontal und gleichmäßig mit den Fingern verreiben.

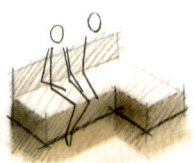

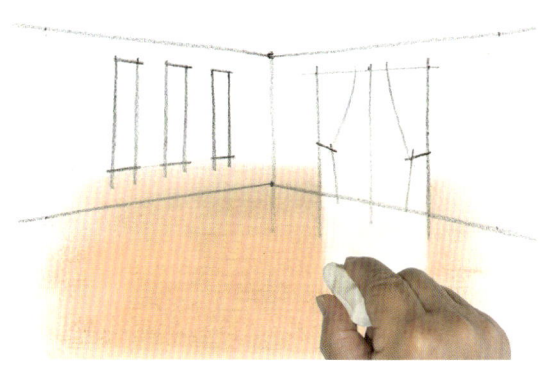

⑦ Knetgummi sorgt für die Reflexionen des Fensters auf dem Boden.

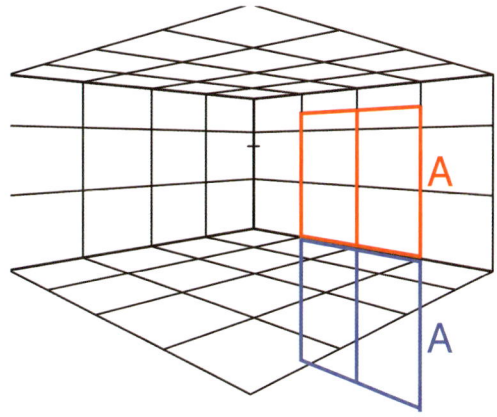

Mit dem Knetgummi Reflexion A (blau) auf dem Boden in der Größe des Schiebefensters A (rot) radieren.

⑧ Zum Abschluss mit Knetgummi die Reflexionen des schmalen Fensters auf dem Boden radieren.

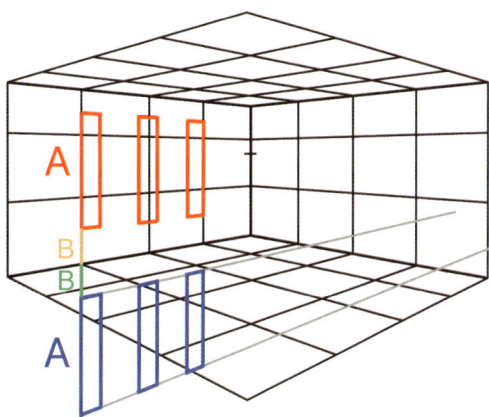

Die Höhe des schmalen Fensters ist A (rot) und B (gelb) ist die Höhe vom Boden bis zum Fenster. Mit dem Knetgummi Spiegelung A (blau) auf dem Boden in der Größe von A (rot) radieren. A (blau) ist die Spiegelung.

Die Spiegelung der Gardine wird nicht dargestellt. Ausführungszeit: etwa 3 Minuten.

Fensterspiegelungen 3: Böden und Möbel kolorieren

Wir üben das Kolorieren an einem einfach möblierten Wohnzimmer. Kopieren Sie die Vorlage für die Zweipunkt-Perspektive auf Seite 156 und legen Sie sie unter Ihr Papier, um die Proportionen in der Perspektive einzuhalten.

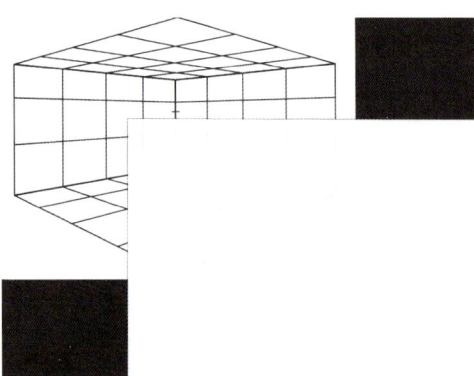
① Ein leeres DIN-A4-Blatt auf die kopierte Zweipunkt-Perspektive legen.

② Zeichnung fertigstellen (ca. 2 min).

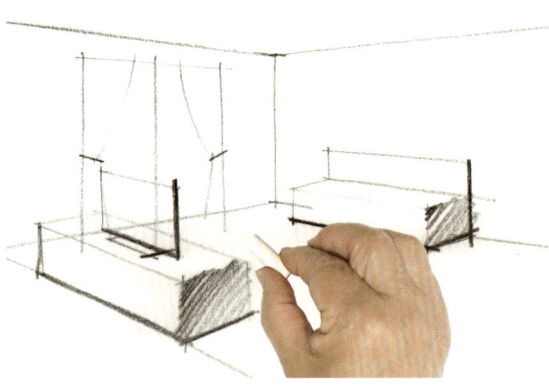
③ Den Boden mit Pastellkreide kolorieren.

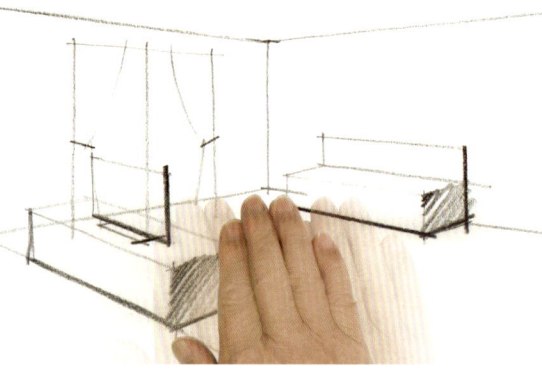
④ Weiße Pastellkreide mit den Fingerkuppen auf dem Boden verteilen.

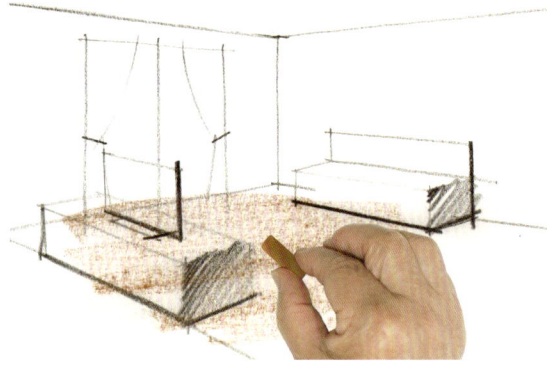
⑤ Den ganzen Boden sanft braun kolorieren.

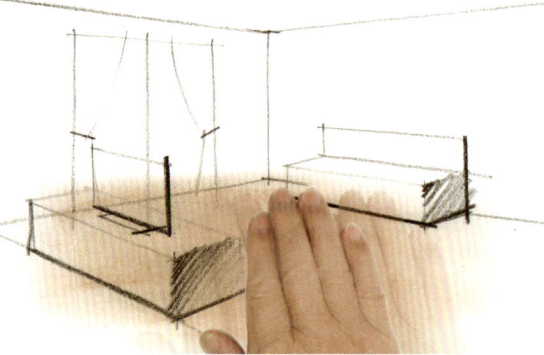
⑥ Die Kreide horizontal und gleichmäßig mit den Fingern verreiben.

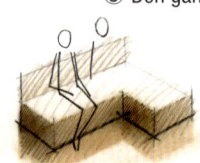

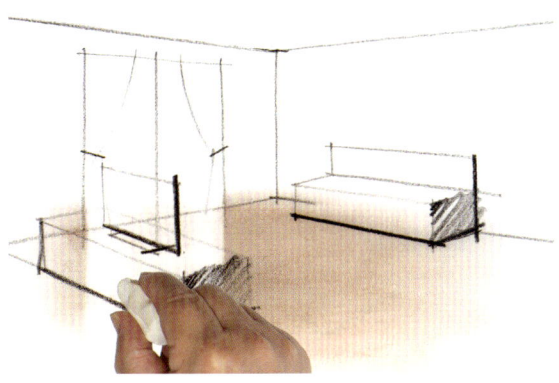

⑦ Die Spiegelung des Schiebefensters mit dem Knetgummi darstellen.

⑧ Mit schwarzer Pastellkreide Schatten hinzufügen.

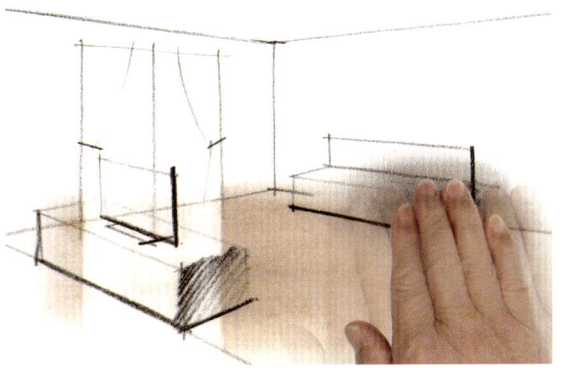

⑨ Schatten grob mit den Fingern verreiben.

⑩ Pastellkreide auf der Sitzfläche des Sofas mit Knetgummi radieren.

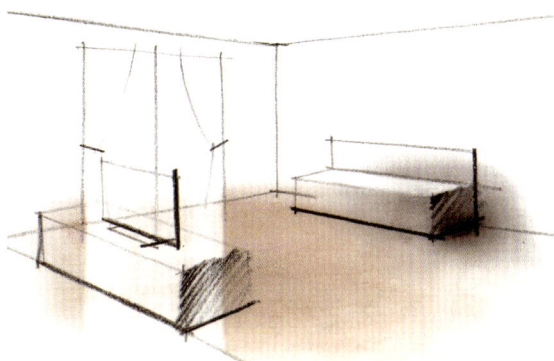

⑪ Die fertige Zeichnung

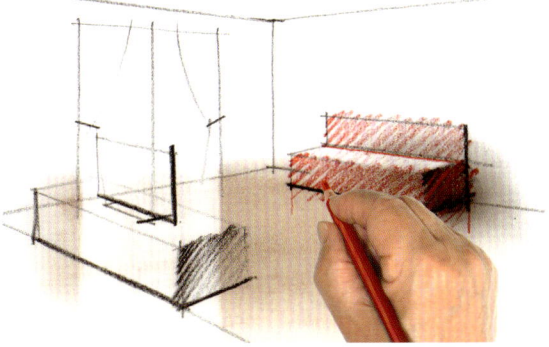

⑫ Zum Abschluss das Sofa mit Farbstiften kolorieren.

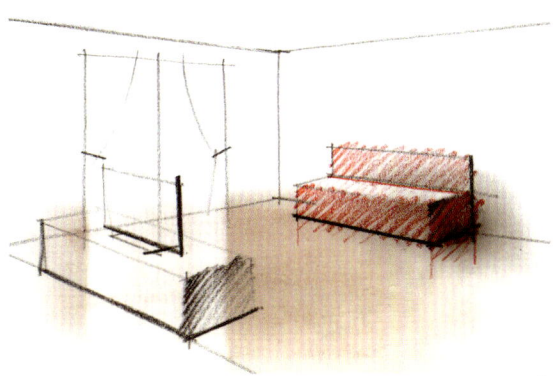

Ausführungszeit: etwa 5 Minuten

Indirekte Beleuchtung 1: Wohnzimmer

Indirekte Beleuchtung und Ähnliches stellen wir mit Pastellfarben, Knetgummi und Whiteout dar. Da wir hier nur üben wollen, habe ich bewusst weniger Farben gewählt. Kopieren Sie die Vorlage für die Zentralperspektive auf Seite 155 und legen Sie sie unter Ihr Papier, um die Proportionen in der Perspektive einzuhalten.

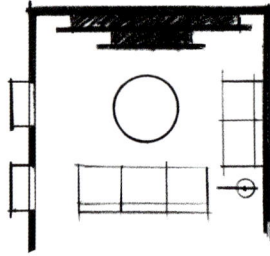

Grundriss des Wohnzimmers

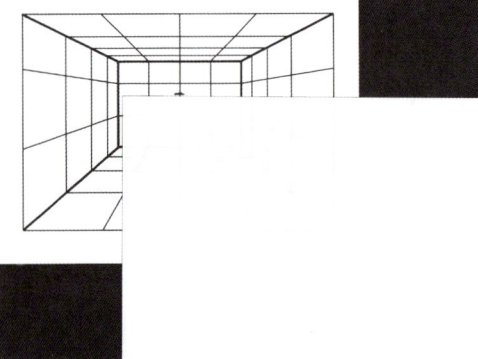

① Ein leeres DIN-A4-Blatt auf die kopierte Zweipunkt-Perspektive legen.

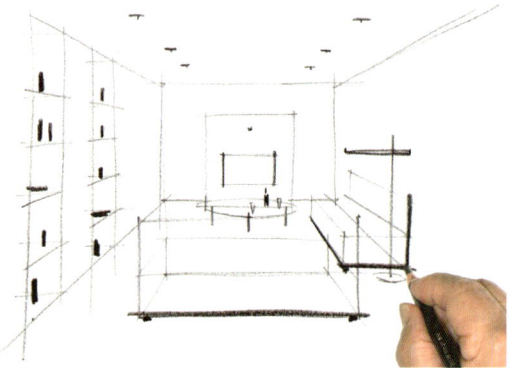

② Fertiges Wohnzimmer (ca. 3 min)

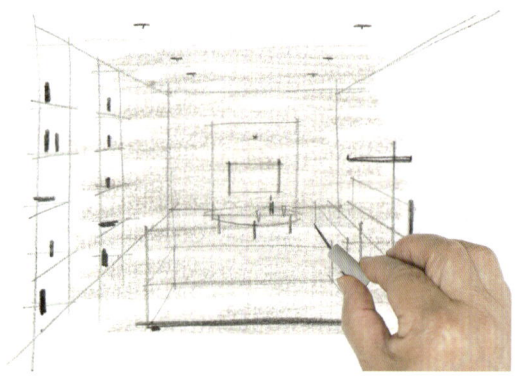

③ Auf weiße Pastellkreide als Grundierung Grau auftragen.

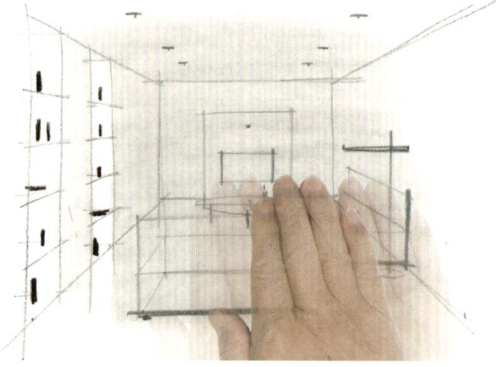

④ Pastellkreide gleichmäßig mit den Fingerkuppen verreiben. Die Regale links mit Knetgummi aufhellen.

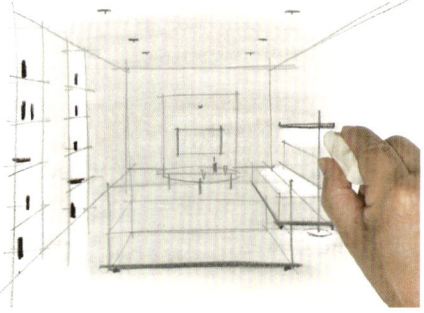

⑤ Mit dem Knetgummi die Sitzfläche des Sofas und das Licht der Bodenlampe darstellen.

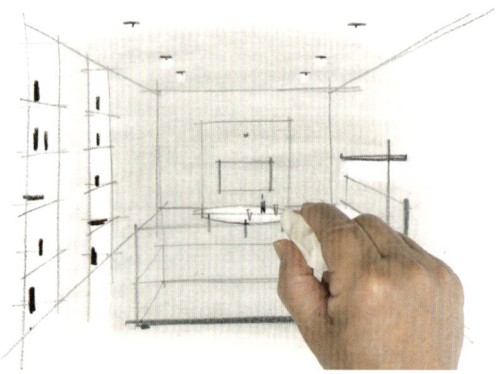

⑥ Deckenstrahler und Couchtisch

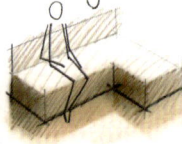

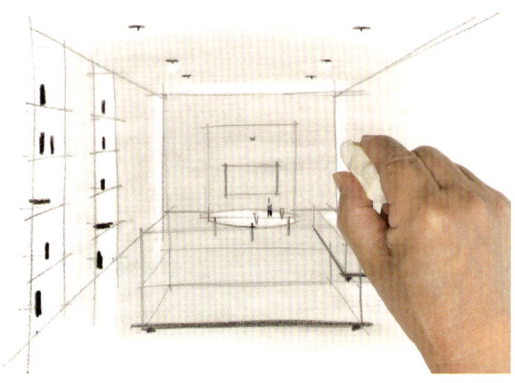

⑦ Die indirekte Beleuchtung auf der Wand gegenüber mit dem Knetgummi aufhellen.

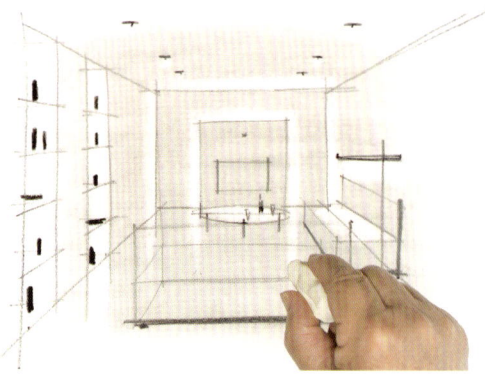

⑧ Die indirekte Beleuchtung vorn und an den Seitenwänden mit dem Knetgummi aufhellen (auch die Spiegelungen am Boden).

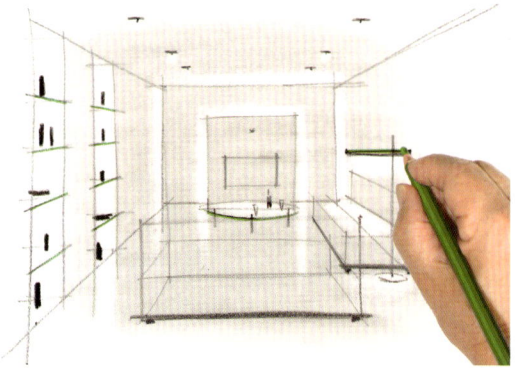

⑨ Lampenschirm, Kanten des Couchtisches und der Regale mit grünem Farbstift kolorieren.

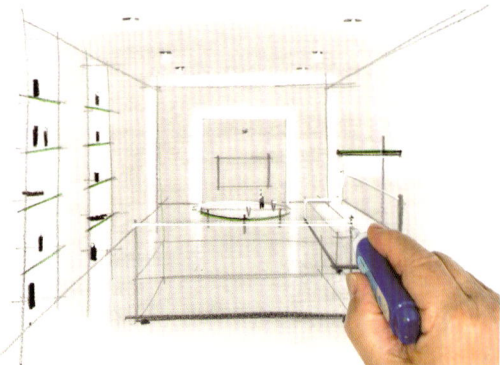

⑩ Die hellsten Stellen der Deckenstrahler, des Sofas und des Couchtischs mit Whiteout darstellen.

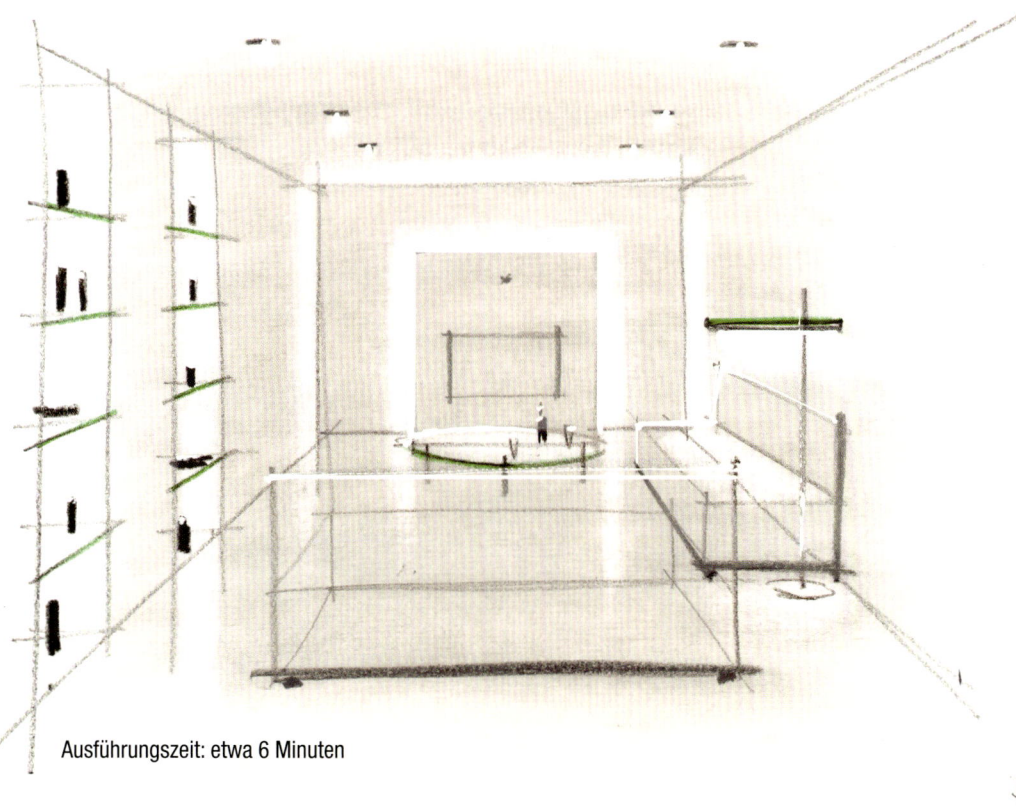

Ausführungszeit: etwa 6 Minuten

Indirekte Beleuchtung 2:
Schlafzimmer mit gewölbter Decke

Die freundliche Atmosphäre mit der gewölbten Decke wird durch Deckenstrahler und indirekte Beleuchtung verstärkt. Hier kommt auch das Knetgummi zum Einsatz. Damit schaffen wir die indirekte Beleuchtung am Kopfende des Bettes. Die Pastellkreide wird nicht nur mit den Fingerkuppen, sondern auch mit Kosmetiktüchern verrieben, um einen völlig gleichmäßigen Farbauftrag zu erzielen. Kopieren Sie die Vorlage für die Zentralperspektive auf Seite 155 und legen Sie sie unter Ihr Papier, um die Proportionen in der Perspektive einzuhalten.

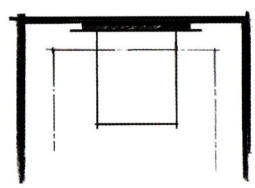

Einfacher Grundriss des Schlafzimmers

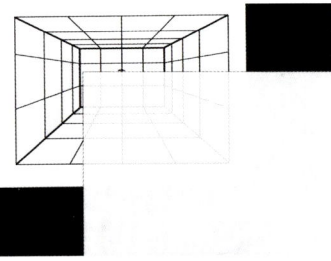

① Ein leeres DIN-A4-Blatt auf die kopierte Zweipunkt-Perspektive legen.

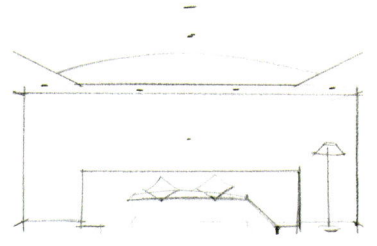

② Zeichnung des Schlafzimmers fertigstellen (ca. 3 min).

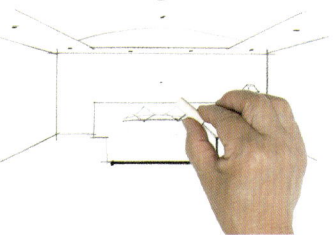

③ Alles mit weißer Pastellkreide kolorieren.

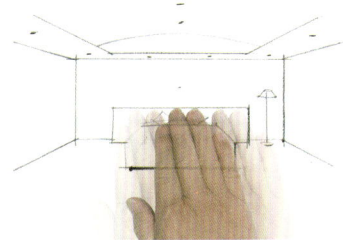

④ Auf der ganzen Fläche mit den Fingerkuppen verreiben.

⑤ Die ganze Fläche sanft braun kolorieren.

⑥ Mit Grau abstumpfen.

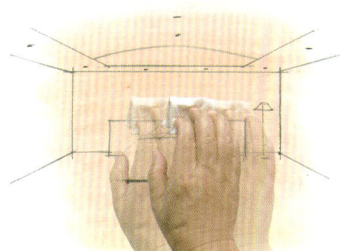

⑦ Alles mit Kosmetiktüchern verreiben (großflächig).

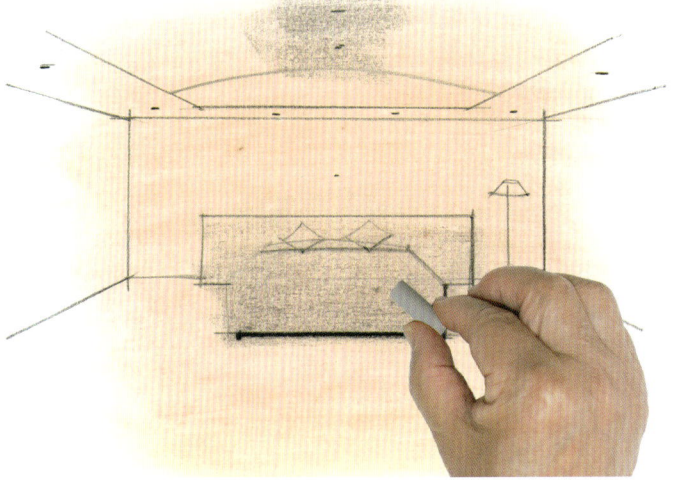

⑧ Decke und Bett mit Grau (für die Tiefenwirkung) schattieren.

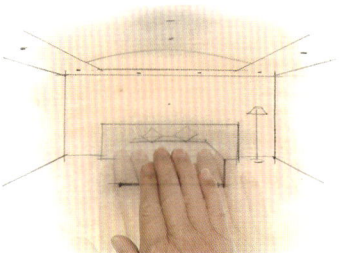
⑨ Mit den Fingerkuppen verreiben.

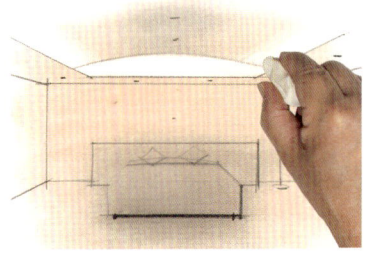
⑩ Knetgummi bringt Lichteffekte an die Decke.

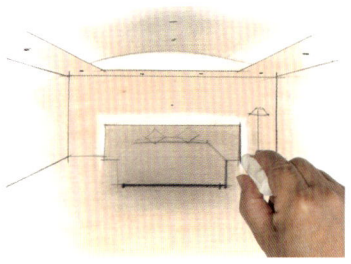
⑪ Mit dem Knetgummi Licht um das Kopfende des Bettes schaffen.

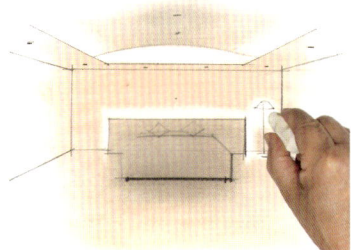
⑫ Licht um die Stehlampe mit dem Knetgummi erzeugen.

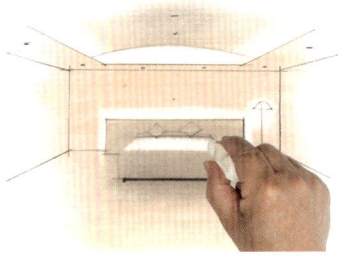
⑬ Knetgummi bringt auch Licht auf die Liegefläche.

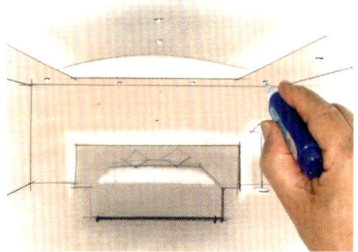
⑭ Zum Abschluss Deckenstrahler mit Whiteout darstellen.

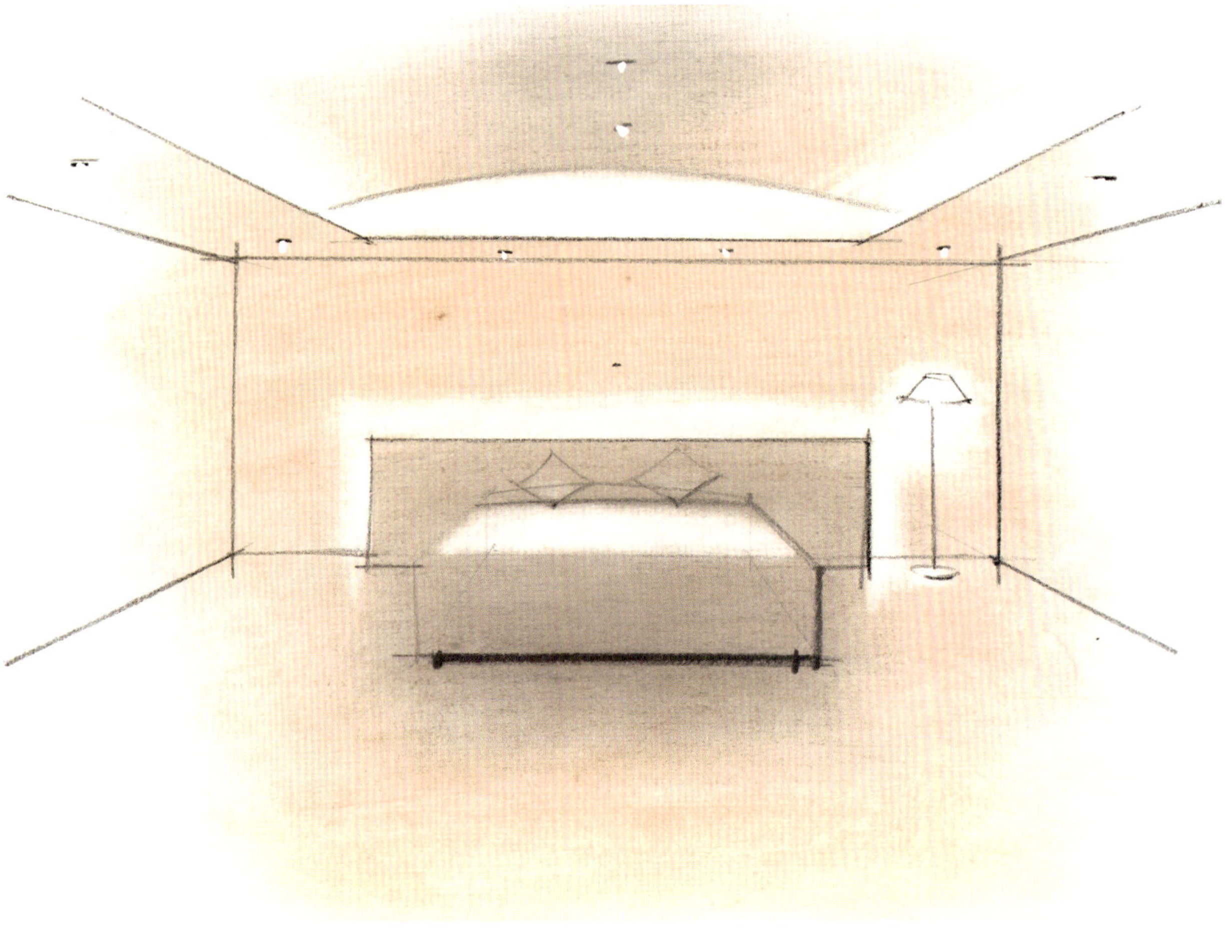

Ausführungszeit: etwa 7 Minuten

Licht und Schatten darstellen

Hier konzentrieren wir uns darauf, Schatten mit Pastellkreide und helle Stellen mit Knetgummi darzustellen.

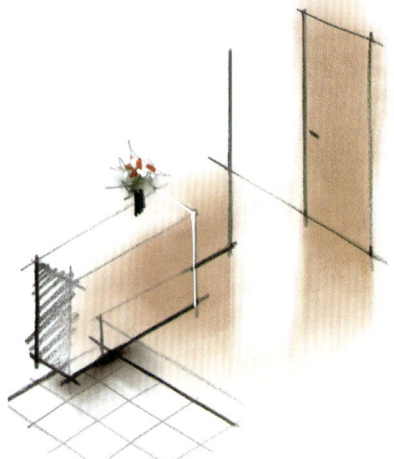

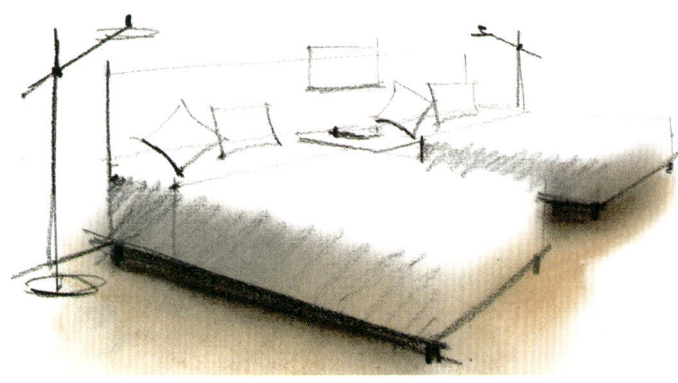

Bei der Matratze wird die Pastellkreide oben mit einem Knetgummi radiert.

Reflexionen im Flur, mit Knetgummi erzeugt

Zum Abschluss werden die hellen Stellen auf dem Sofa mit Knetgummi erzeugt. Wie beim Boden das Sofa zunächst mit Pastellkreide kolorieren und Reflexionen mit Knetgummi erzeugen.

Die effektive Schattierung mit Pastellkreide gibt der Arbeitsplatte mehr „Präsenz".

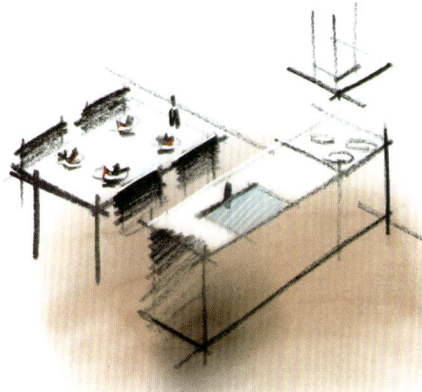

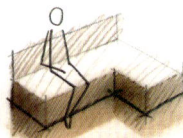

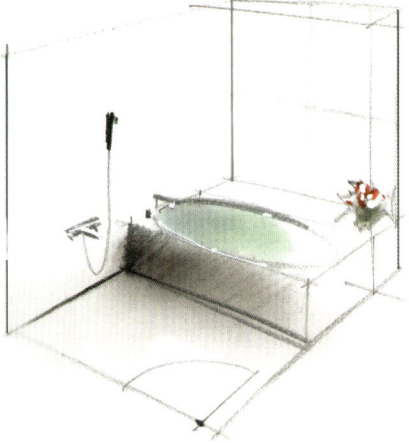

Der saubere Effekt entsteht durch das Radieren der Pastellkreide auf der Arbeitsplatte und dem Tisch.

Bei der Badewanne sorgen radierte Kanten für Klarheit und Helligkeit.

Kapitel 5

Skizzen präsentieren

Hier zeigen wir Skizzen, die bei der Besprechung mit einem Kunden entstanden sind, um das hier Gelernte praktisch anzuwenden. Hier geht es darum, Skizzen während des Gesprächs zu erstellen.

⑦ 7-Minuten-Skizze: Bad

Transparente Linien unterstreichen das Layout und die fließenden Linien des Badezimmers.

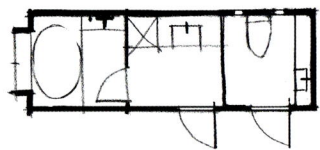

Grundriss des Badezimmerbereichs

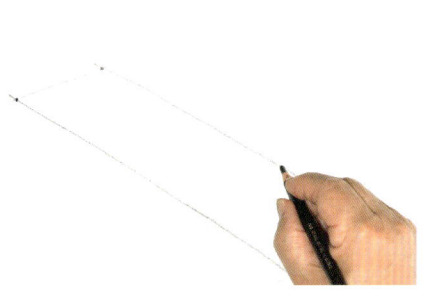

① Start mit isometrischen Projektionen. Den Boden mit einem Dermatograph-Stift leicht zeichnen.

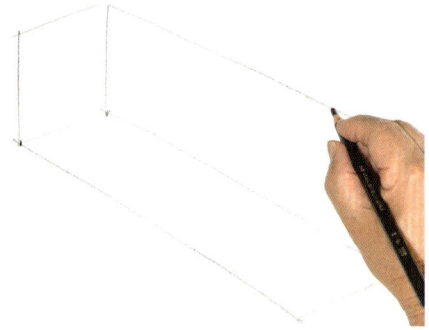

② Ziehen Sie eine Wand um den Badezimmerbereich.

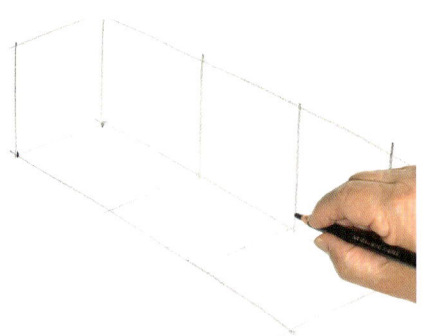

③ Den Raum nach Augenmaß unterteilen.

④ Zeichnen Sie das Bad, zunächst Badewanne und Dusche.

⑤ Die Badezimmertür

⑥ Grundriss von Waschtisch und Waschbecken

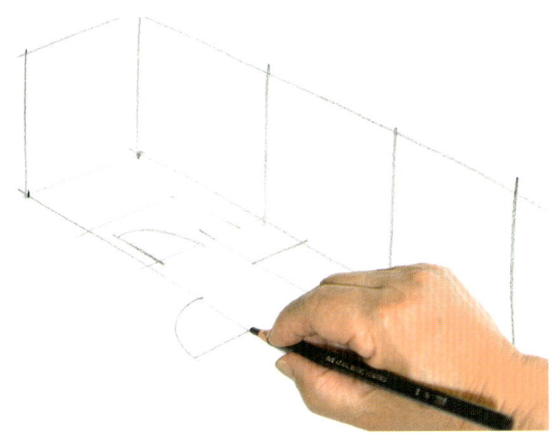

⑦ Tür zum Haushaltsraum

⑧ Grundriss für das WC

⑨ Badezimmertür und Grundriss für den Waschtisch

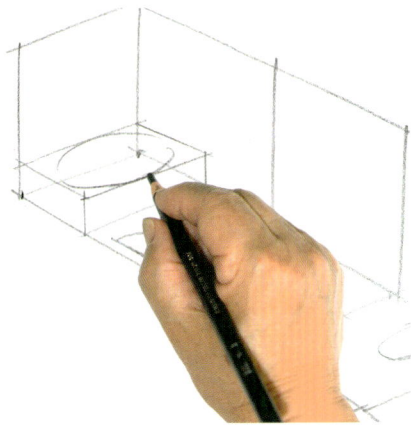

⑩ Eine dreidimensionale Badewanne

⑪ Ein Fenster über der Badewanne

⑫ Eine Ablage

7-Minuten-Skizze: Bad

⑬ Eine Mischarmatur

⑭ Stärkere Linien sorgen für bessere Sichtbarkeit.

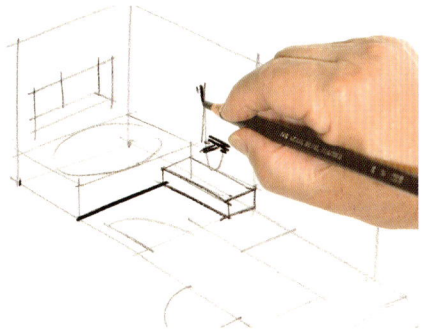

⑮ Ein Duschkopf

⑯ Zum Abschluss ein Spiegel

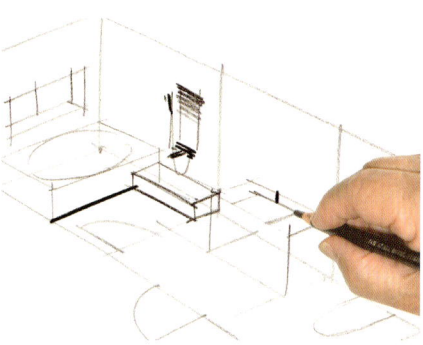

⑰ Der Waschtisch

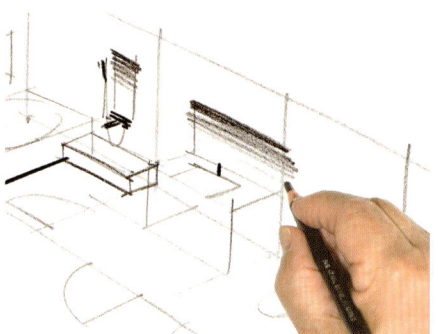

⑱ Abgestufte Schattierung am Spiegel

⑲ Vereinfachte Waschmaschine

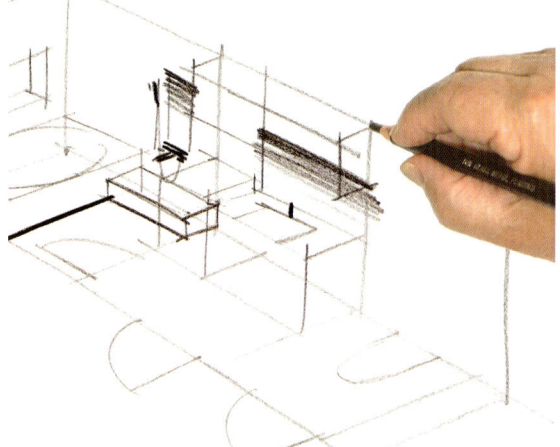

⑳ Vereinfachter Badezimmerschrank

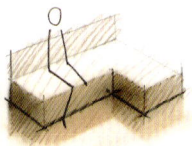

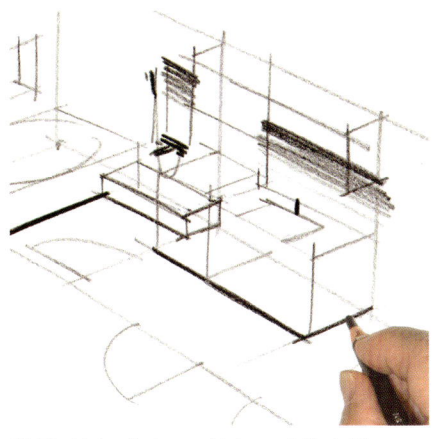

㉑ Die Linien betonen (Linien mit Kontakt zum Boden werden dunkler, dicker und stärker). Das Bad ist fertig.

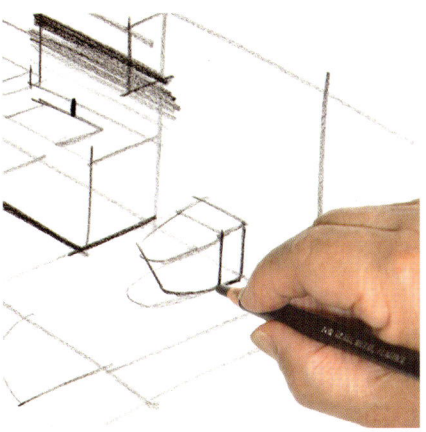

㉒ Auf den Grundriss kommt eine Toilette ohne Spülkasten.

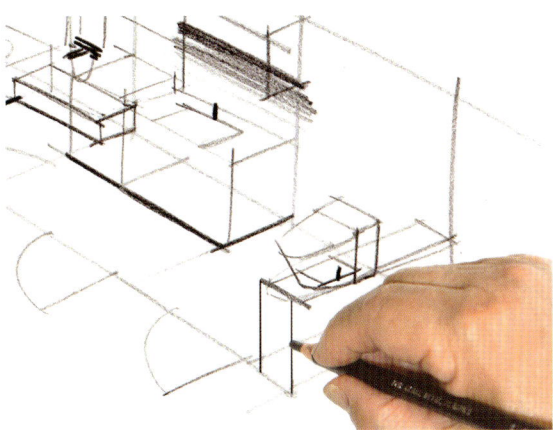

㉓ Eine Ablage

㉔ Noch ein paar schmale Fenster. Das Bad ist fertig.

㉕ Die Schattierung betont einige Bereiche.

7-Minuten-Skizze: Bad

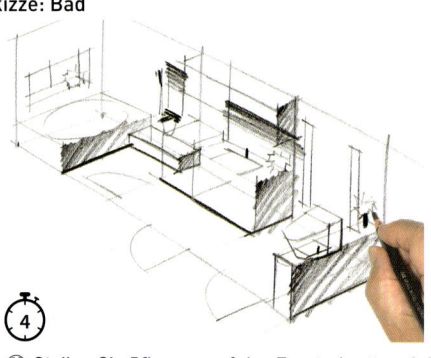

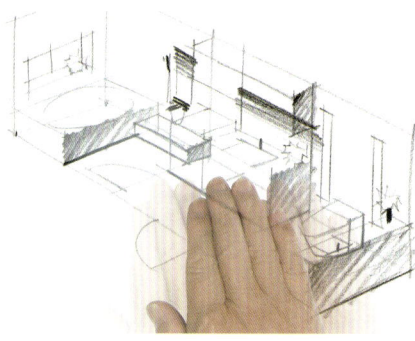

㉖ Stellen Sie Pflanzen auf das Fensterbrett und die Ablagen. Damit ist die Farbstiftzeichnung fertig. Wenn für das Kolorieren keine Zeit bleibt, können Sie die Zeichnung so präsentieren. (Bis zu diesem Punkt ca. 4 min).

㉗ Nun beginnen wir mit der Kolorierung. Weiße Pastellkreide sorgt für die Grundierung.

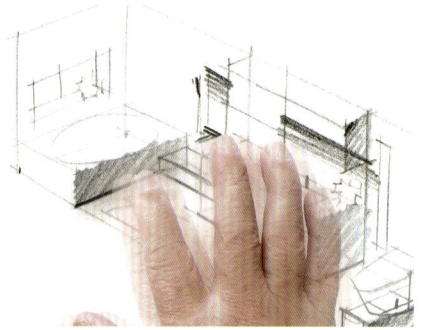

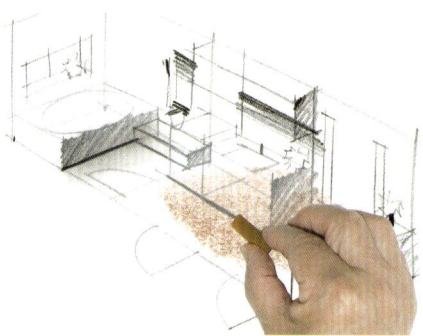

㉘ Die Schattierung der Badewanne wird heruntergezogen, um Schatten darzustellen.

㉙ Da die Ablage und der Boden aus Holz sein werden, werden sie mit brauner Pastellkreide koloriert.

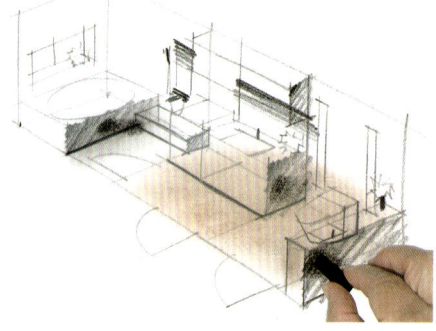

㉚ Die braune Pastellkreide mit den Fingerkuppen verreiben.

㉛ Schatten sorgen für Akzente, deshalb werden die ausgewählten Teile mit Schwarz koloriert. Gehen Sie sparsam mit der Schattierung um, damit die Zeichnung nicht zu dunkel wird.

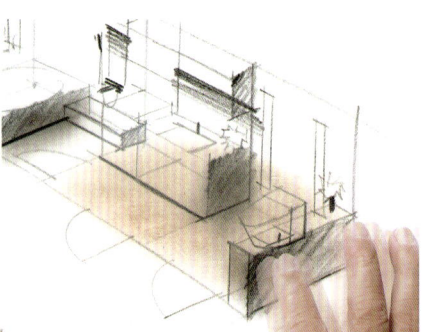

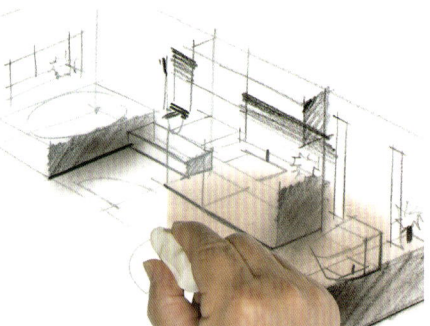

㉜ Mit den Fingerkuppen verreiben.

㉝ Helle Stellen radieren.

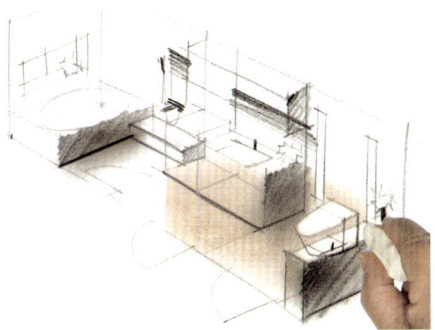

㉞ Ablagefläche und Oberseite des WC mit dem Knetgummi aufhellen. Das Bild wirkt schon schärfer.

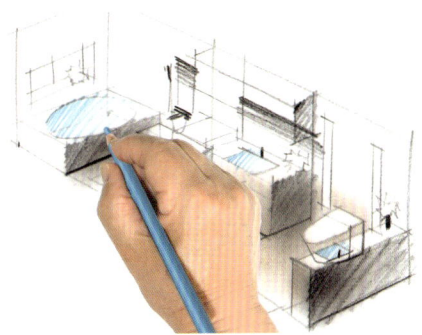

㉟ Wasser in Badewanne, Waschbecken und Spüle kolorieren.

㊱ Die Blumen in den drei Bereichen kolorieren (rot und grün).

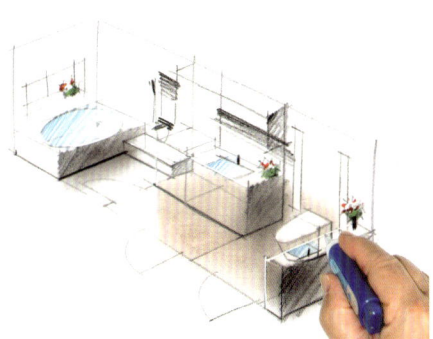

㊲ Mit Whiteout zum Abschluss helle Akzente setzen.

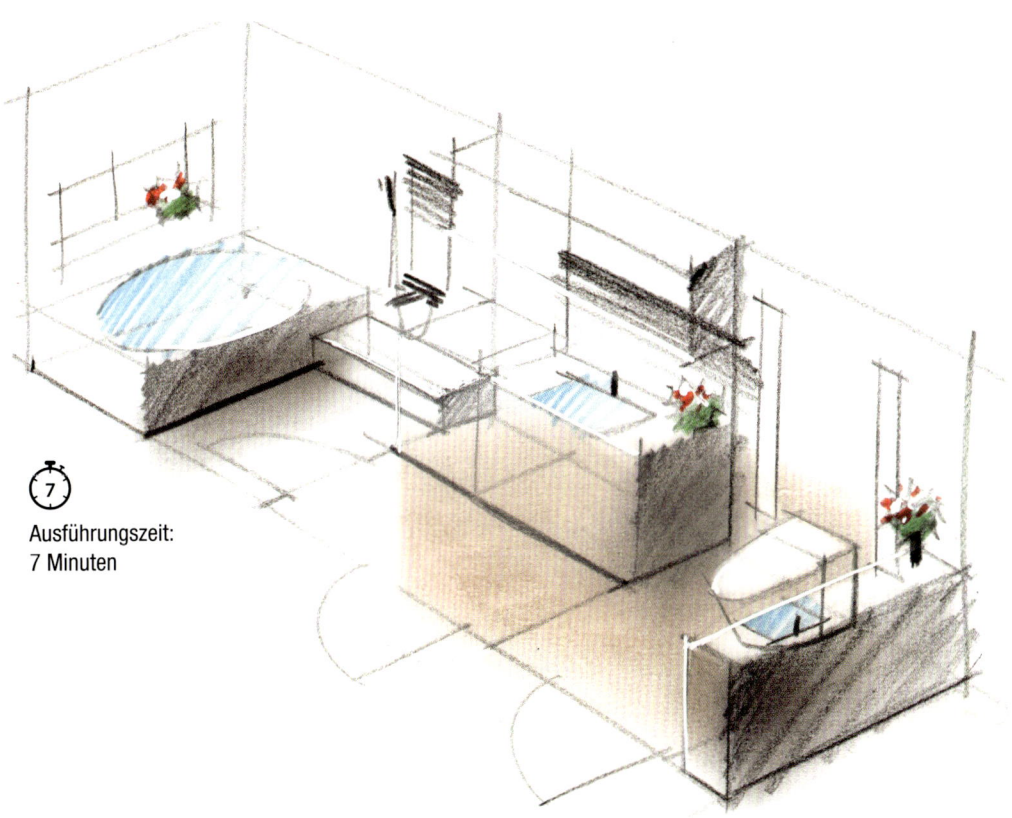

Ausführungszeit:
7 Minuten

⑦ 7-Minuten-Skizze: Haus für ein Paar

Hier lernen wir, aus einem Grundriss eine isometrische Darstellung zu fertigen. Ich nenne das „Origami-Zeichnen", denn der Grundriss wird auf einem gefalteten Blatt Papier gezeichnet. Das ist sehr praktisch, weil sie es vor den Augen des Kunden durchführen können. Als Beispiel nehmen wir ein Wohn- und Esszimmer mit Küche für Senioren.

A – Das DIN-A4-Papier an der unteren rechten Ecke festhalten.

B – Das Papier diagonal falten und andrücken.

C – Das Papier ausfalten, sodass die diagonale Linie sichtbar wird.

D – Das Papier so legen, dass die Diagonale waagrecht liegt. Die Vorbereitung für die Origami-Skizze ist fertig.

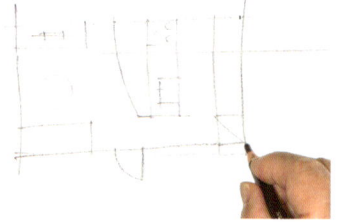

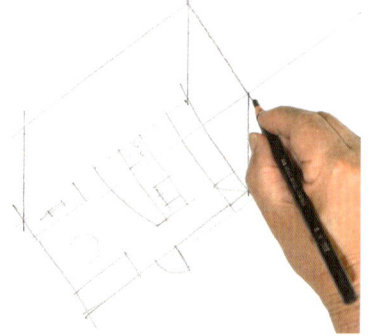

① Einen Grundriss zeichnen.

② Das Papier wieder horizontal legen, sodass der Grundriss diagonal ist.

③ Die Wände um den Boden zeichnen, dabei auf die Deckenhöhe achten.

④ Ein Fenster in der Wand

⑤ Ein Fernsehtisch mit verschiedenen Linienstärken

⑥ Ein Sofa

⑦ Ein Couchtisch

⑧ Eine Arbeitsplatte

⑨ Ein Esstisch

⑩ Zwei Stühle

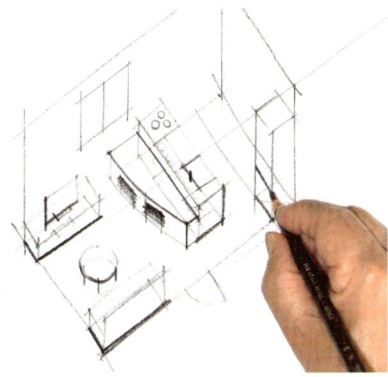
⑪ Ein Kühlschrank

⑫ Ein Geschirrschrank

7-Minuten-Skizze: Haus für ein Paar

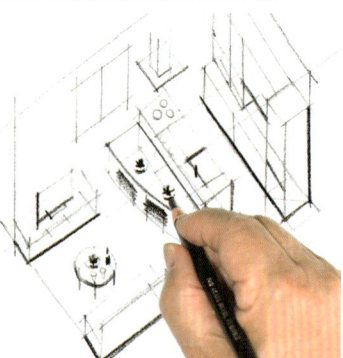

⑬ Geschirr

⑭ Schatten (schattiert) auf Möbeln und Geräten

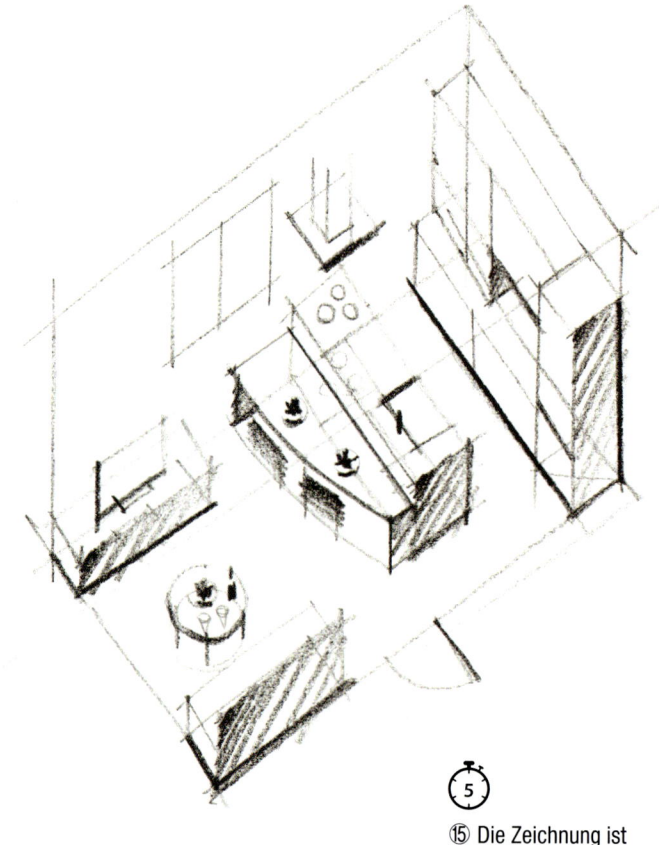

⑮ Die Zeichnung ist fertig. Die Ausführung hat ca. 5 Minuten gedauert.

⑯ Weiße Pastellkreide als Grundierung

⑰ Wo der Boden koloriert werden soll, die weiße Pastellkreide mit den Fingerkuppen glätten.

⑱ Boden mit brauner Pastellkreide kolorieren.

⑲ Die braune Pastellkreide mit den Fingerkuppen glätten.

⑳ Nach Augenmaß die Pastellkreide mit Knetgummi löschen, wo Spiegelungen des Fensters erscheinen.

㉑ Oberflächen von Arbeitsplatte, Fernsehtisch, Sofa und Couchtisch aufhellen.

㉒ Die Spüle innen mit blauem Farbstift kolorieren.

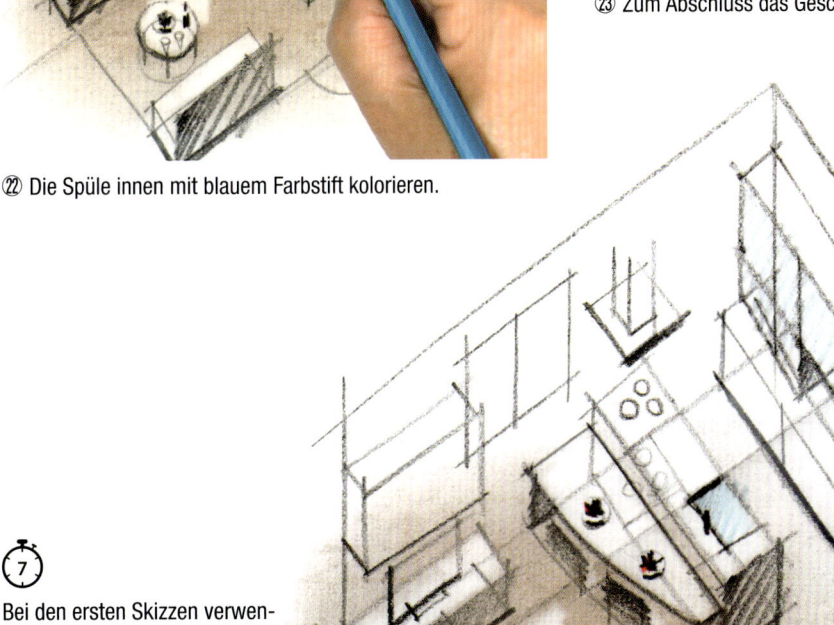

㉓ Zum Abschluss das Geschirr kolorieren.

7

Bei den ersten Skizzen verwenden wir wenig Farbe, denn wir wollen die Dinge annähernd und nicht genau zeigen. Ausführungszeit: etwa 7 Minuten.

⏱ 10-Minuten-Skizze: Einladung zum Tee

Ein offenes Wohn- und Esszimmer mit Küche. Dieser Grundriss bietet die Möglichkeit, seinen Tee an der Frühstücksbar zu trinken. Wenn Sie vor dem Kunden zeichnen, setzen Sie die Farben sparsam ein, um schnell fertig zu werden. So kommt es auch zu keinem Disput über die Farben.

A – Das DIN-A4-Papier an der unteren rechten Ecke festhalten.

B – Das Papier diagonal falten und fest andrücken.

C – Das Papier ausfalten, sodass die diagonale Linie sichtbar wird.

D – Das Papier so legen, dass die Diagonale waagrecht liegt. Die Vorbereitung für die Origami-Skizze ist fertig.

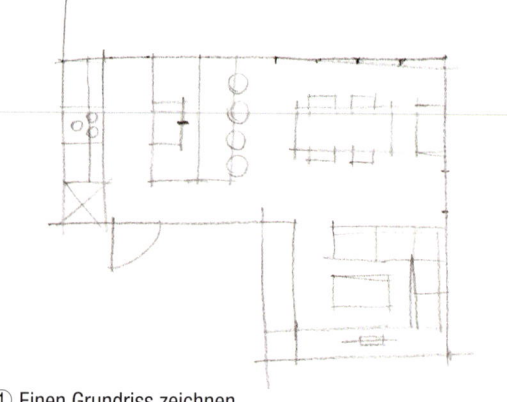

① Einen Grundriss zeichnen.

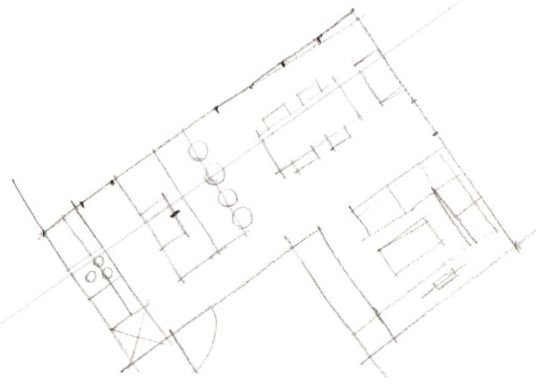

② Das Papier wieder horizontal legen, sodass der Grundriss diagonal ist.

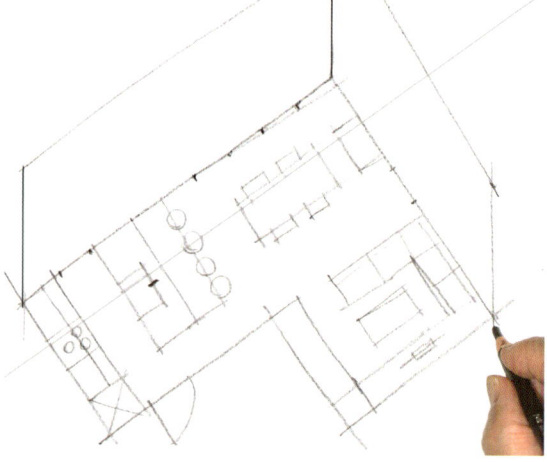

③ Die Wände um den Boden zeichnen, dabei auf die Deckenhöhe achten.

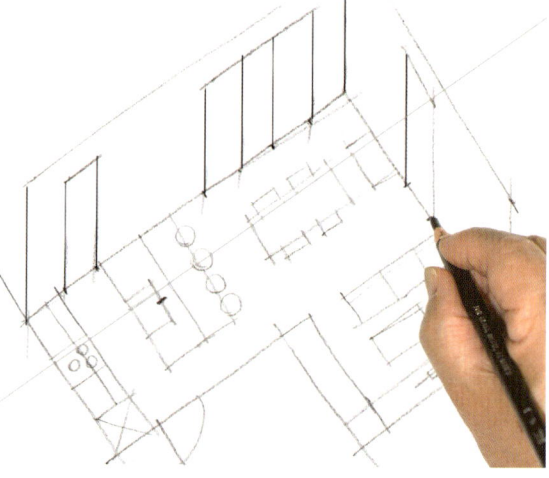

④ Ein Fenster in der Wand

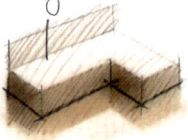

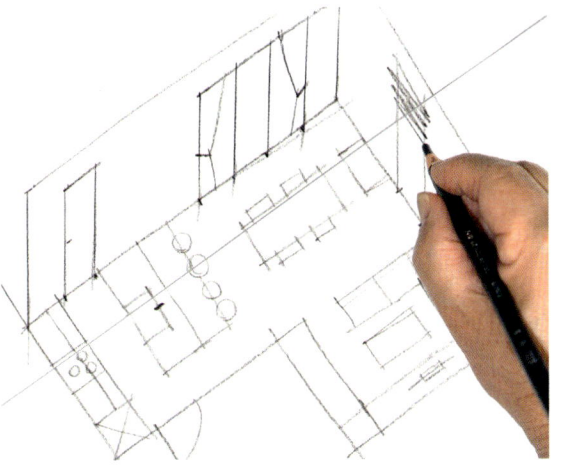
⑤ Eine Gardine

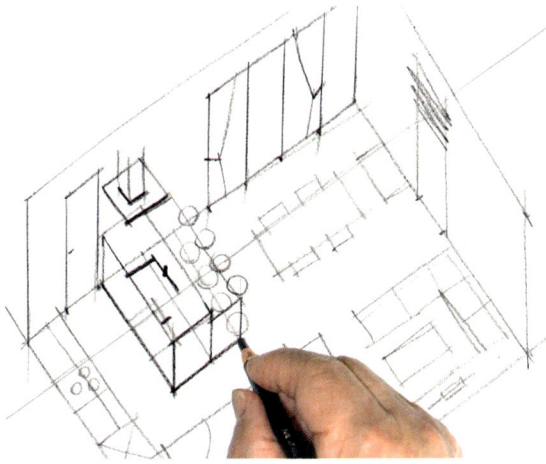
⑥ Eine Arbeitsplatte

⑦ Ein Geschirrschrank und ein Esstisch mit Stühlen

⑧ Wohnbereich mit Sofa usw. bestücken.

⑨ Zum Abschluss kleine Objekte wie Geschirr. Das hat ca. 5 Minuten gedauert.

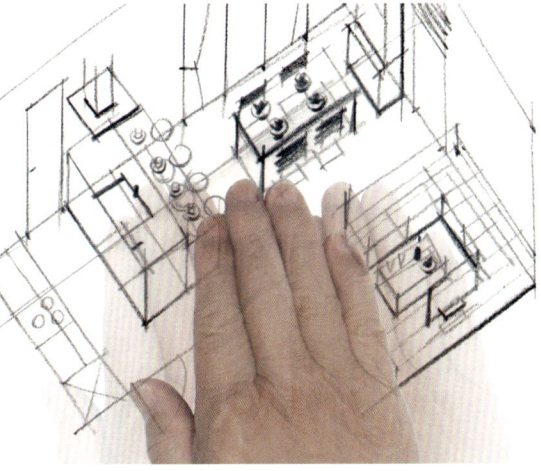
⑩ Nun beginnt die Kolorierung. Weiße Pastellkreide dient als Grundierung.

10-Minuten-Skizze: Einladung zum Tee

⑪ Den Boden mit Pastellkreide kolorieren. Hauptsächlich um die Fenster kolorieren.

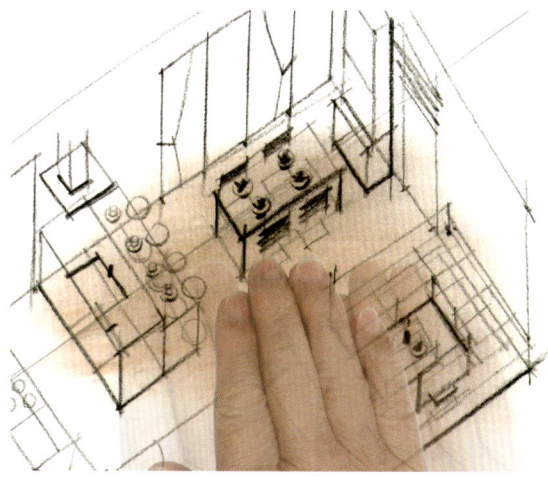

⑫ Die Pastellkreide mit den Fingerkuppen glätten.

⑬ Schatten (minimal) mit schwarzer Pastellkreide

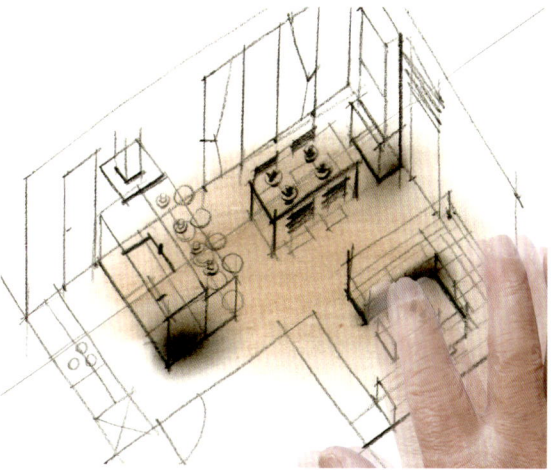

⑭ Die Pastellkreide mit den Fingerkuppen glätten.

⑮ Für die Spiegelungen des Fensters Pastellkreide radieren.

⑯ Oberflächen von Arbeitsplatte, Tisch, Geräten und Möbeln im Wohnbereich mit dem Knetgummi aufhellen.

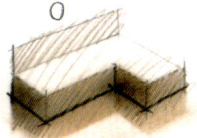

⑰ Die Spüle kolorieren.

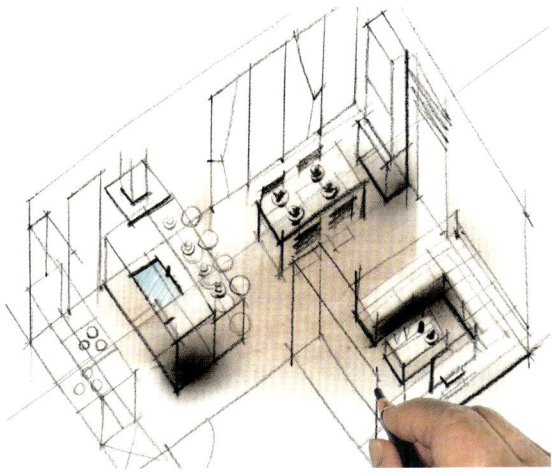
⑱ Konturen des Regals mit dem Dermatograph-Stift zeichnen.

⑲ Geschirr kolorieren.

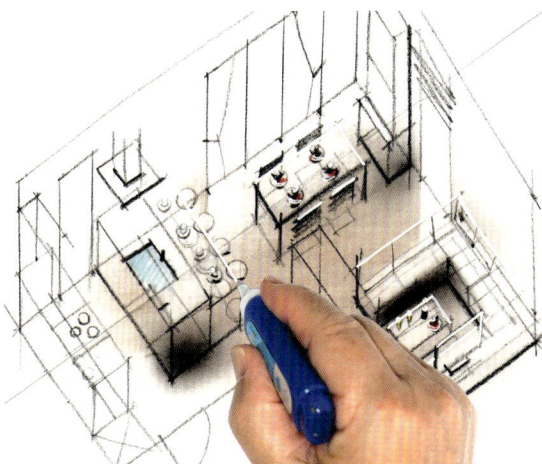
⑳ Zum Abschluss helle Stellen mit Whiteout akzentuieren.

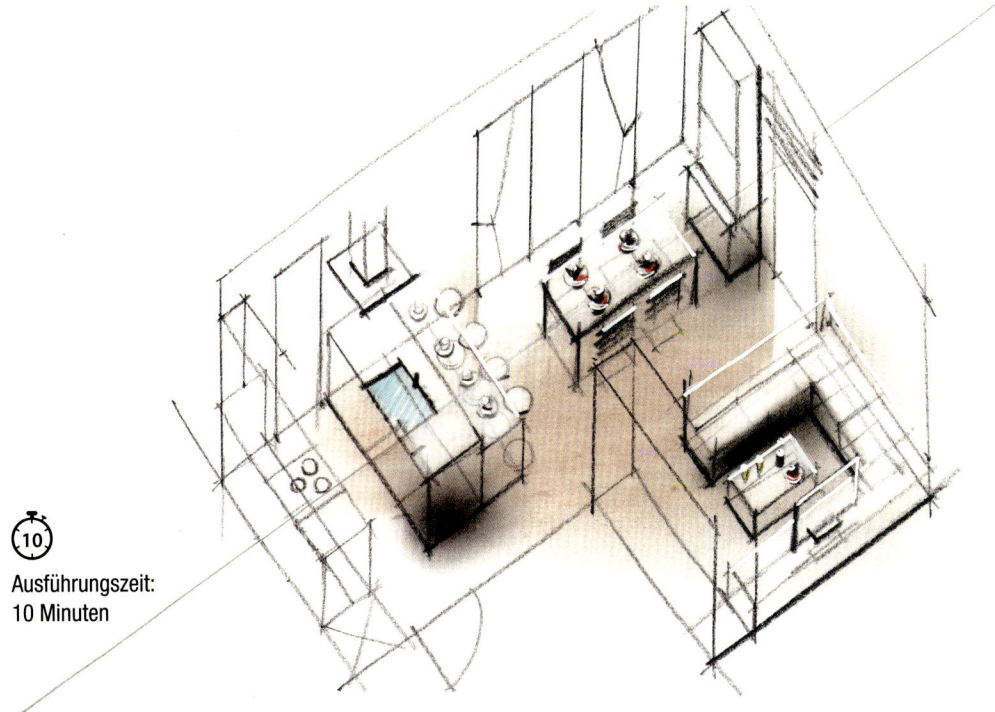

Ausführungszeit:
10 Minuten

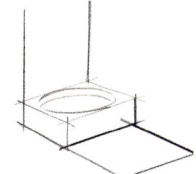

⏱ 5-Minuten-Skizze: Fernsehabend

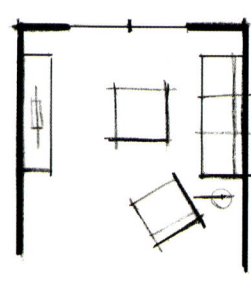
Grundriss

Dieses Wohnzimmer hat 15 m². Gezeichnet in Zentralperspektive. Es ist einfach eingerichtet mit einem Sofa, einem Fernseh- und einem Couchtisch. Der Stuhl schräg im Vordergrund ist etwas schwierig zu zeichnen, sollte aber bei etwas Übung kein allzu großes Problem darstellen.

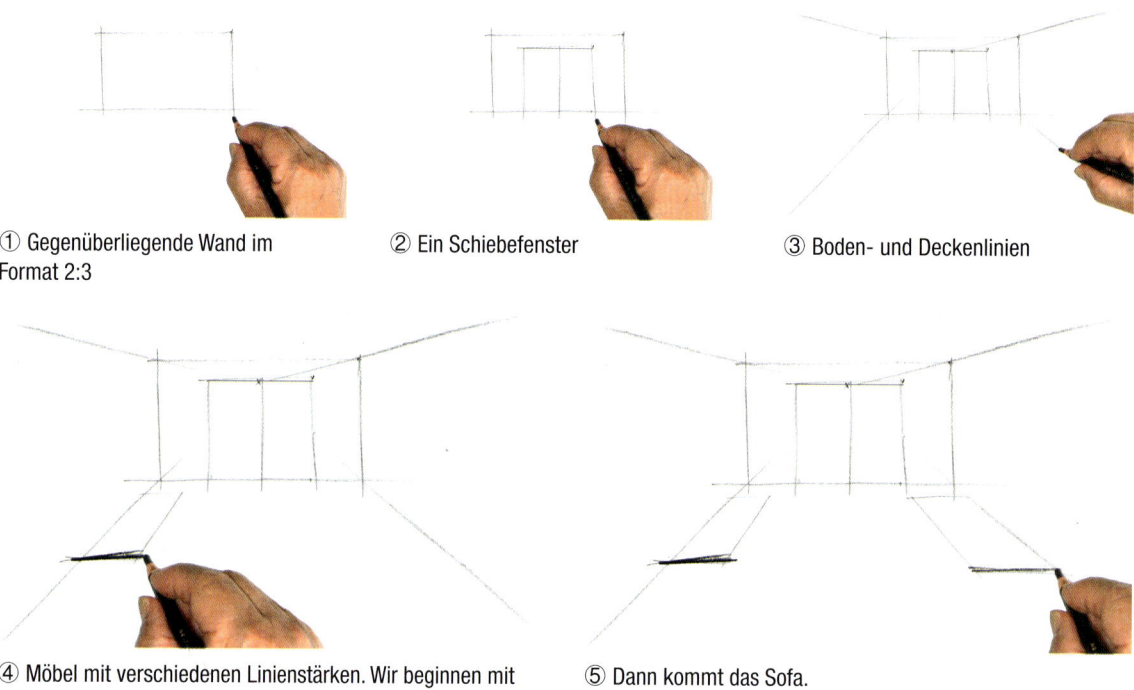

① Gegenüberliegende Wand im Format 2:3

② Ein Schiebefenster

③ Boden- und Deckenlinien

④ Möbel mit verschiedenen Linienstärken. Wir beginnen mit dem Fernsehtisch links.

⑤ Dann kommt das Sofa.

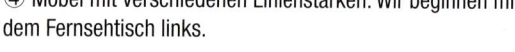

⑥ Der Stuhl steht schräg im Raum.

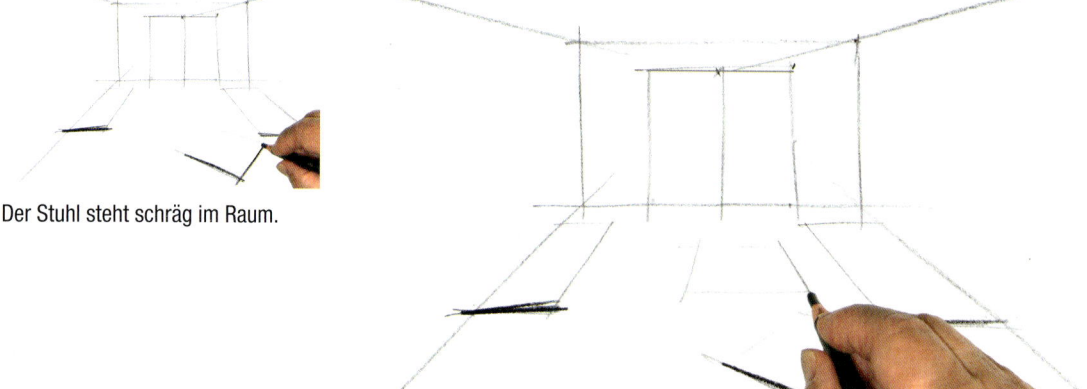

⑦ Dann folgt der Couchtisch.

⑧ Ein Fernsehtisch

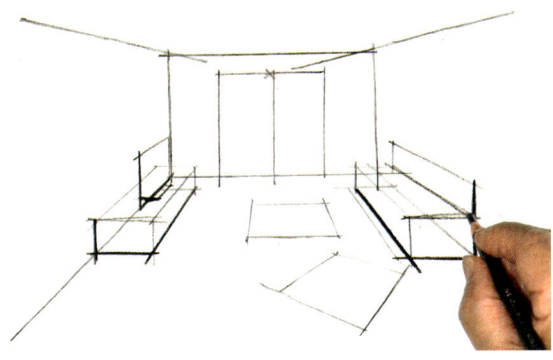

⑨ Ein Sofa

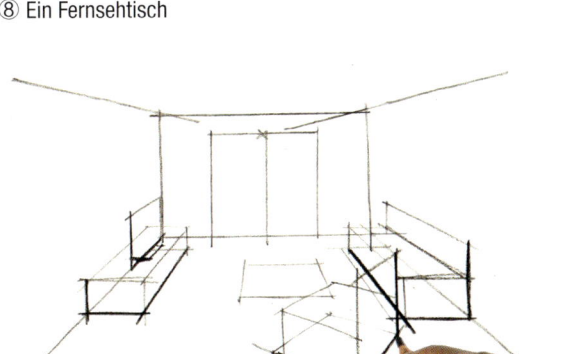

⑩ Unter Beachtung der Gesamtproportionen den Stuhl schräg im Vordergrund etwas größer als die anderen Möbel zeichnen.

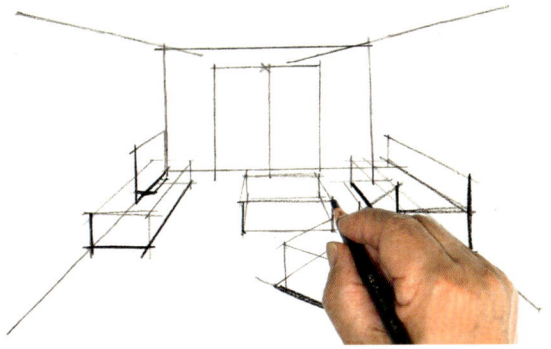

⑪ Ein Couchtisch

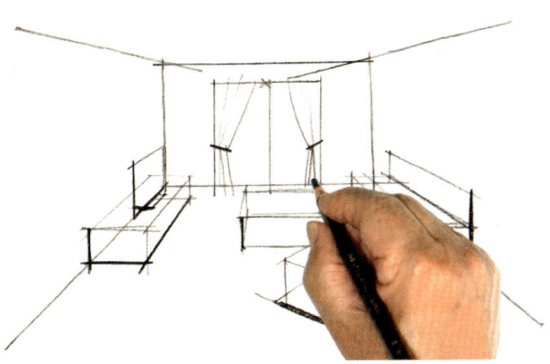

⑫ Gardinen – die Schlaufen stärker und schräge Falten zeichnen.

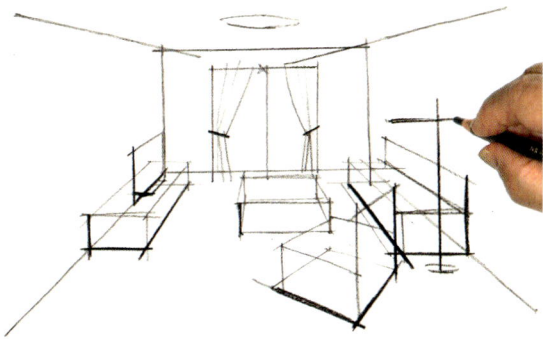

⑬ Leuchten (Deckenstrahler und Stehlampe)

⑭ Kleine Objekte auf dem Couchtisch

⑮ Aufgrund des Fensters gegenüber liegen Schatten auf der Vorderseite der Möbel.

5-Minuten-Skizze: Fernsehabend

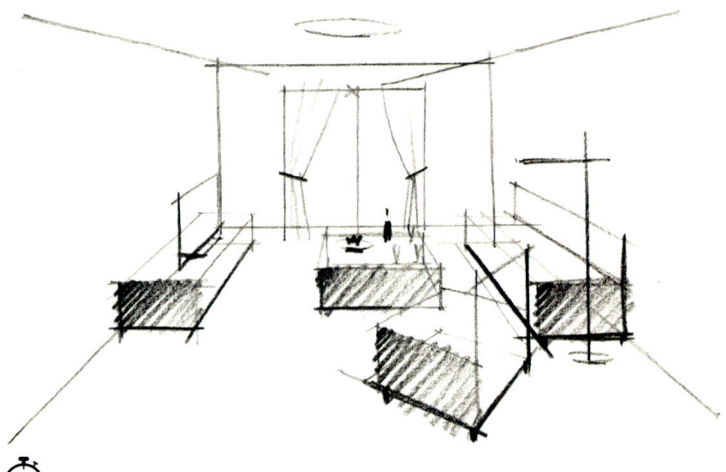

⑯ Zeichnung ist fertig (3 min).

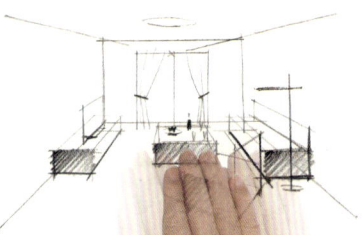

⑰ Nun beginnt die Kolorierung. Weiße Pastellkreide als Grundierung.

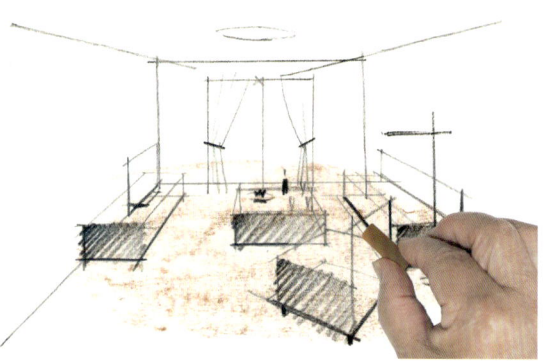

⑱ Boden mit brauner Pastellkreide kolorieren.

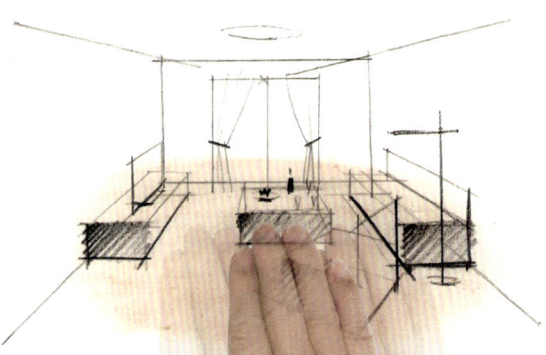

⑲ Den Boden mit den Fingerkuppen glätten.

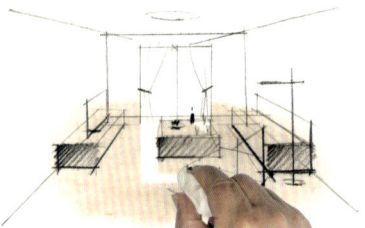

⑳ Die Spiegelung des Schiebefensters auf dem Boden mit dem Knetgummi darstellen.

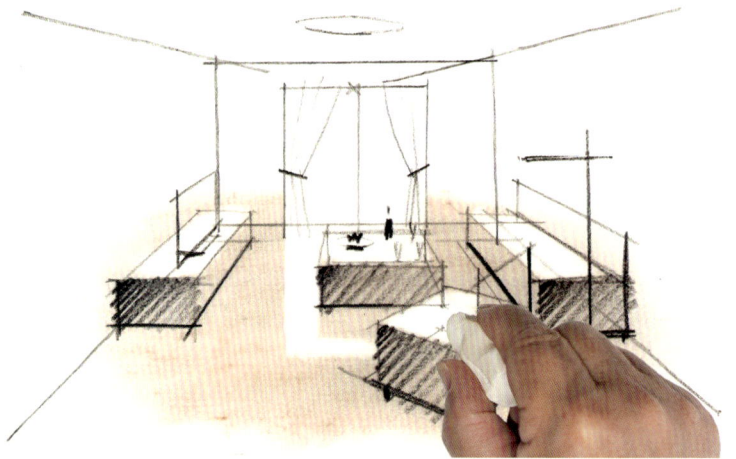

㉑ Pastellkreide auf der Sitzfläche des Sofas usw. mit Knetgummi radieren.

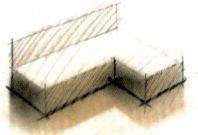

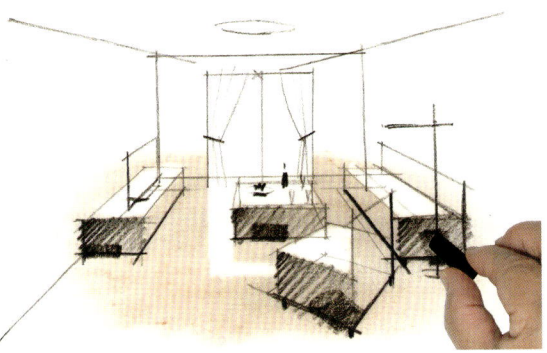

㉒ Mit schwarzer Pastellkreide Schatten hinzufügen.

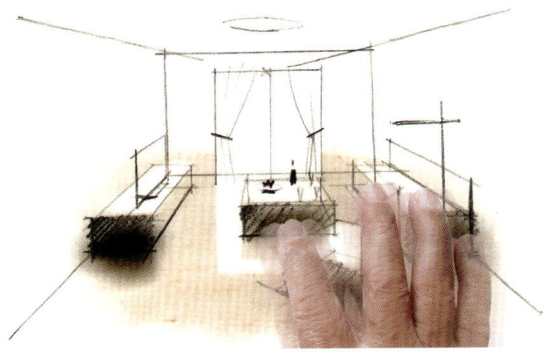

㉓ Die Pastellkreide mit den Fingerkuppen glätten.

㉔ Fast fertig

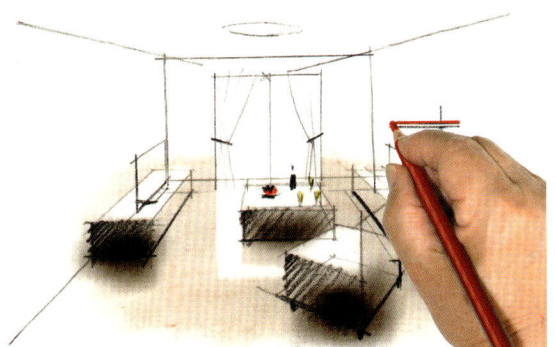

㉕ Stehlampe und Geschirr auf dem Tisch mit Farbstiften kolorieren, fertig.

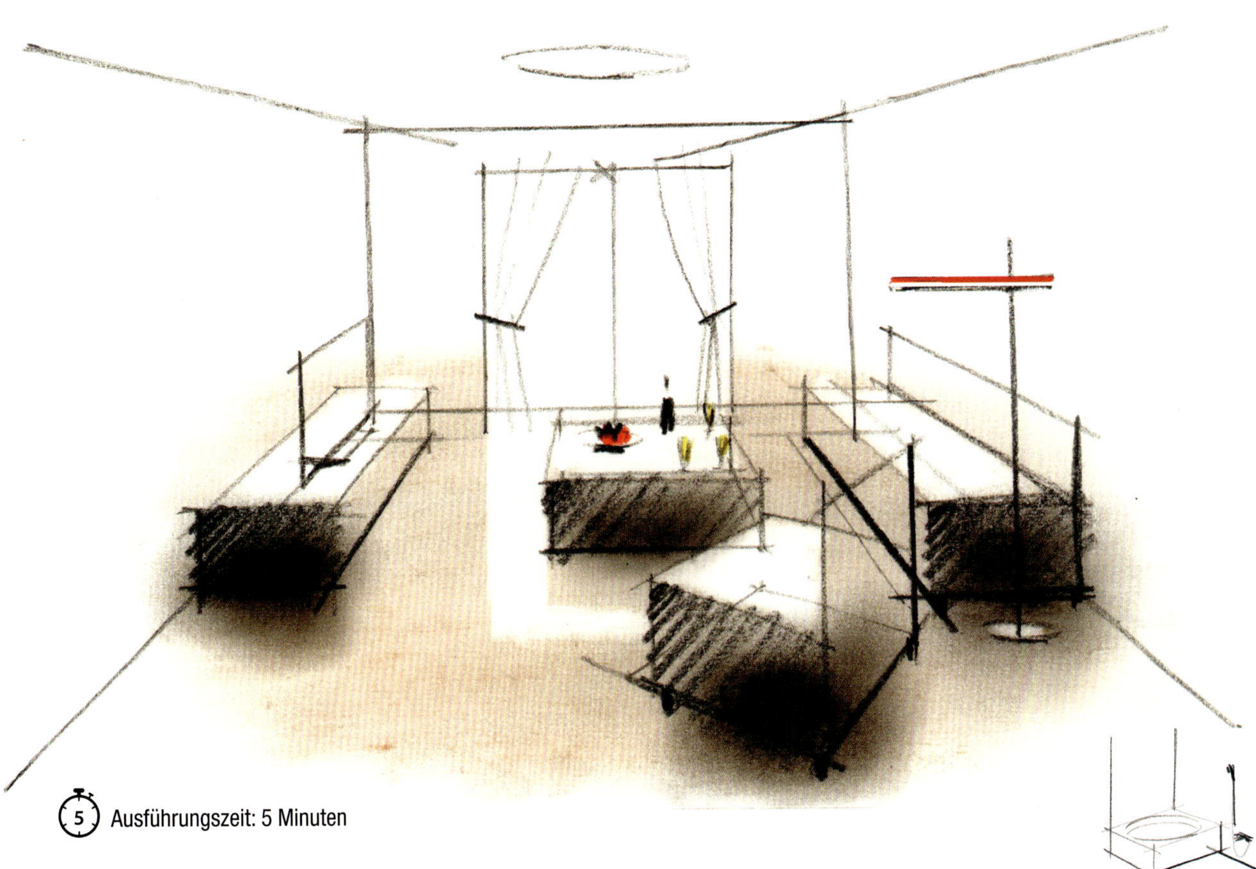

Ausführungszeit: 5 Minuten

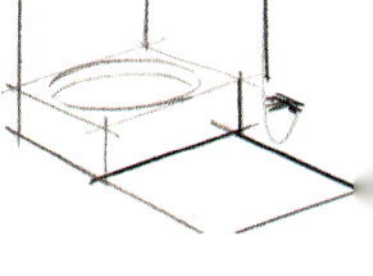

⏱ 10-Minuten-Skizze: Flur mit Glasbausteinen

Dieser Flur ist 15 m² groß. Gezeichnet in Zentralperspektive. Hinter den Glasbausteinen steht ein Schrank. Durch die Lichteffekte wird das Bild erst attraktiv. Das Knetgummi ist auch für die Technik der Kolorierung sehr wichtig.

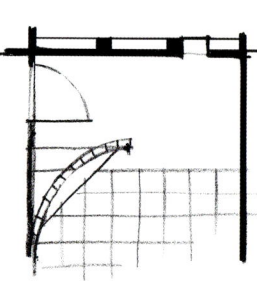

Grundriss

① Gegenüberliegende Wand zeichnen. Das Format des 14,5 m² großen Raumes ist 2:3. Die Proportionen sollten grob passen.

② Die Linien für Wände und Boden in der Perspektive ziehen.

③ Eine Stufe

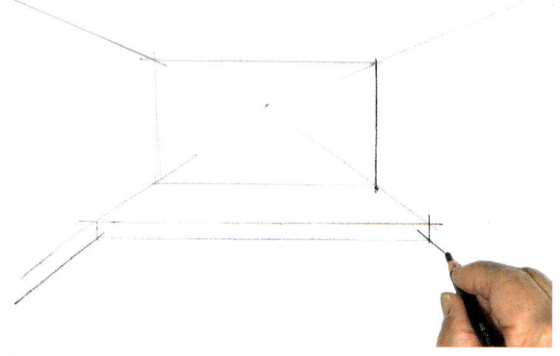

④ Linien für den Flurboden

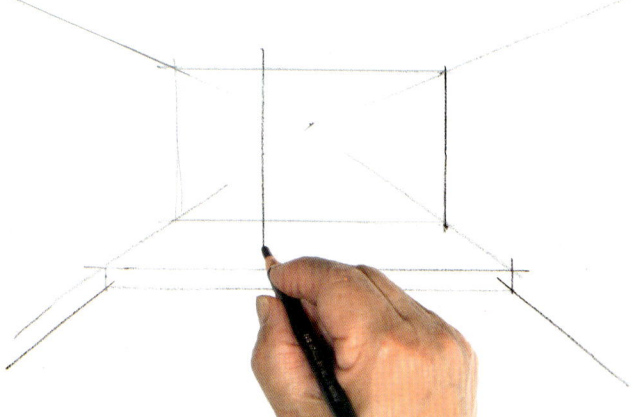

⑤ Eine Linie, wo die Glaswand beginnt

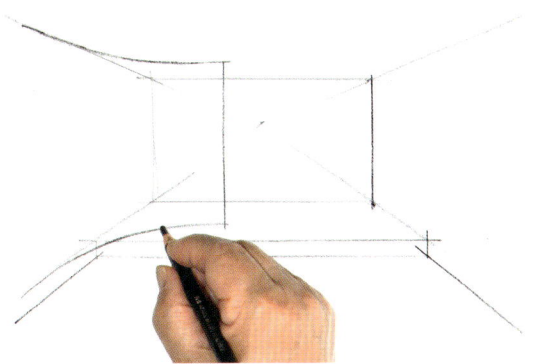

⑥ Die gebogene Linie der Glaswand nach Augenmaß zeichnen.

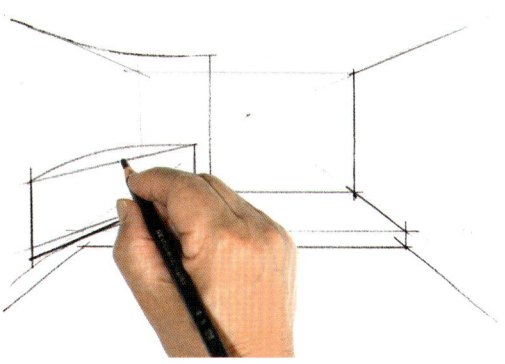

⑦ Ein Schrank

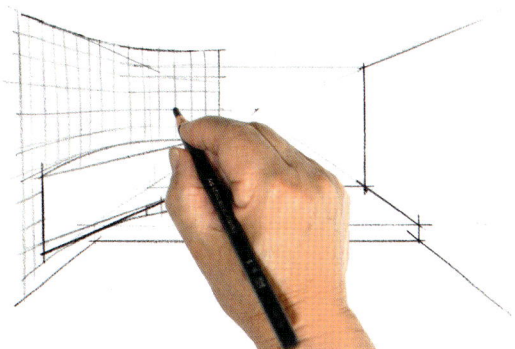

⑧ Nehmen Sie sich die Zeit für das Gitter der Glaswand.

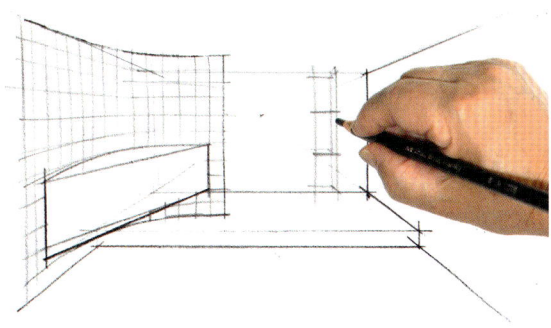

⑨ Regale

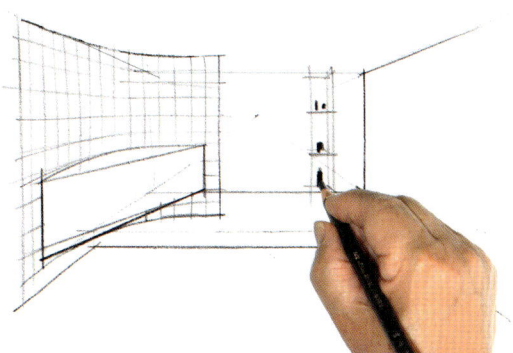

⑩ Ein paar Objekte auf den Regalen

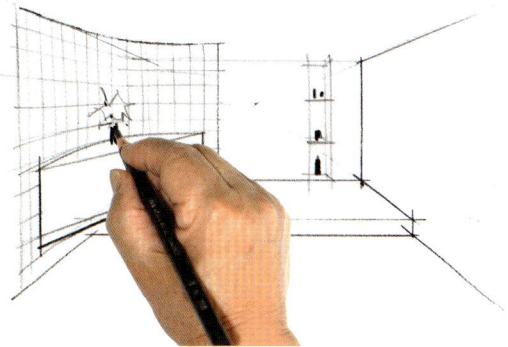

⑪ Blumen in der Vase

⑫ Deckenstrahler

10-Minuten-Skizze: Flur mit Glasbausteinen

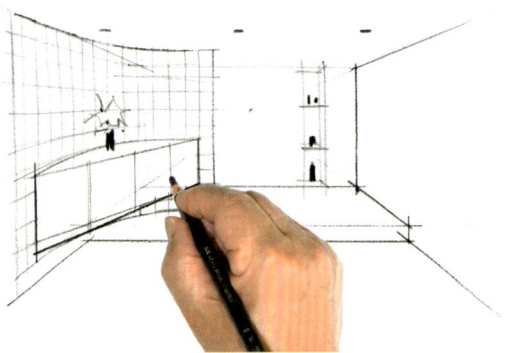

⑬ Linien für die Schranktüren

⑭ Fliesen auf dem Flurboden

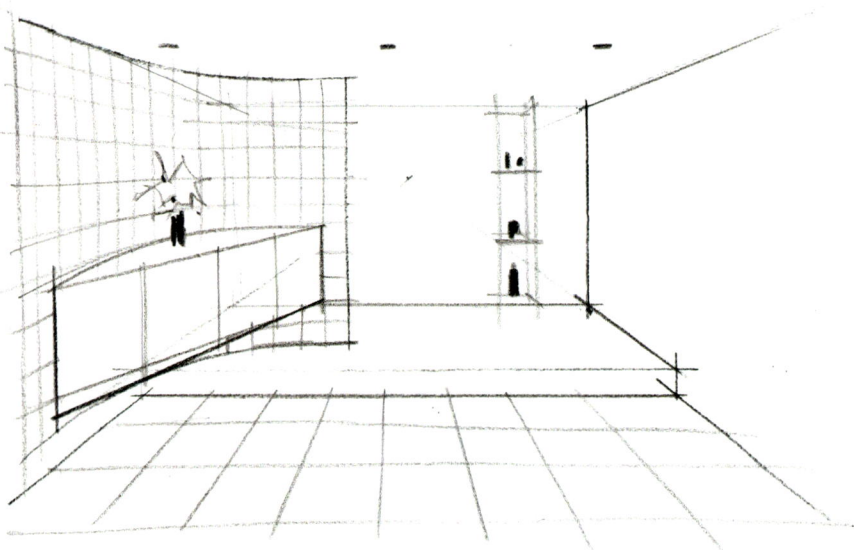

⑮ Die Zeichnung ist fertig (ca. 5 min).

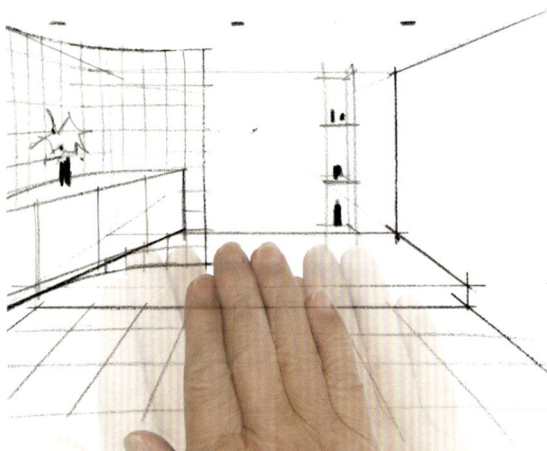

⑯ Als Vorbereitung für die Kolorierung weiße Pastellkreide gleichmäßig auftragen.

⑰ Den Boden kolorieren.

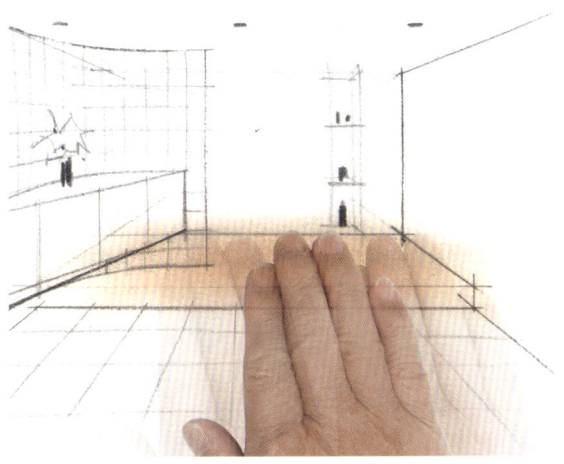
⑱ Bodenfarbe mit den Fingerkuppen glätten.

⑲ Decke und Flurboden grau kolorieren.

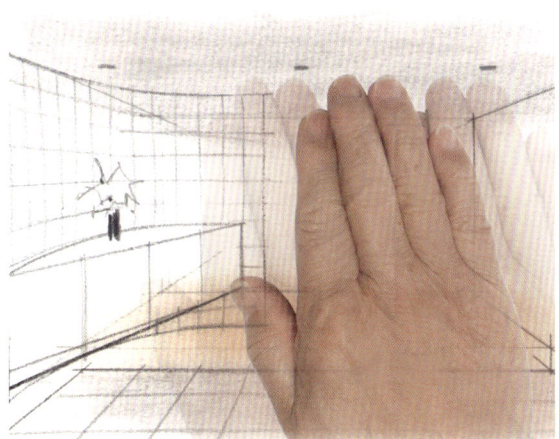
⑳ Decken und Flurboden glätten.

㉑ Glasbausteine mit hellblauer Pastellkreide kolorieren.

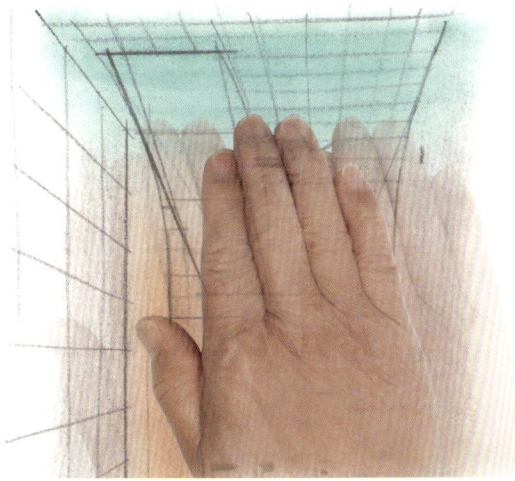
㉒ Papier hochkant legen (Glasbausteine oben) und dann die Pastellkreide horizontal und abgestuft glätten.

㉓ Papier wieder zurückdrehen und Schrank kolorieren.

10-Minuten-Skizze: Flur mit Glasbausteinen

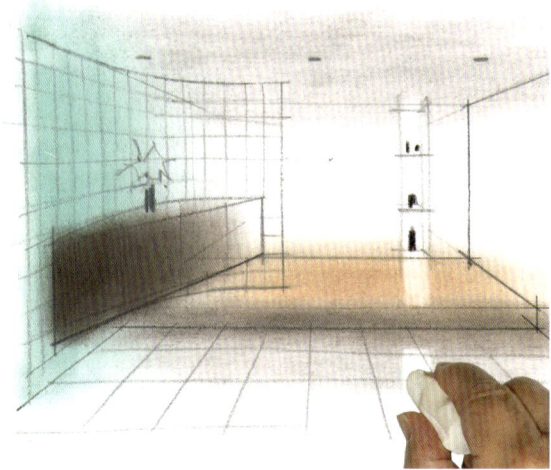

㉔ Mit den Fingerkuppen glätten.

㉕ Die Reflexionen des Regals auf dem Boden

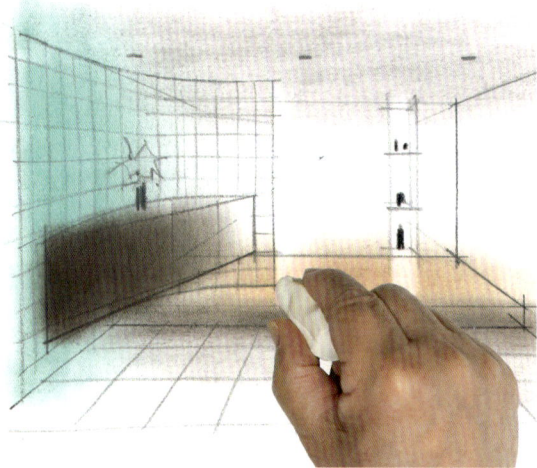

㉖ Die rechte Seite der Glaswand mit dem Knetgummi aufhellen.

㉗ Mit dem Knetgummi indirekte Beleuchtung unter dem Schrank schaffen.

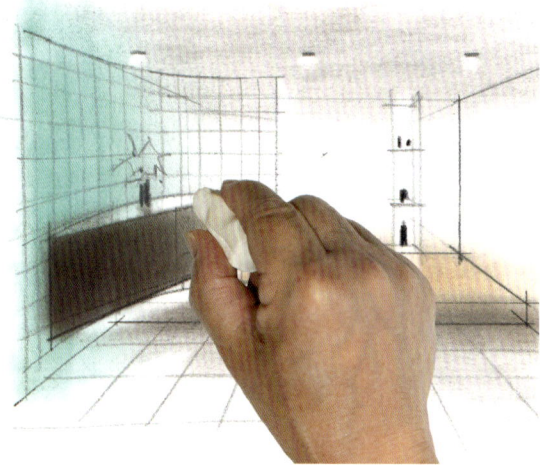

㉘ Oberfläche des Schrankes mit dem Knetgummi aufhellen.

㉙ Blätter der Blume grün kolorieren.

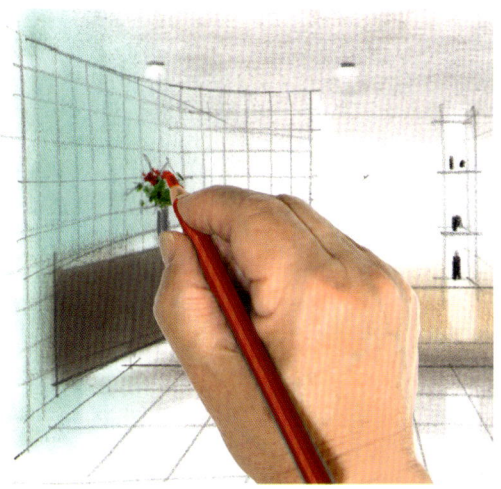
㉚ Dann die Blumen rot kolorieren.

㉛ Kanten des Regals mit grünem Farbstift kolorieren.

㉜ Whiteout für Licht von den Deckenstrahlern, Licht auf den Blumen und indirektes Licht unter dem Schrank. Fertig.

Ausführungszeit: 10 Minuten

⏱ 8-Minuten-Skizze: Bier mit Blick auf den Bambus

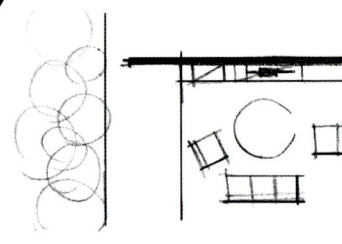
Grundriss

Dieses Wohnzimmer hat große Fenster und eine gewölbte Decke. Gezeichnet in Zentralperspektive. Durch das Fenster links ist der Bambus zu sehen. Die Anordnung der Regale sorgt für eine bewusste Asymmetrie.

① Gegenüberliegende Wand und gebogene Decke

② Linien für Wand und Boden

③ Dachvorsprung und Terrasse

④ Die Wandlinie

⑤ Regale hinzufügen.

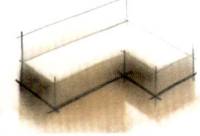

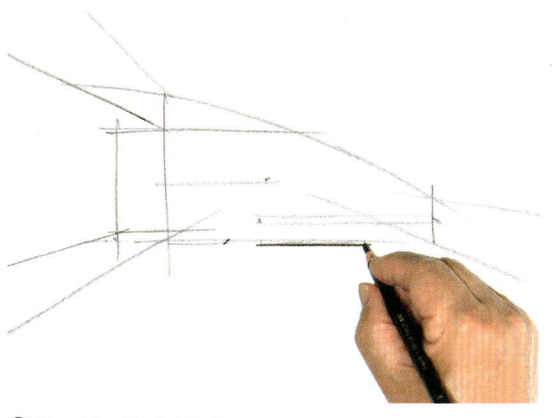

⑥ Grundriss für Schränke

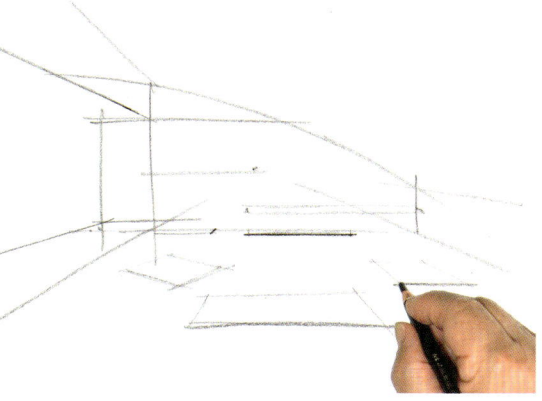

⑦ Grundriss für ein Sofa

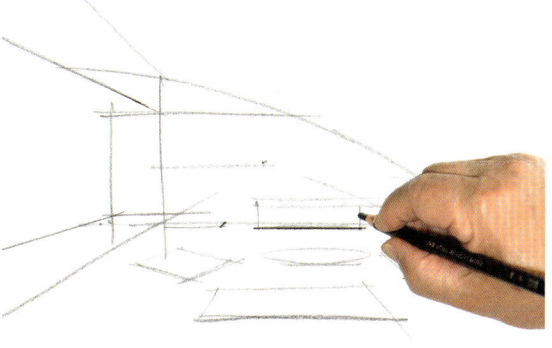

⑧ Grundriss für einen Couchtisch

⑨ Stauraum des Fernsehtischs

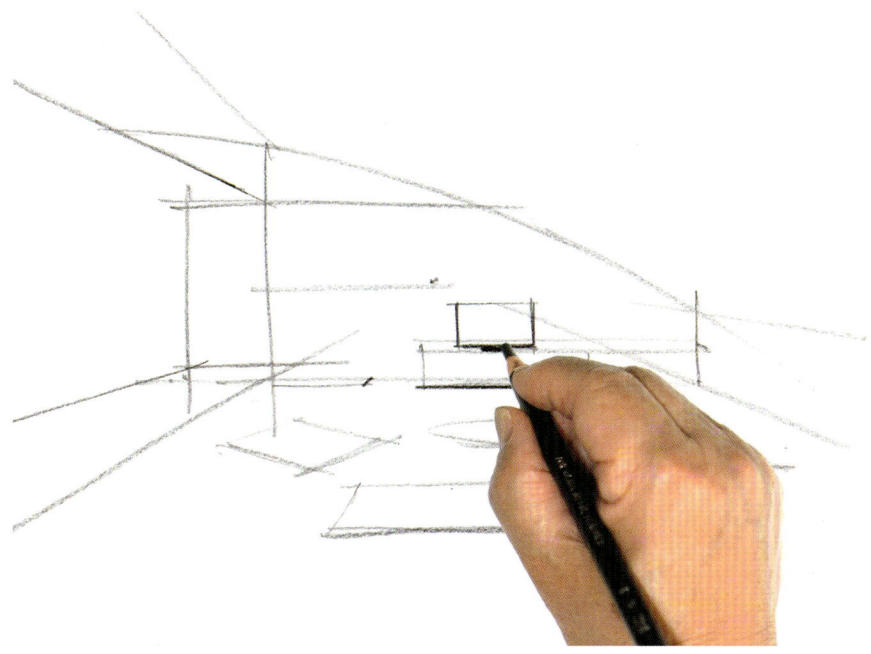

⑩ Ein Fernsehgerät

8-Minuten-Skizze: Bier mit Blick auf den Bambus

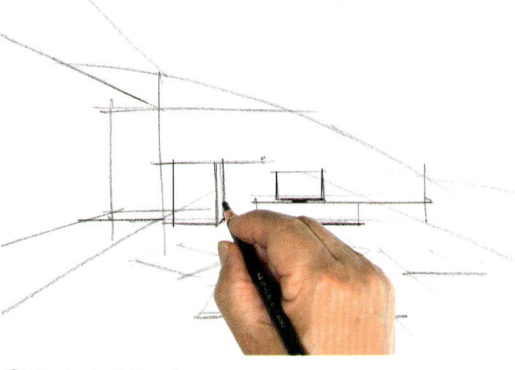

⑪ Noch ein Schrank

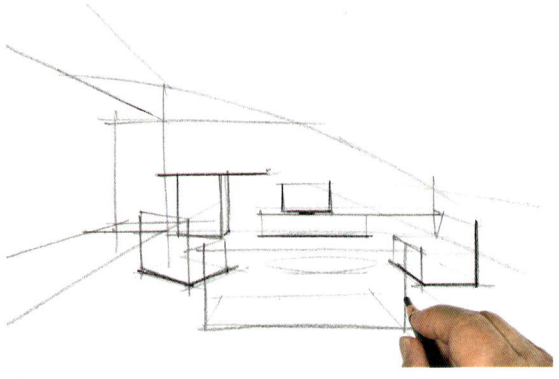

⑫ Dreidimensionales Sofa mit verschiedenen Linienstärken

⑬ Höhe des Couchtischs

⑭ Vereinfachter Bambus

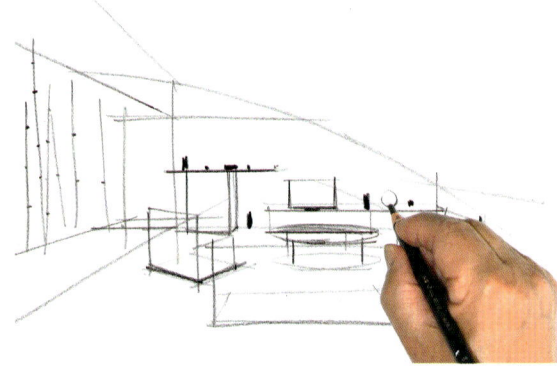

⑮ Dekoartikel

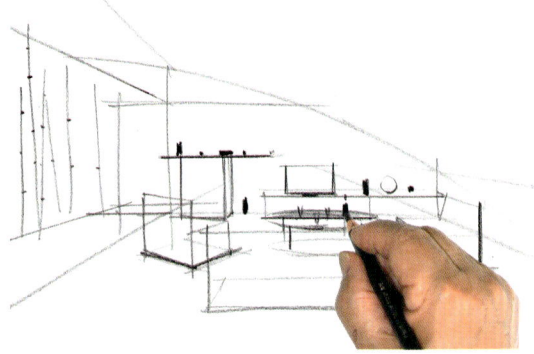

⑯ Geschirr

⑰ Unter Beachtung der Proportionen Deckenstrahler einfügen.

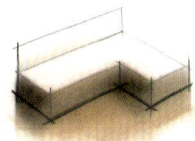

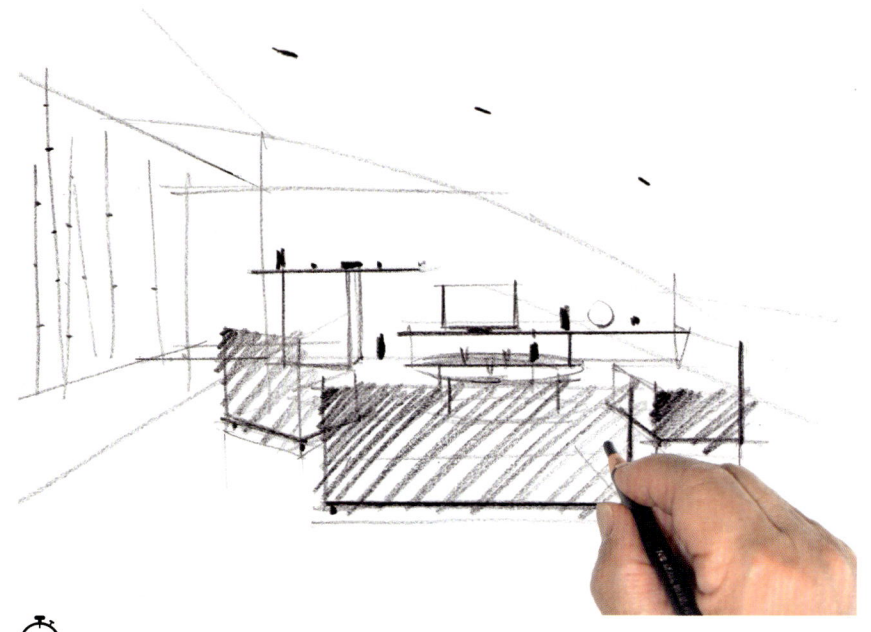

⑱ Zum Abschluss Schatten für das Sofa zeichnen (ca. 4 min).

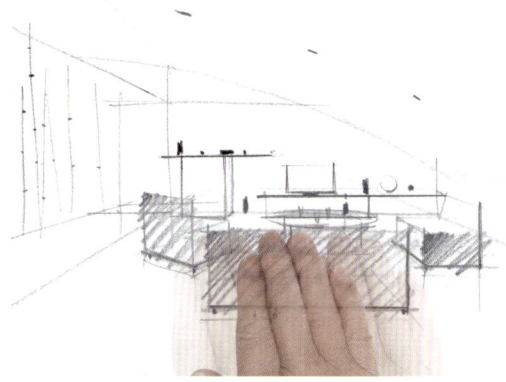

⑲ Weiße Pastellkreide als Grundierung auftragen und glätten.

⑳ Boden dunkelgrau kolorieren.

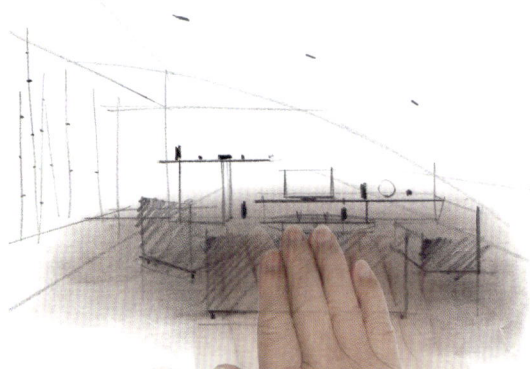

㉑ Mit den Fingerkuppen glätten.

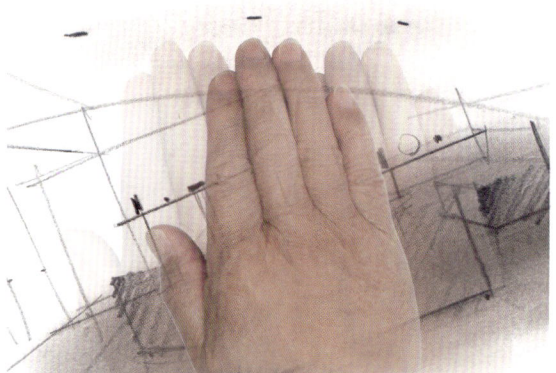

㉒ Die gewölbte Decke auch dunkelgrau kolorieren und glätten.

8-Minuten-Skizze: Bier mit Blick auf den Bambus

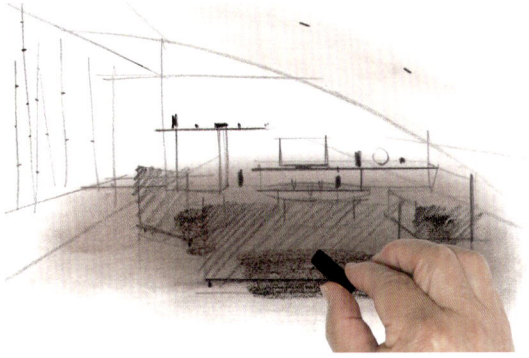

㉓ Mit schwarzer Pastellkreide Schatten hinzufügen.

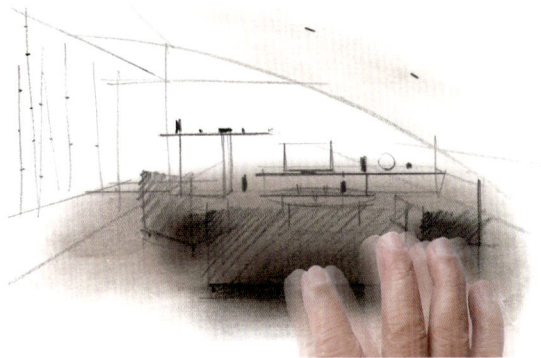

㉔ Mit den Fingerkuppen glätten.

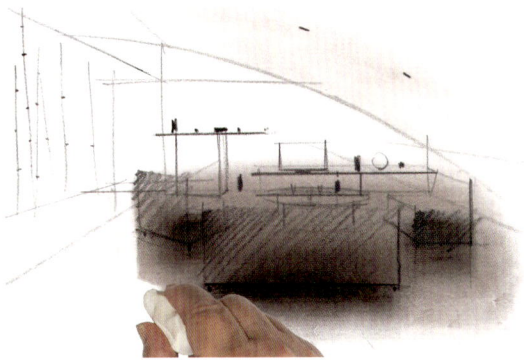

㉕ Pastellkreide unter dem Fenster mit Knetgummi radieren.

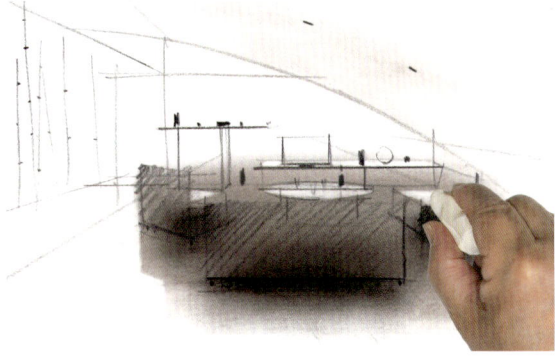

㉖ Mit dem Knetgummi die Sitzfläche des Sofas und die Platte des Couchtisches darstellen.

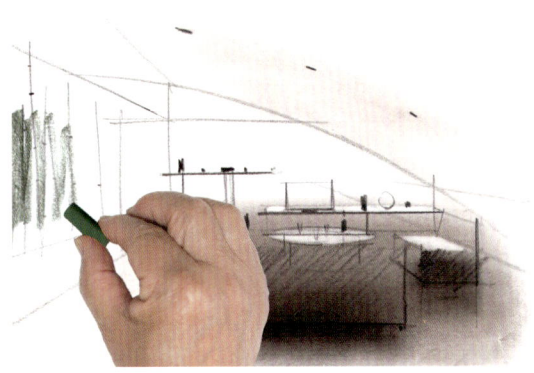

㉗ Bambus mit dunkelgrüner Pastellkreide kolorieren.

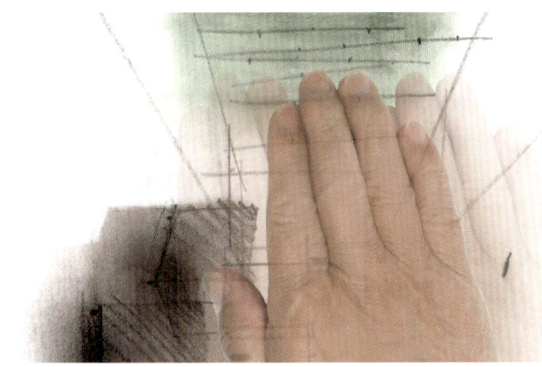

㉘ Papier hochkant legen (Bambus oben) und dann die Pastellkreide glätten.

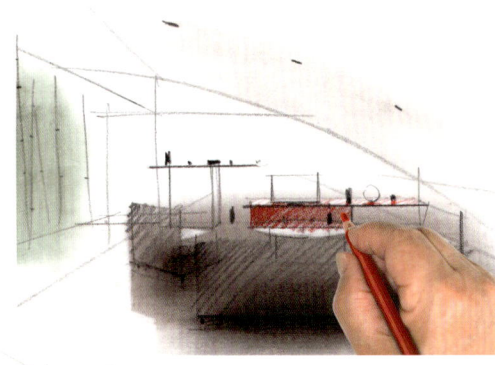

㉙ Papier wieder zurückdrehen und Schrank mit rotem Farbstift kolorieren.

㉚ Nächsten Schrank marineblau kolorieren.

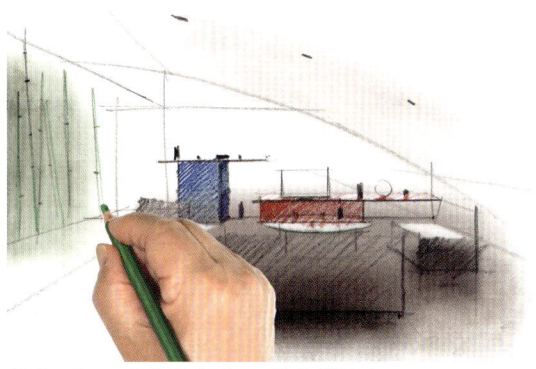
㉛ Bambus mit dunkelgrünem Farbstift betonen.

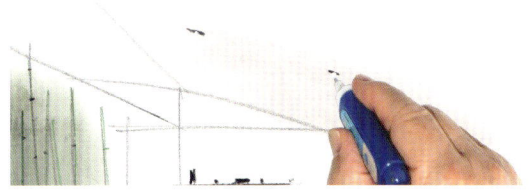
㉜ Deckenstrahler mit Whiteout darstellen.

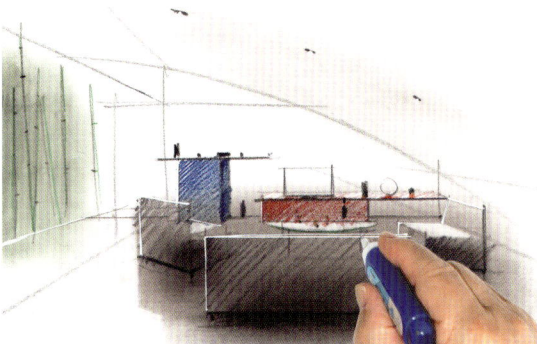
㉝ Rückenlehne des Sofas usw. mit Whiteout akzentuieren.

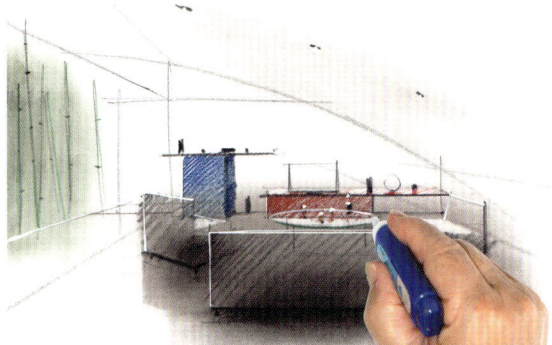
㉞ Zum Abschluss Couchtisch und Schaum auf dem Bier mit Whiteout hervorheben.

 Ausführungszeit: 8 Minuten

10-Minuten-Skizze: Großzügiger offener Wohn-, Ess- und Küchenbereich

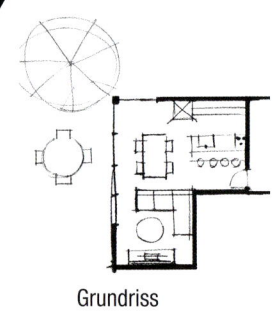

Grundriss

Dieses Wohn- und Esszimmer mit Küche hat etwa 40 m². Es wird mit Zentralperspektive gezeichnet. Die Küche hat eine Frühstücksbar. Im Garten steht ein runder Esstisch mit Stühlen, wo Sie im Schatten sitzen können. Um unsere Ideen zu vermitteln, müssen wir den Fluchtpunkt erhöhen. So überlappen sich die Möbel nicht.

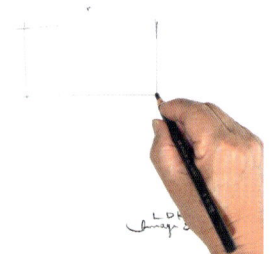

① Gegenüberliegende Wand zeichnen.

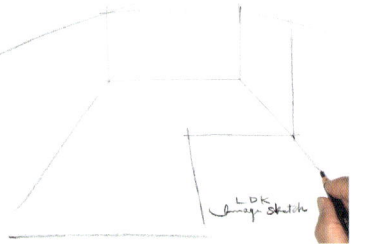

② Linien für Wand und Boden

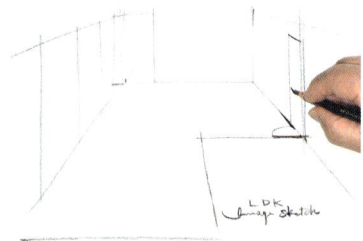

③ Fenster und Tür hinzufügen.

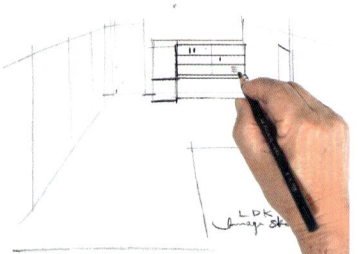

④ Kühlschrank und Geschirrschrank

⑤ Arbeitsplatte und Frühstücksbar zeichnen und schattieren.

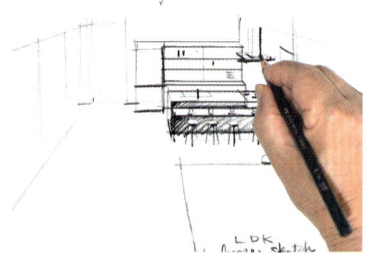

⑥ Eine Dunstabzugshaube

⑦ Esstisch mit Stühlen (einschl. Geschirr)

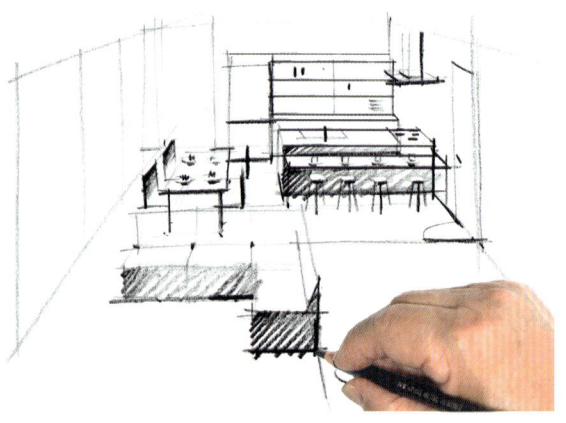

⑧ Ein Sofa

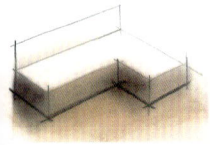

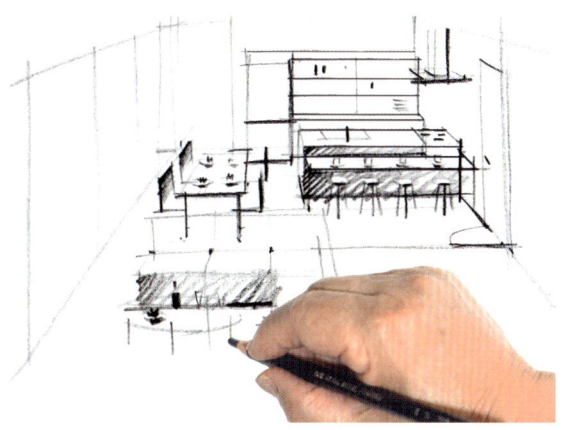
⑨ Ein Couchtisch

⑩ Ein Fernsehtisch

⑪ Ein runder Tisch im Garten

⑫ Zum Abschluss ein Baum

⑥ Ausführungszeit: 6 Minuten

10-Minuten-Skizze: Großzügiger offener Wohn-, Ess- und Küchenbereich

⑭ Pastellkreide dient als Grundierung. Überall weiße Pastellkreide auftragen.

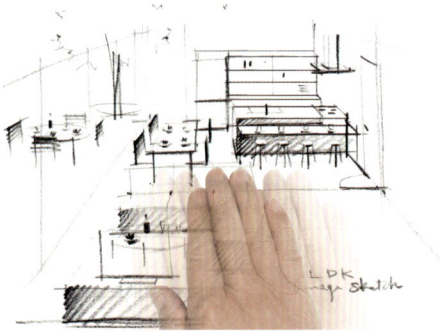

⑮ Den gesamten Boden glätten. Bei dieser großen Fläche Fingerkuppen benutzen und den ganzen Arm bewegen.

⑯ Bodenfarbe auftragen (braun) und mit den Fingerkuppen glätten.

⑰ Mit schwarzer Pastellkreide Schatten hinzufügen und glätten.

⑱ Mit dem Knetgummi Pastellkreide für die Spiegelungen auf dem Boden in Höhe des Schiebefensters radieren.

⑲ Mit dem Knetgummi die Arbeitsplatte in der Küche, die Tischplatte und die Sitzfläche des Sofas darstellen.

⑳ Gläser im Geschirrschrank und Küchenspüle mit blauem Farbstift kolorieren.

㉑ Sofa mit marineblauem Farbstift kolorieren.

㉒ Geschirr auf dem Tisch mit rotem Farbstift kolorieren.

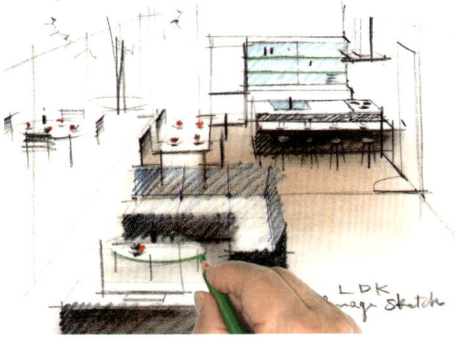

㉓ Kanten des Couchtischs mit grünem Farbstift kolorieren.

㉔ Zum Abschluss Stellen mit Whiteout aufhellen.

⑩ Ausführungszeit: 10 Minuten
(Hinweis: Kolorierte Bäume würden der Klarheit der Zeichnung schaden.)

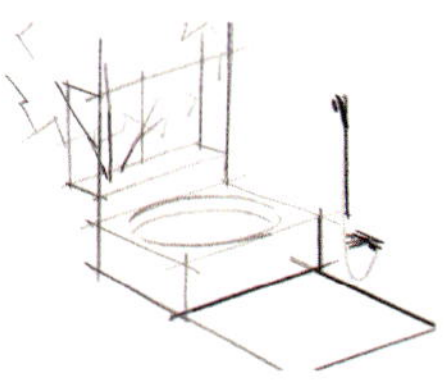

⏱ 5-Minuten-Skizze: Schlafzimmer mit Ablage

Dieses Schlafzimmer hat etwa 22 m². Wählen Sie die Zweipunkt-Perspektive. Eine niedrige Ablage in Betthöhe zieht sich an einer Wand entlang und bietet Platz, sich zu entspannen und ein Glas Wein zu trinken.

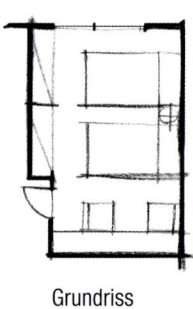

Grundriss

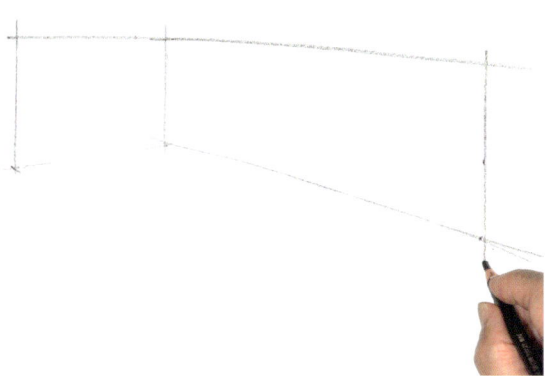

① Eine Wand zeichnen.

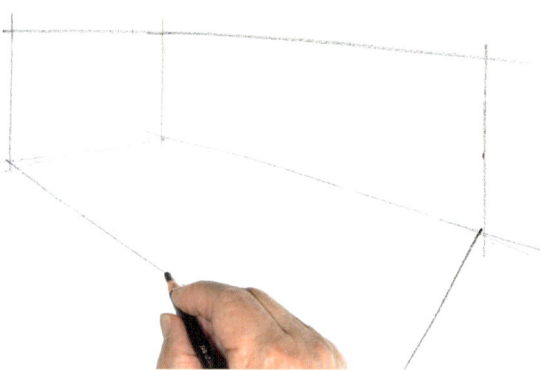

② Eine Linie für den Schrank vorn

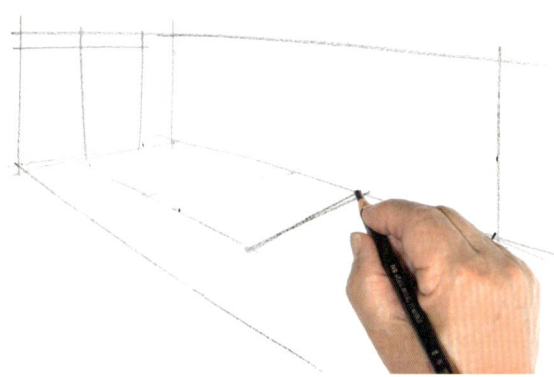

③ Ein Schiebefenster

④ Der Grundriss für jedes Bett

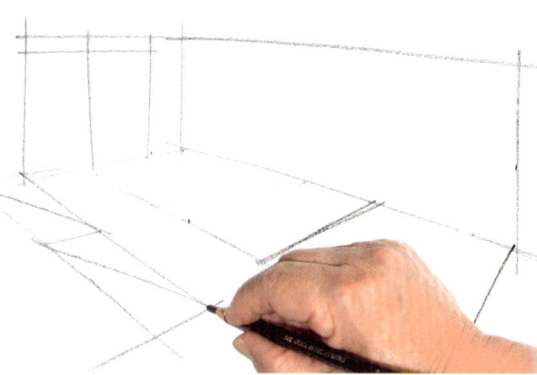

⑤ Position des Schrankes

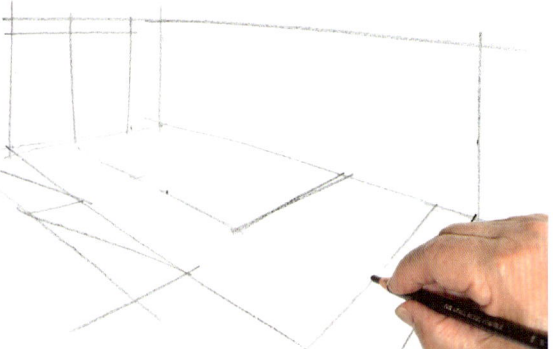

⑥ Grundriss für die Ablage

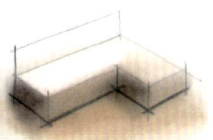

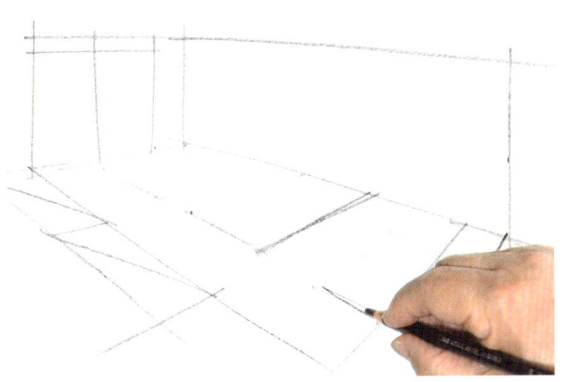

⑦ Grundriss für zwei Stühle

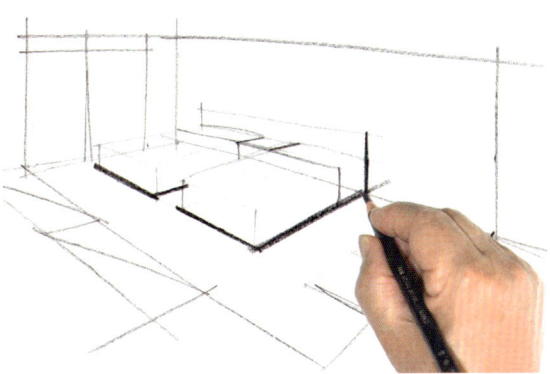

⑧ Volumen für das Bett mit Linienstärken

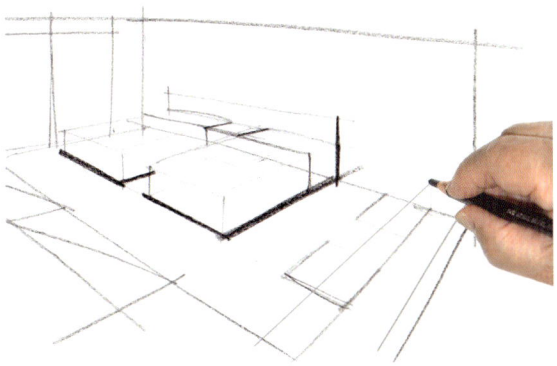

⑨ Ablage im Vordergrund

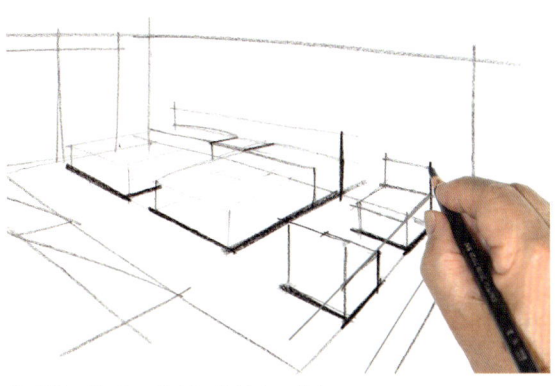

⑩ Höhe für den Stuhl mit Linienstärken

⑪ Kissen für Betten und Stühle. Dazu eine Lampe

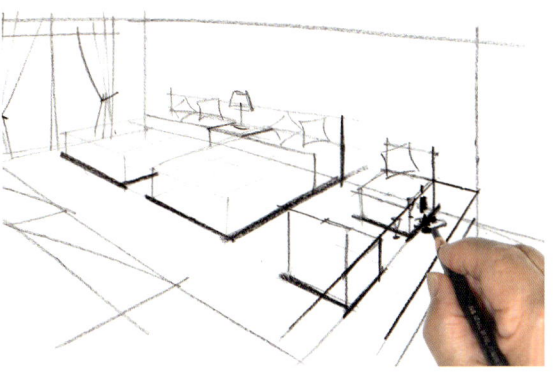

⑫ Geschirr auf der Ablage

⑬ Zum Abschluss die Schatten an jedem Bett.
Ausführungszeit: etwa 3 Minuten.

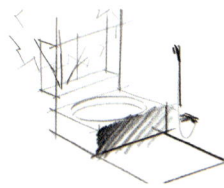

5-Minuten-Skizze: Schlafzimmer mit Ablage

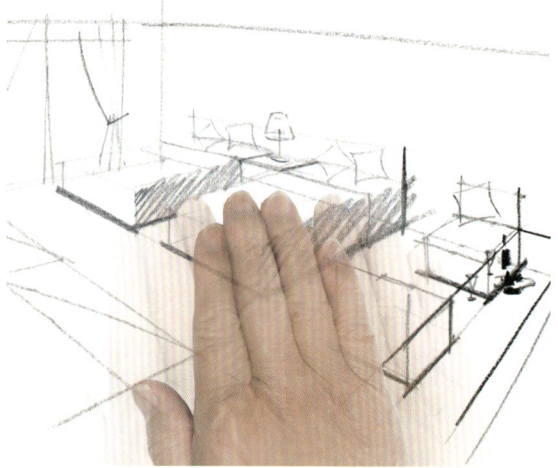

⑭ Pastellkreide dient als Grundierung. Überall weiße Pastellkreide auftragen und glätten.

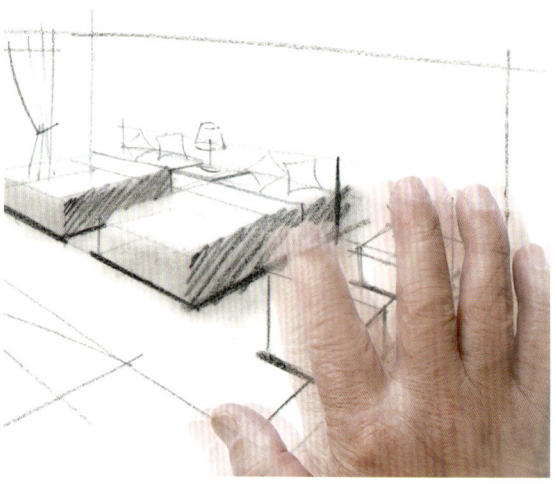

⑮ Die mit dem Dermatograph-Stift gezogenen Schatten werden weicher gemacht.

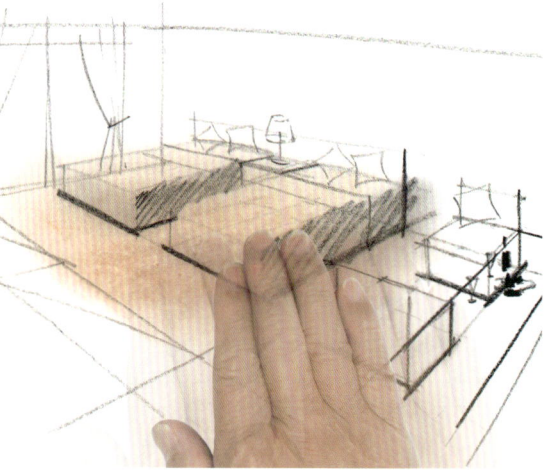

⑯ Braune Pastellkreide als Bodenfarbe auftragen und mit den Fingerkuppen glätten.

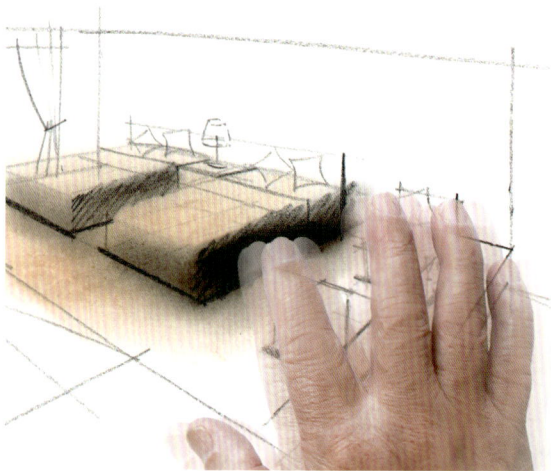

⑰ Mit schwarzer Pastellkreide Schatten hinzufügen und glätten.

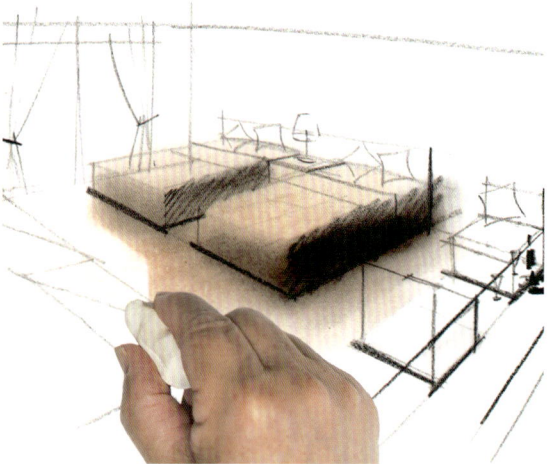

⑱ Die Spiegelung des Schiebefensters auf dem Boden darstellen.

⑲ Das Radieren der Pastellkreide auf der Liegefläche mit dem Knetgummi gibt dem Bett Volumen.

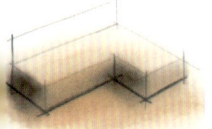

⑳ Stühle mit einem marineblauen Farbstift kolorieren.

㉑ Brauner Farbstift für die Kissen und roter für das Geschirr auf der Ablage

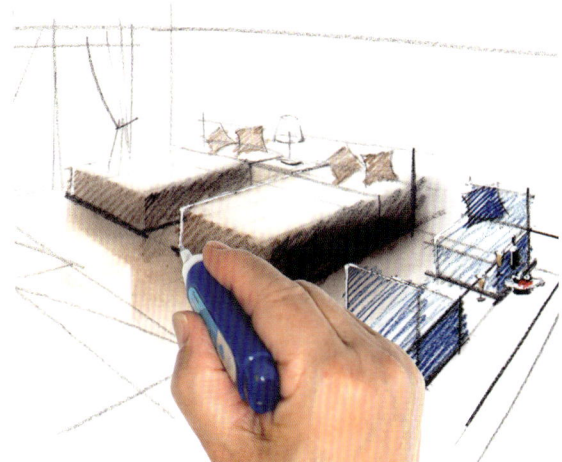

㉒ Zum Abschluss helle Stellen mit Whiteout aufhellen.

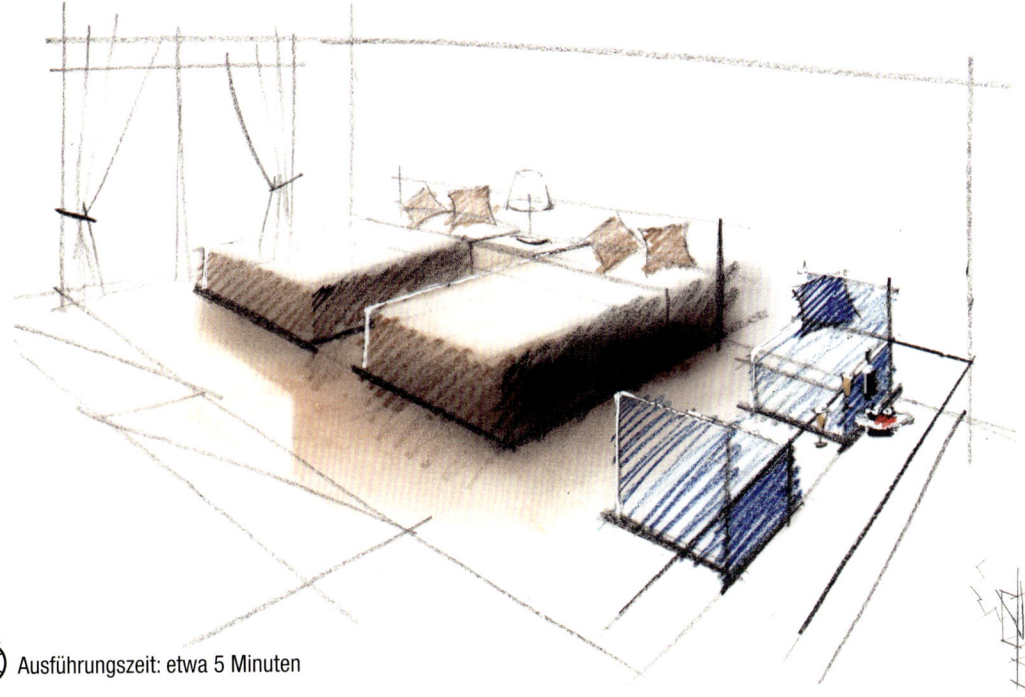

Ausführungszeit: etwa 5 Minuten

⑦ 7-Minuten-Skizze: Wohnbereich für Senioren

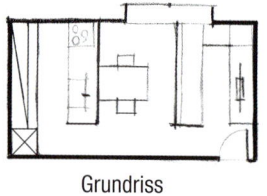

Grundriss

Dieser Wohn- und Essraum mit Küche hat etwa 29 m². Der Grundriss eignet sich für ein Paar, das hier seine Freizeit verbringt. Sofa und Fernsehtisch stehen separat. Durch einen Vorschlag für die Freizeitgestaltung und nicht nur für die Möblierung wird aus der Designskizze eine wertvolle Entscheidungshilfe, um die Genehmigung des Kunden für die Innengestaltung zu erhalten.

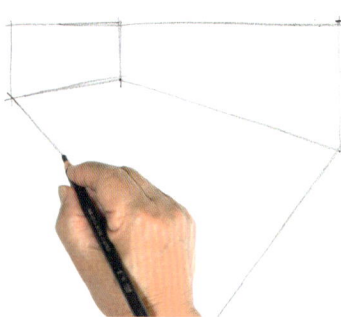

① Linien für Wand und Boden

② Grundrisse für Möbel und Geräte einfügen.

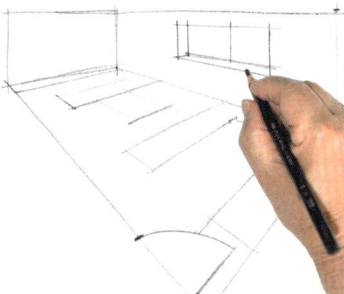

③ Ein Fenster

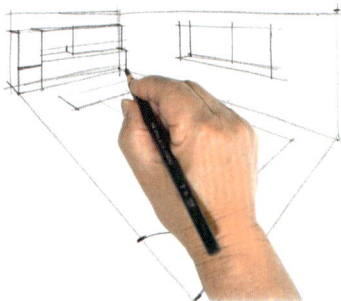

④ Kühlschrank und Geschirrschrank

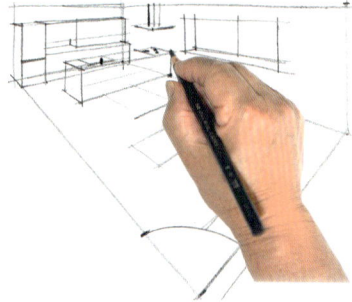

⑤ Eine Arbeitsplatte

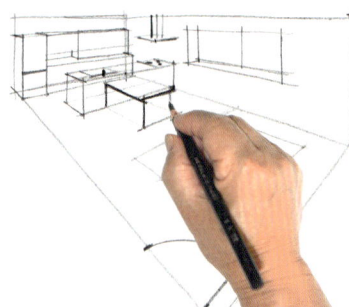

⑥ Ein Esstisch

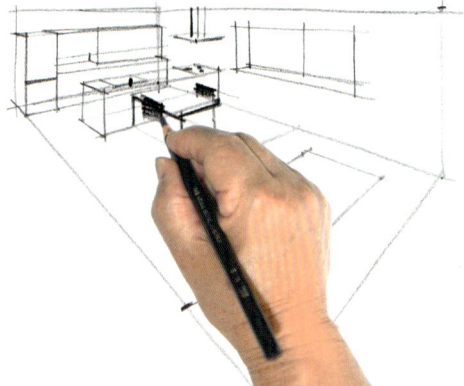

⑦ Stühle hinzufügen

⑧ Ein Sofa

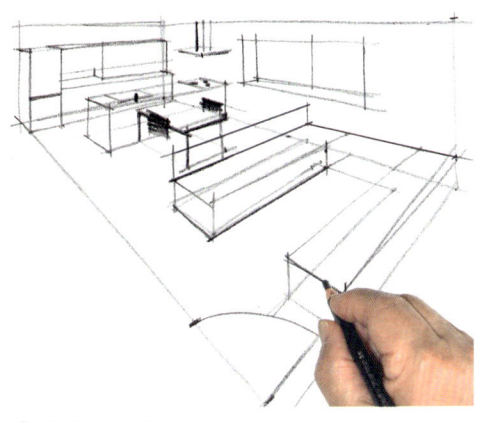
⑨ Ein Fernsehtisch

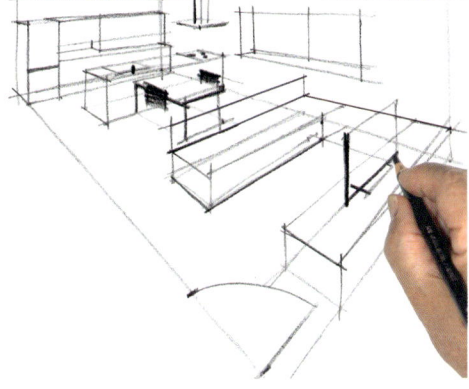
⑩ Ein Fernsehgerät

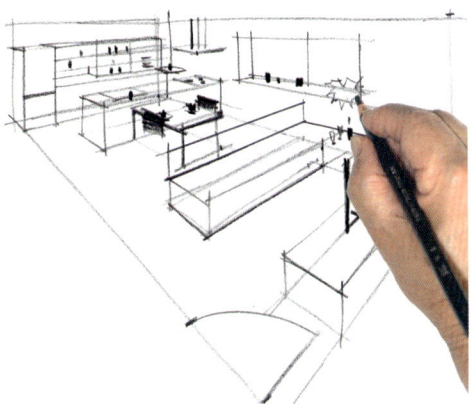
⑪ Geschirr und eine Topfpflanze hinzufügen

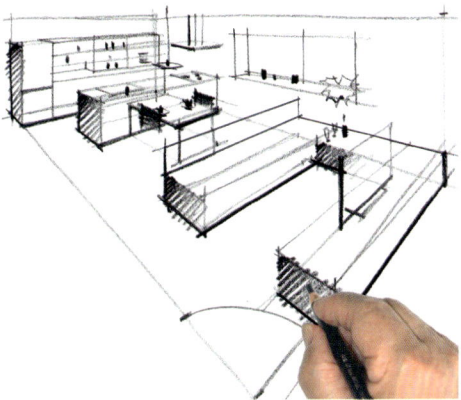
⑫ Da das Fenster rechts ist, werden Schatten auf die linke Seite der Möbel gelegt.

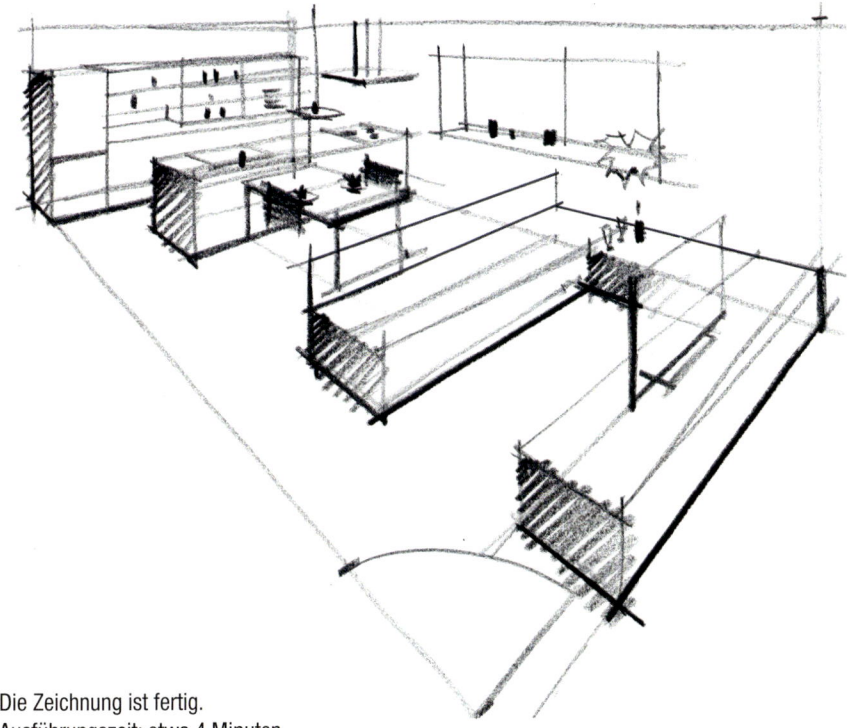
④ Die Zeichnung ist fertig.
Ausführungszeit: etwa 4 Minuten.

7-Minuten-Skizze: Wohnbereich für Senioren

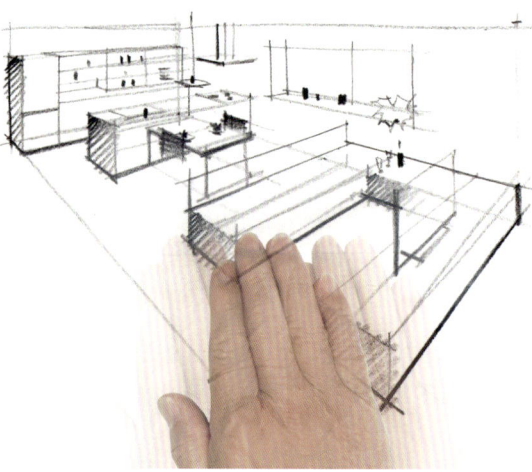

⑭ Pastellkreide dient als Grundierung. Weiße Pastellkreide an den vorgesehenen Stellen auftragen und glätten.

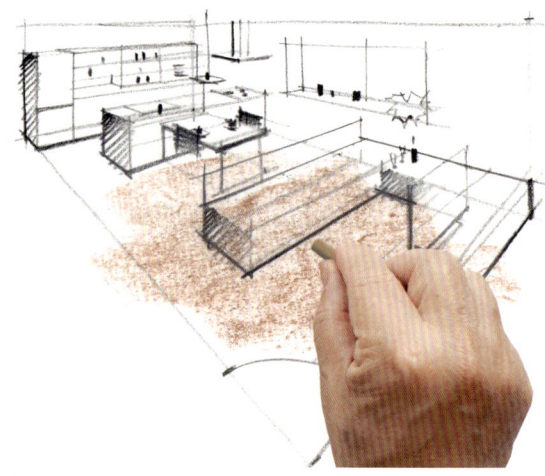

⑮ Boden mit brauner Pastellkreide kolorieren.

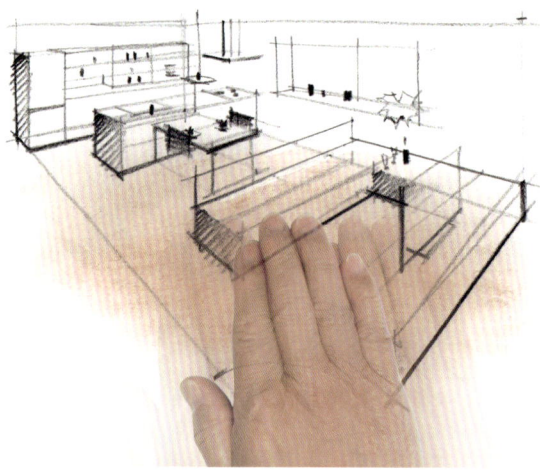

⑯ Den gesamten Boden glätten.

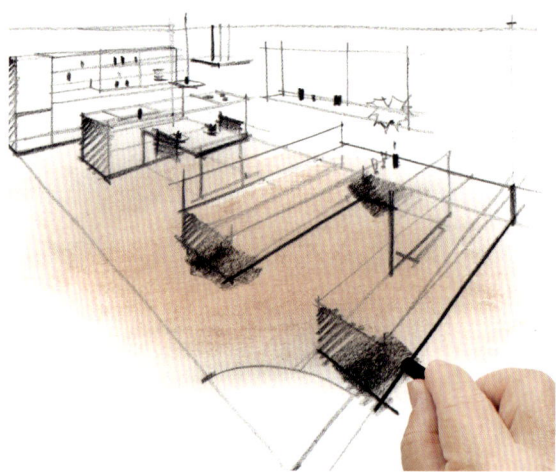

⑰ Mit schwarzer Pastellkreide Schatten hinzufügen.

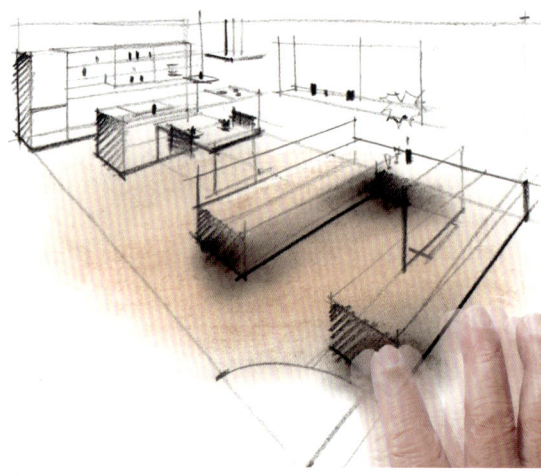

⑱ Schatten glätten. So werden sie betont.

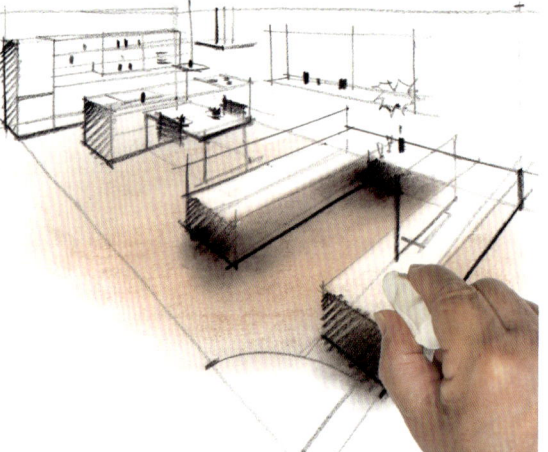

⑲ Mit dem Knetgummi die hellen Flächen auf den Möbeln radieren.

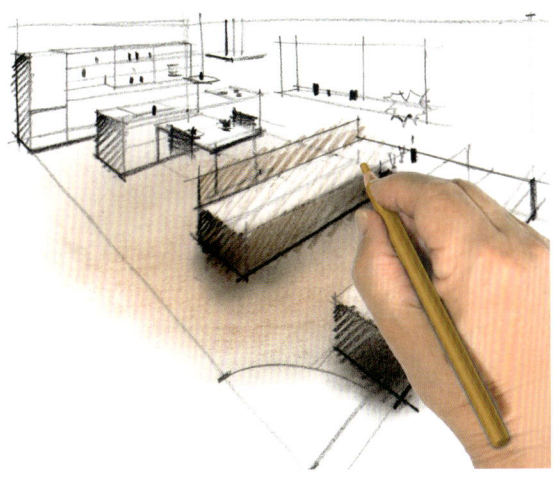

⑳ Sofa mit schrägen Strichen (etwa 45°) mit einem braunen Farbstift kolorieren.

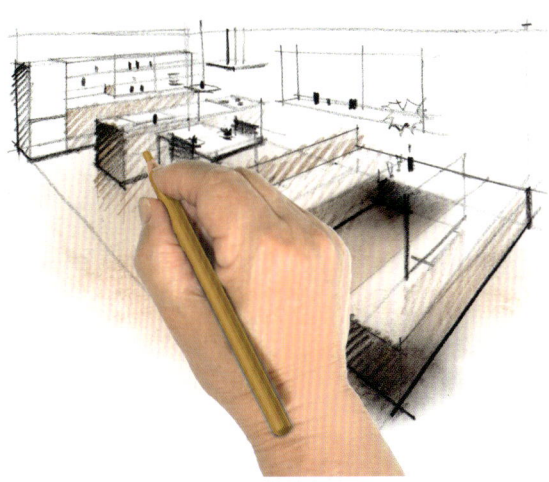

㉑ Geschirrschrank und Arbeitsplatte mit den gleichen schrägen Strichen kolorieren.

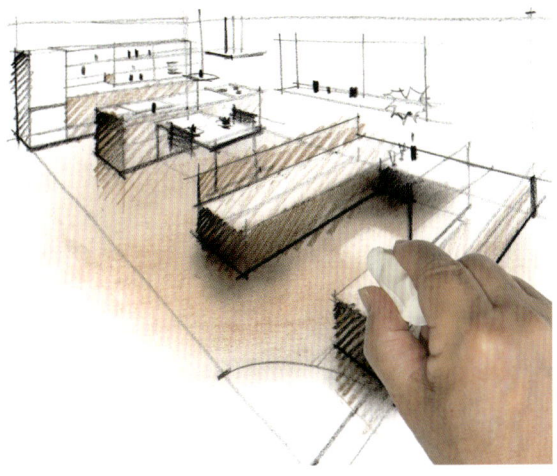

㉒ Knetgummi sorgt für die Reflexionen des Fensters auf dem Boden.

㉓ Glasfläche des Geschirrschranks und Spüle kolorieren (mit 45°-Strichen).

㉔ Topfpflanze mit Farbstiften kolorieren (mit 45°-Strichen).

㉕ Blüten mit Farbstift kolorieren.

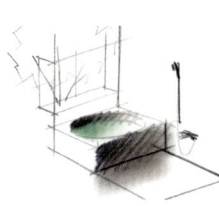

7-Minuten-Skizze: Wohnbereich für Senioren

㉖ Das Bier in jedem Glas mit Farbstift kolorieren.

㉗ Zum Abschluss helle Flächen mit Whiteout bearbeiten.

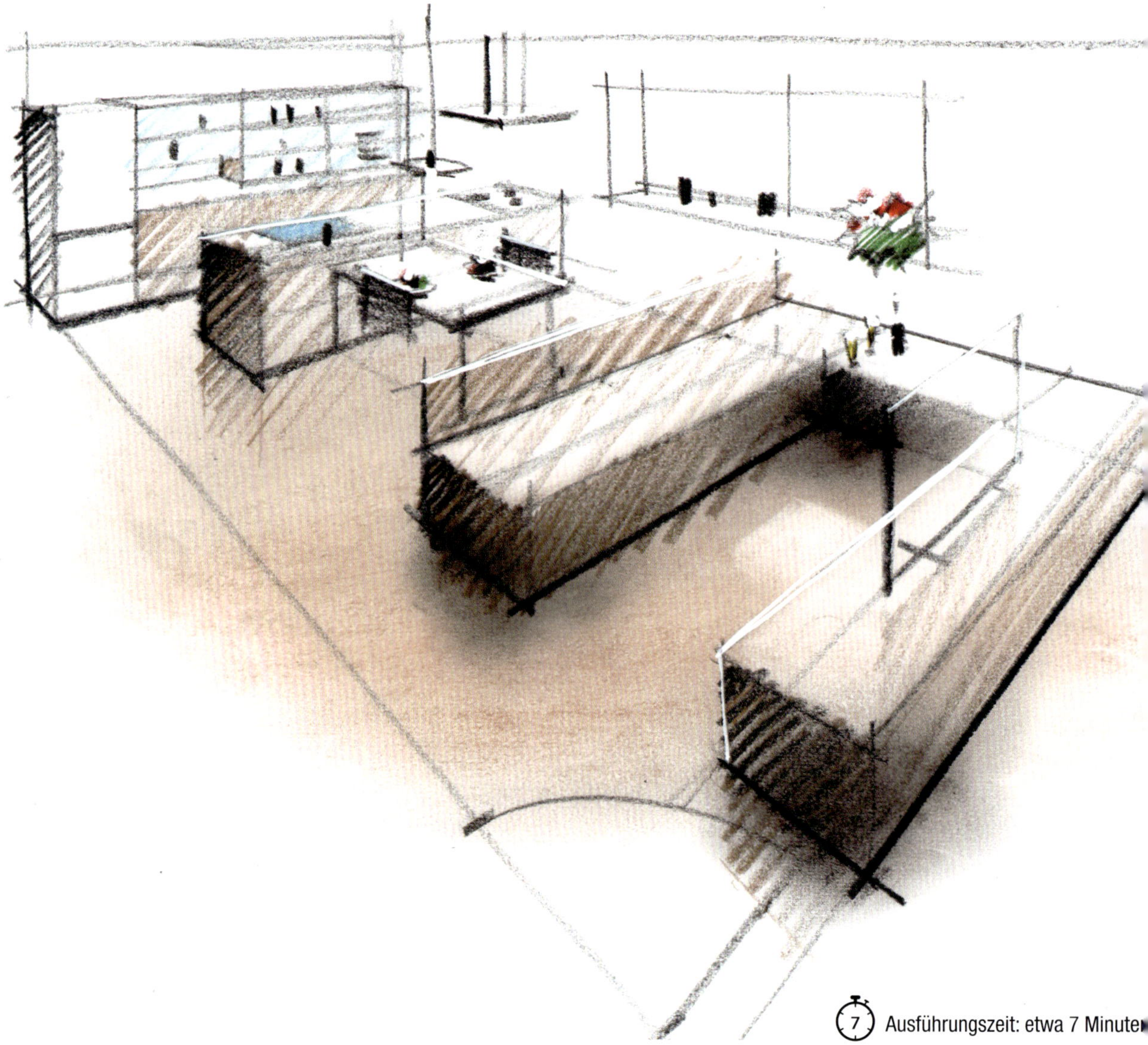

Ausführungszeit: etwa 7 Minuten

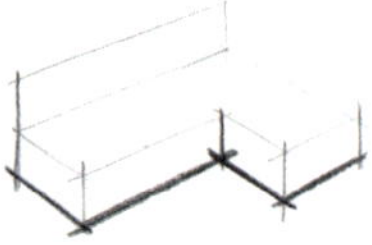

⏱ 5-Minuten-Skizze: Haus mit Meerblick

Ein Plan für ein Haus am Meer. Es wird mit Zentralperspektive gezeichnet. Das Designkonzept eignet sich für ein Paar, das seine Freizeit zu Hause verbringt. Der Grundriss ist großzügig und bietet an vielen Stellen einen Meerblick, natürlich besonders auf der Terrasse. Überall im Haus, ob beim Entspannen im Wohnzimmer, beim Kochen in der Küche oder beim Essen, fällt der Blick auf das Meer.

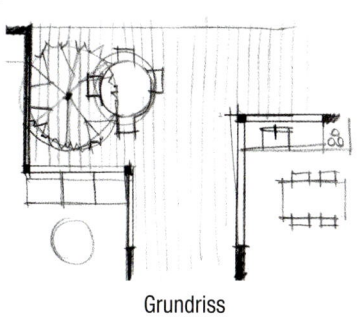

Grundriss

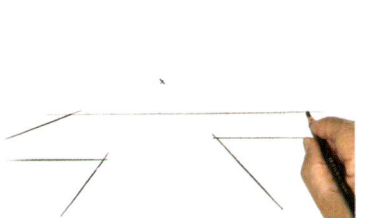

① Boden nach dem Grundriss zeichnen.

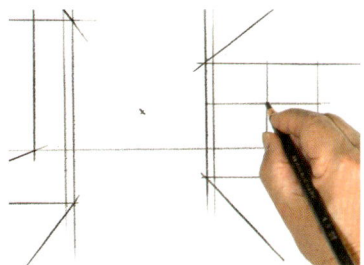

② Wenn die Wand steht, ein Fenster zeichnen.

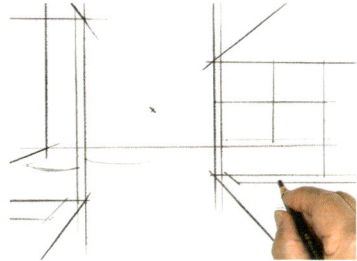

③ Grundrisse für den Terrassentisch, ein Sofa und eine Arbeitsplatte

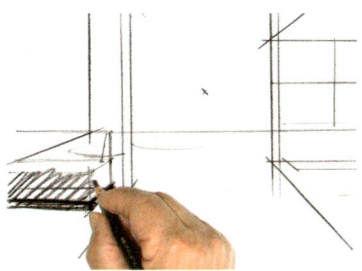

④ Ein dreidimensionales Sofa

⑤ Arbeitsplatte und Esstisch mit Stühlen

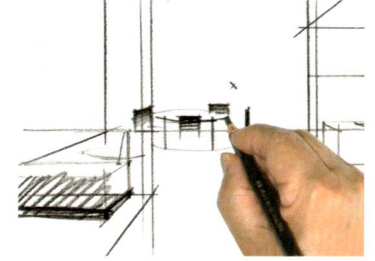

⑥ Tisch und Stühle auf der Terrasse

⑦ Ein Baum

⑧ Boden für die Terrasse rasch gezeichnet. Fertig (ca. 3 min).

5-Minuten-Skizze: Haus mit Meerblick

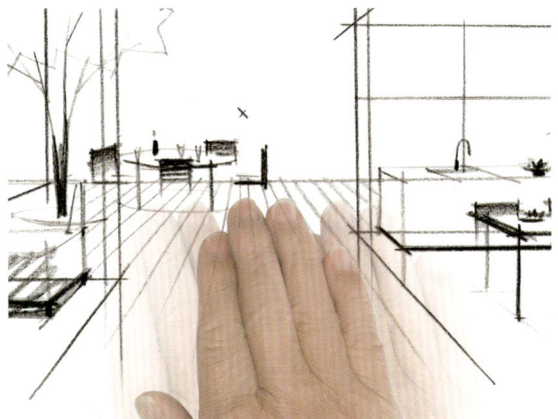

⑨ Weiße Pastellkreide als Grundierung

⑩ Terrasse mit Pastellkreide kolorieren.

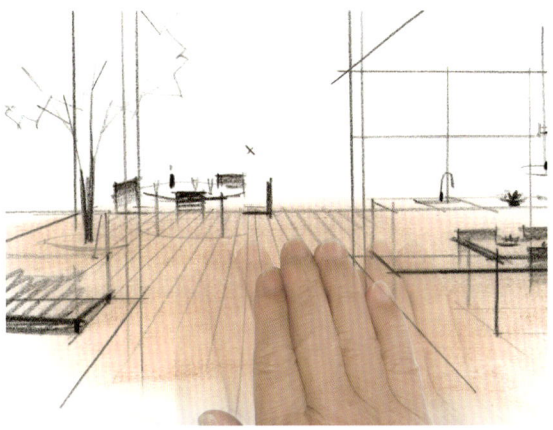

⑪ Mit den Fingerkuppen glätten.

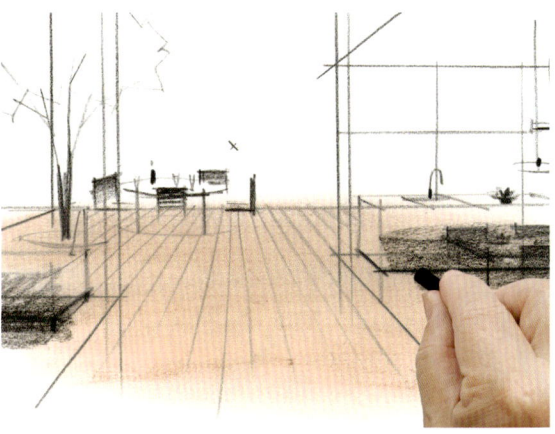

⑫ Mit schwarzer Pastellkreide Schatten auf Sofa und Arbeitsplatte hinzufügen.

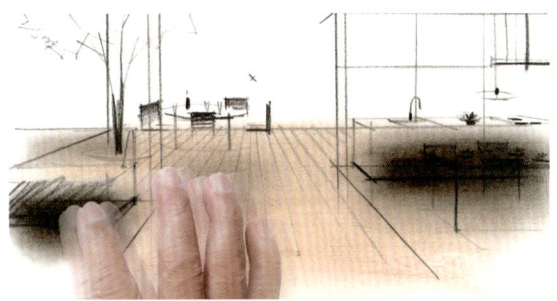

⑬ Die Schatten mit den Fingerkuppen glätten.

⑭ Überflüssige Pastellkreide – bis auf die Schatten auf der Terrasse – mit dem Knetgummi entfernen.

⑮ Oberfläche der Arbeitsplatte, der Tischplatte und der Sitzfläche des Sofas mit dem Knetgummi aufhellen.

⑯ Ein dünner, schneller Strich steht für das Meer. Benutzen Sie einen Farbstift. Ein Lineal ist auch geeignet.

⑰ Geschirr usw. kolorieren.

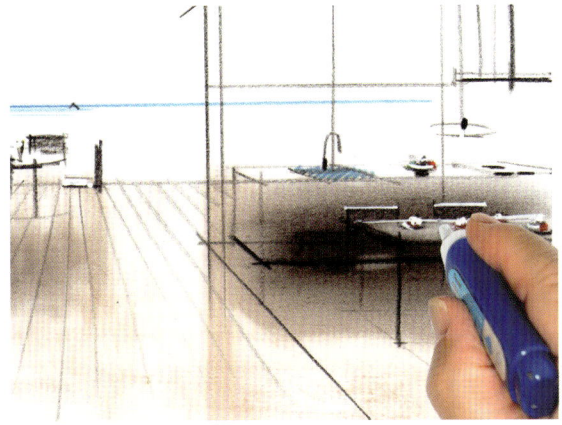

⑱ Zum Abschluss helle Flächen mit Whiteout bearbeiten.

Ein-Punkt-Lektion

Mit den Buchstaben „I" und „N" zeichnen Sie eine Bierflasche. Zeichnen Sie dick und dunkel. Nehmen Sie einen gelben Farbstift für das Bier und Whiteout für den Schaum. Zeichnen Sie dann einen Teller (oval). Unter den Teller kommen Schatten. Das Essen zeichnen Sie dunkel, dick und stark und kolorieren es mit rotem Farbstift. Whiteout sorgt für Akzente.

⑤ Alles soll möglichst einfach sein. Ausführungszeit: etwa 5 Minuten.

⑤ 5-Minuten-Skizze: Haus mit Baum

Von dem großen Fenster aus ist der für das Haus typische Baum zu sehen. Er steht zwar im Mittelpunkt; wir sollten uns aber auf den Wohnbereich konzentrieren. Erst wenn dieser fertig ist, zeichnen wir den Baum. Auf Seite 142 lernen wir, wie man den Baum vereinfacht und koloriert. Die Schritte dort können Sie mit dieser Lektion vergleichen.

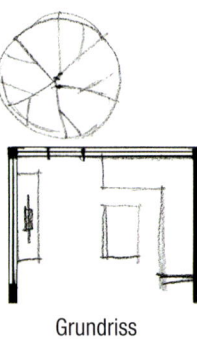

Grundriss

① Gegenüberliegende Wand zeichnen.

② Linien für Wand und Boden

③ Linien für das Fenster

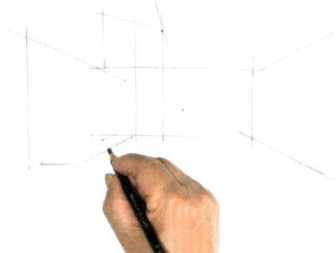

④ Grundriss für den Fernsehtisch

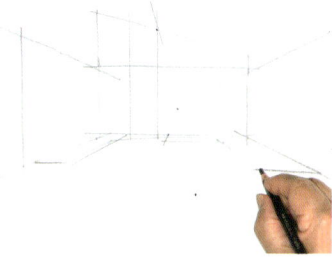

⑤ Sofa unter Beachtung der Proportionen einfügen.

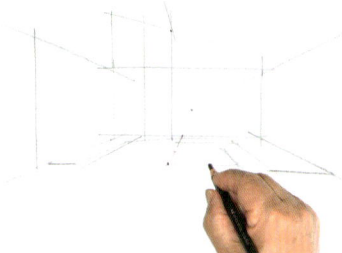

⑥ Grundriss für einen Couchtisch

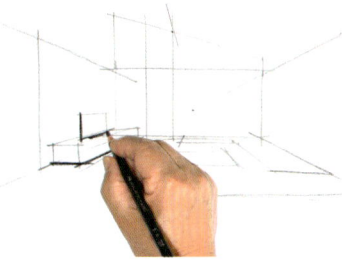

⑦ Ein Fernsehtisch mit verschiedenen Linienstärken

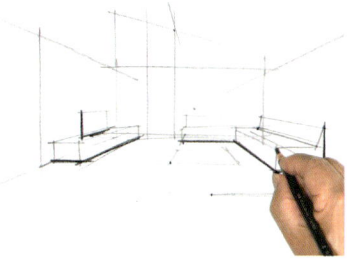

⑧ Ein Sofa mit verschiedenen Linienstärken

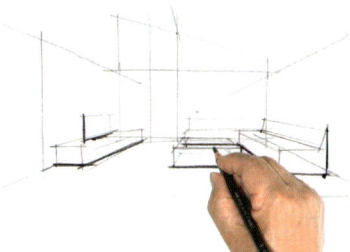

⑨ Ein Couchtisch

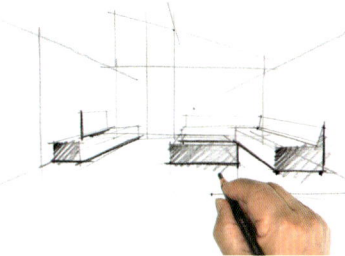

⑩ Schatten auf den Möbeln

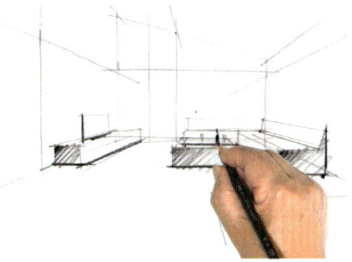

⑪ Geschirr auf dem Tisch

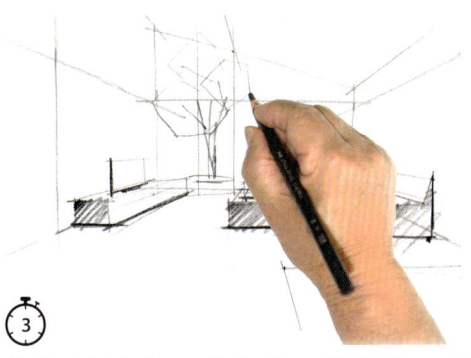

⑫ Nun folgt der Baum für das Haus. Die Zeichnung ist fertig (etwa 3 min).

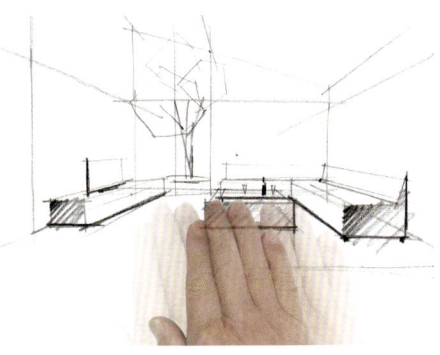

⑬ Pastellkreide dient als Grundierung. Weiße Pastellkreide auftragen und glätten.

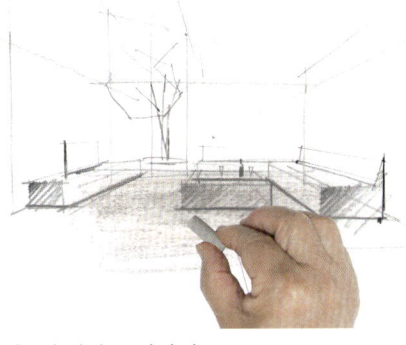

⑭ Boden dunkelgrau kolorieren.

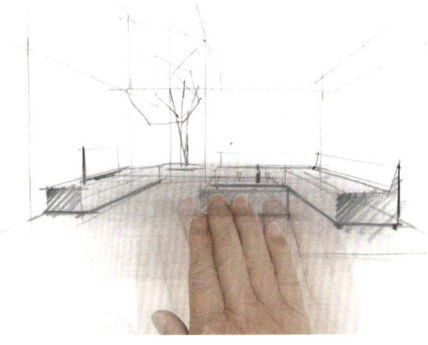

⑮ Den Boden mit den Fingerkuppen glätten.

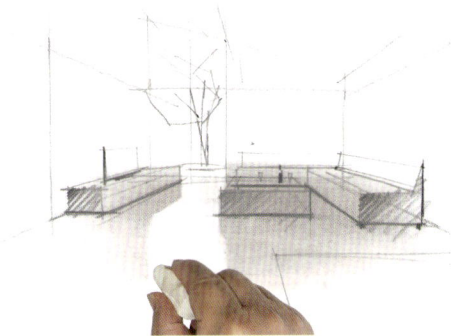

⑯ Die Reflexion des Fensters mit dem Knetgummi darstellen.

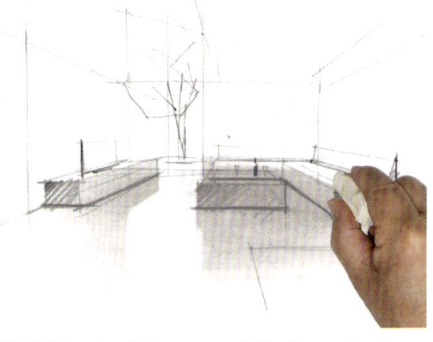

⑰ Sitzfläche des Sofas usw. mit Knetgummi aufhellen.

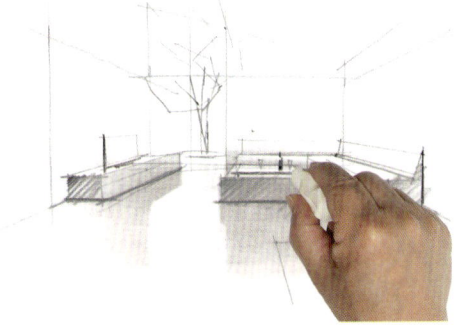

⑱ Couchtisch aufhellen.

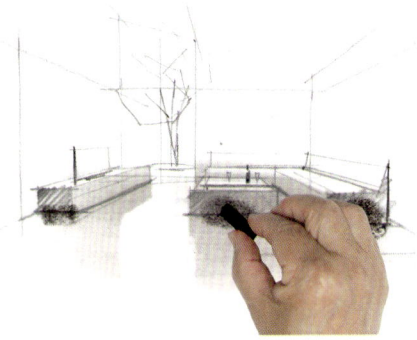

⑲ Mit schwarzer Pastellkreide Schatten hinzufügen.

5-Minuten-Skizze: Haus mit Baum

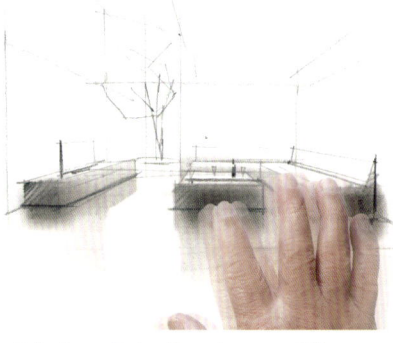

⑳ Die Schatten mit den Fingerkuppen glätten.

㉑ Whiteout für den Bierschaum usw. Fertig

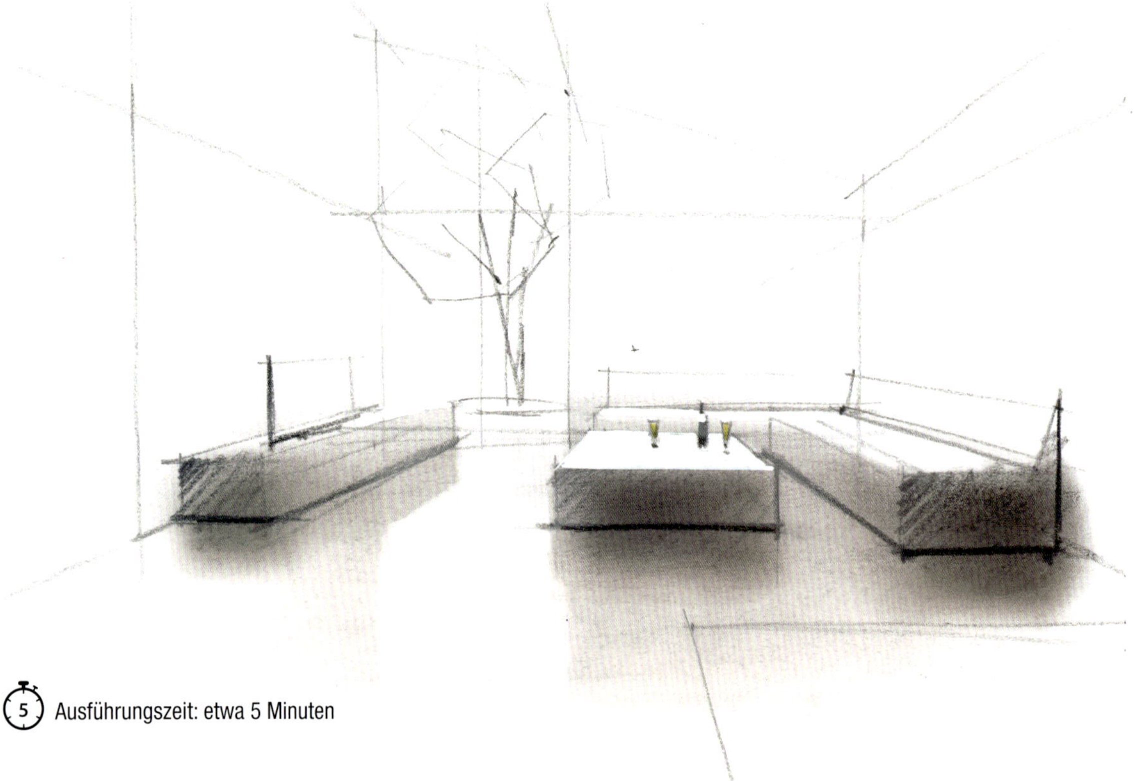

⑤ Ausführungszeit: etwa 5 Minuten

Musterzeichnung – der Baum kostete etwas mehr Zeit (weitere 30 s).

Kapitel 6
Elemente zur Belebung der Skizzen

In diesem Kapitel zeichnen wir Menschen, Tiere Pflanzen usw., um den gezeichneten Innenräumen mehr Leben zu geben. Jahreszeiten, ausgedrückt durch Pflanzen, machen die ganze Skizze gleich viel attraktiver.

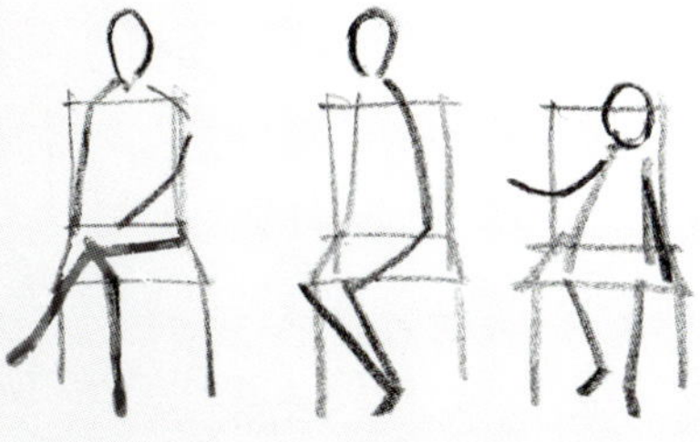

Menschen 1

Auch ohne die Darstellung von Menschen können Designskizzen eine gute Vorstellung von einem Wohnbereich vermitteln. Wir wollen hier versuchen, Menschen zu zeichnen, um unsere Designskizze lebendiger zu machen. So lässt sich die angenehme Atmosphäre bei einem Gespräch am Esstisch oder das entspannte Zusammensein mit Freunden durch gezeichnete Menschen viel besser vermitteln. Beim Speed-Sketching werden Menschen aber vereinfacht dargestellt. Man verzichtet auf Gesichtsausdrücke und Ähnliches.

Freunde sind zu Besuch und man genießt die Atmosphäre im Wohn-, Ess- und Küchenbereich (3 min).

Ein Gespräch bei einem Glas Wein

Von links: Mann, Frau und Kind

Entspannt am Tisch

Gespräch unter Freunden

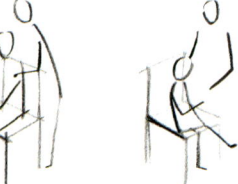
Vater und Kind

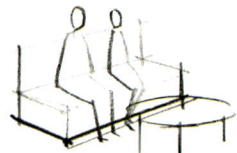
Ein Paar auf einem Sofa

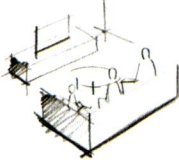
Familie auf dem Sofa

Familie am Tisch

Familie beim Essen

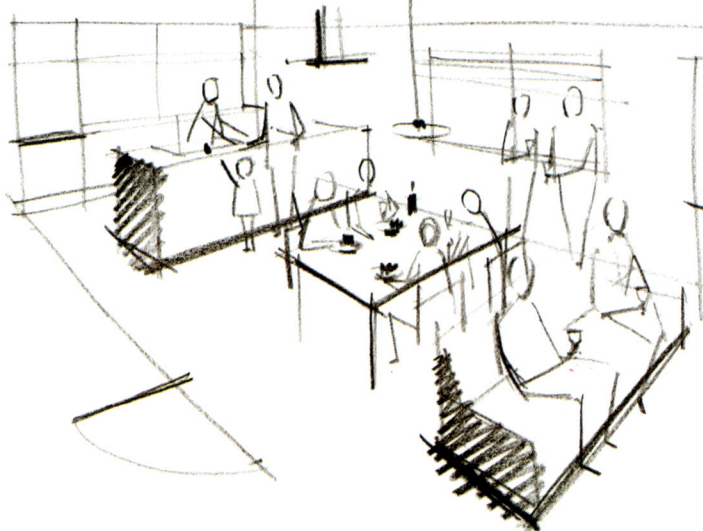

Party mit guten Freunden (3 min)

Wir versuchen, eine Person in der Designskizze für den Wohn-, Ess- und Küchenbereich unterzubringen.

① Zeichnen Sie einen Wohn-, Ess- und Küchenbereich von etwa 30 m² (ca. 6 min).

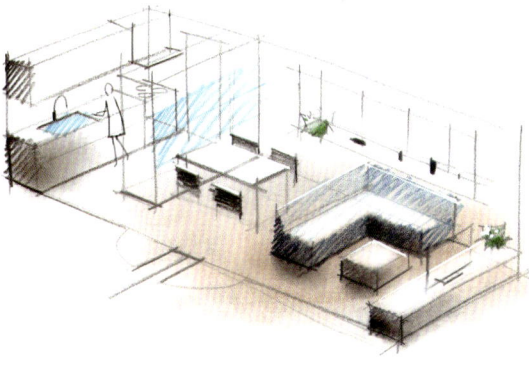

② Eine Frau an der Arbeitsplatte (weitere 10 s)

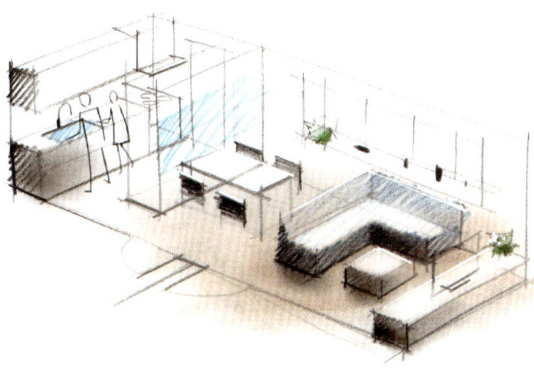

③ Ein Mann neben der Frau (weitere 10 s)

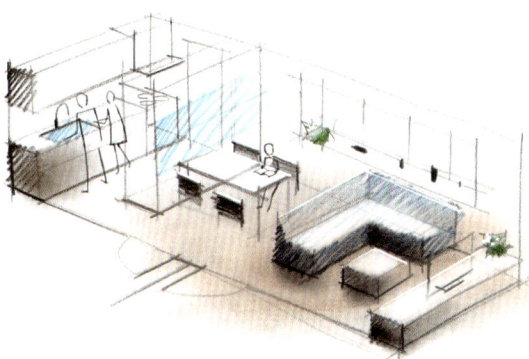

④ Ein Kind am Esstisch. Achten Sie auf die Proportionen (weitere 10 s).

⑤ Ein Kind auf dem Sofa (weitere 10 s). Menschen verstärken den Eindruck der Designskizze (insges. ca. 7 min).

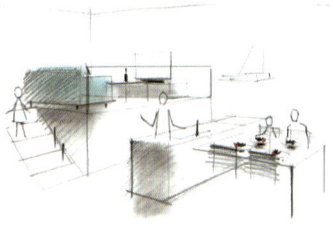

Eine Familie in der Essküche

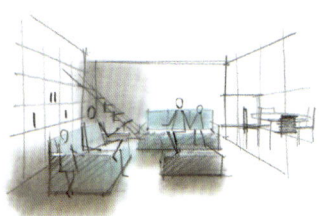

Eine Familie im Wohnzimmer

Menschen 2

Wir üben, eine Frau, einen Mann und ein Kind zu zeichnen. Beim Speed-Sketching geht es um maximale Vereinfachung. Verzichten Sie auf Haar, Gesichtsausdruck usw. Kleidung wird vereinfacht. Wir wollen üben, die Zeichnung innerhalb von 10 Sekunden fertigzustellen. Die Arme und ihre Beugung stehen für die Bewegungen der einzelnen Menschen.

■ **Eine Frau zeichnen**

Stehend  · Etwa 7 Köpfe hoch  · Feminine Pose 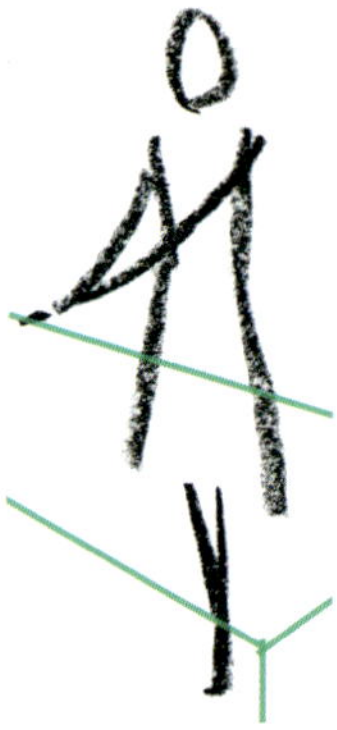 · Bei der Arbeit in der Küche 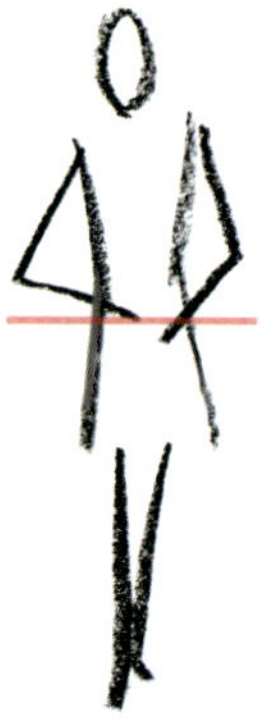 · Beim Kochen  · Beim Wäscheaufhängen

① Den Kopf zeichnen. ② Eine Linie für den Oberkörper ③ Eine zweite Linie für den Oberkörper ④ Ein Bein ⑤ Das andere Bein ⑥ Der rechte Arm ⑦ Der linke Arm

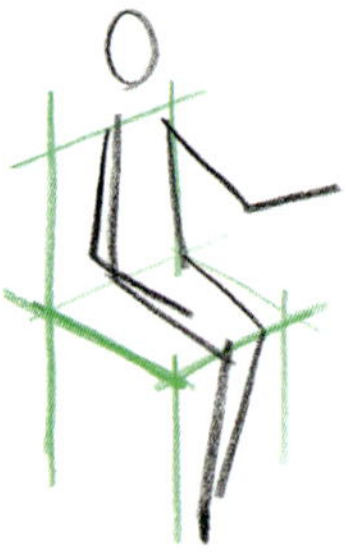

Sitzend auf einem Stuhl 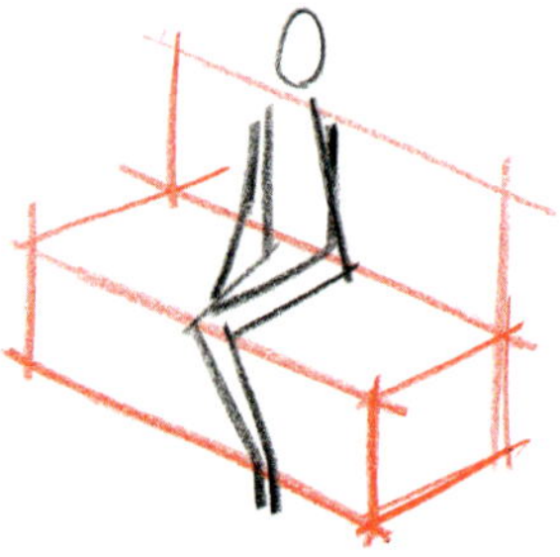 · Sitzend auf einem Sofa  · Bei der Arbeit in der Küche

Einen Mann zeichnen

Ein Kind zeichnen

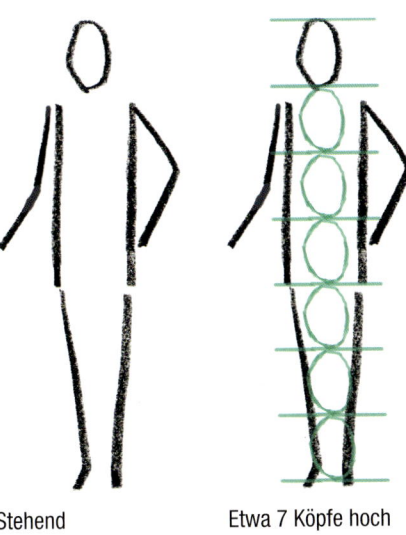

Stehend

Etwa 7 Köpfe hoch

Beim Hochgreifen nach einem Objekt

Kindliche Pose

In der Regel sind Kinder 4 Köpfe hoch – natürlich abhängig vom Alter.

Mann im Rollstuhl. Der Rollstuhl ist mit Farbstift gezeichnet.

Mädchen im Gespräch

Kindliche Pose

Mädchen auf einem Stuhl

Mann auf einem Sofa

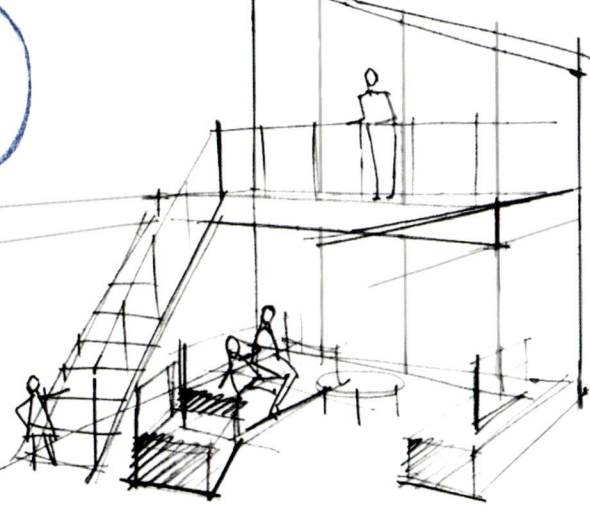

Familiengespräch in einem offenen Wohnbereich (ca. 3 min)

Haustiere

Ein Haustier kann der Designskizze eine ganz spezielle Atmosphäre verleihen. So werden Katzenfreunde die ruhige, entspannte Atmosphäre lieben, die eine Katze auf dem Sofa ausstrahlt. Wir zeigen Katzen und Hunde. Ähnlich wie bei den Menschen zeichnen wir innerhalb von 10 Sekunden vereinfachte Darstellungen.

■ **Eine Katze zeichnen**

Bilder von Katzen, die schlafen, zeigen den wahren Charakter von Katzen.

Schlafende Katze (ca. 10 s)

Bequem auf dem Sofa schlafende Katze (insges. ca. 30 s)

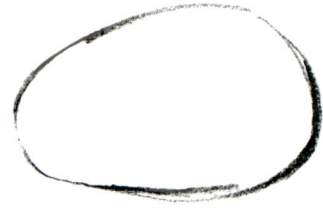  

① Ein Oval für den Körper   ② Ein Kreis für den Kopf   ③ Ein weiterer Kreis für den Oberschenkel, etwas größer als der Kopf

④ Ohren im Winkel   ⑤ Füße   ⑥ Zum Abschluss die Augen

■ **Ein Kätzchen zeichnen**

Für das schlafende Kätzchen brauchen wir ein Oval und zwei Kreise.

① Schlafendes Kätzchen   ② Proportionen: etwa zwei Köpfe lang

■ Einen Hund zeichnen

Unter den vielen Hunderassen suchen wir uns eine aus, die sich einfach zeichnen lässt.

Kind und Hund beim Spielen (ca. 40 s)

Sitzender Hund (ca. 20 s)

① Ein Oval für den Körper

② Eine Linie für den Hals

③ Eine weitere Linie für den Hals

④ Die Konturen des Kopfes

⑤ Der Kopf

⑥ Ein Kreis für den Oberschenkel

⑦ Die Pfoten

⑧ Das Ohr

⑨ Zum Abschluss Augen und Nase zeichnen.

■ Einen Welpen zeichnen

Ein schlafender Welpe sorgt für ein Wohlgefühl, selbst bei Menschen, die keine Hundefreunde sind.

① Schlafender Welpe

② Er ist etwa zwei Köpfe lang.

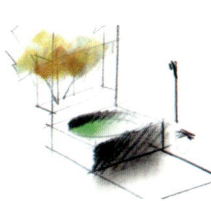

Bäume

Elemente aus der Natur geben der Skizze eines Innenraums eine gewisse Tiefe und schaffen Atmosphäre. Der Baum ist ein Sinnbild der Natur und jeder Baum sieht anders aus. Wir zeigen Ihnen, wie man einen Baum vereinfacht und demonstrieren, wie man mit Farben Jahreszeiten darstellen kann.

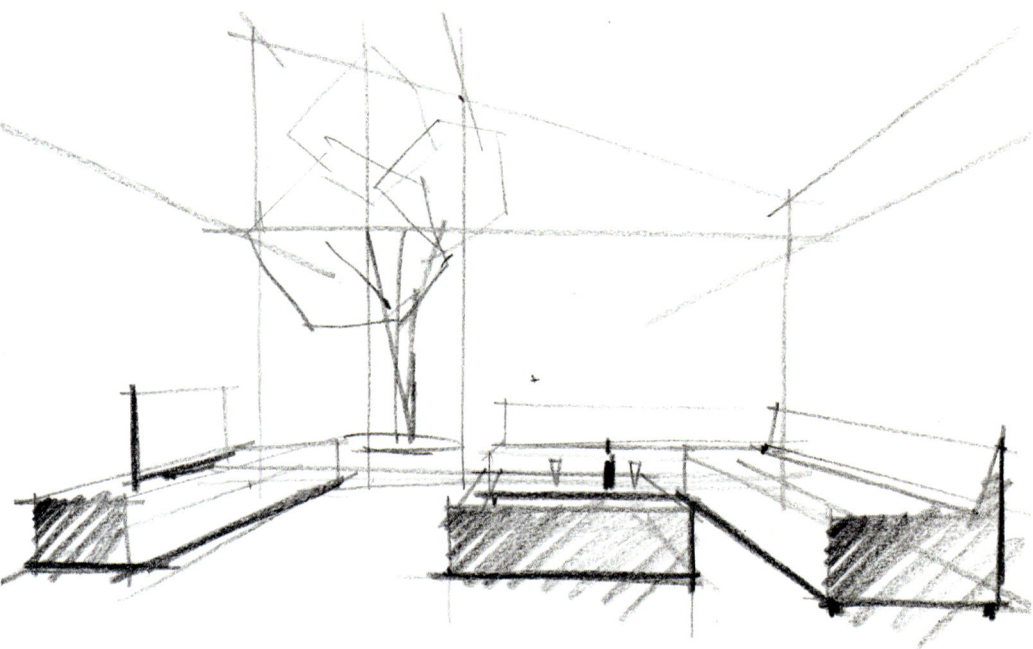

Hier benutzen wir die Lektion „Haus mit Baum" auf Seite 132 als Beispiel für die Vereinfachung und die Kolorierung.

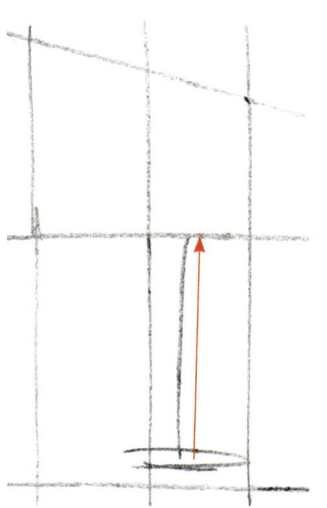

① Zunächst zeichnen wir ein Oval für den Standort der Wurzeln. Dann folgt eine Linie nach oben.

② Risse im Stamm frei zeichnen.

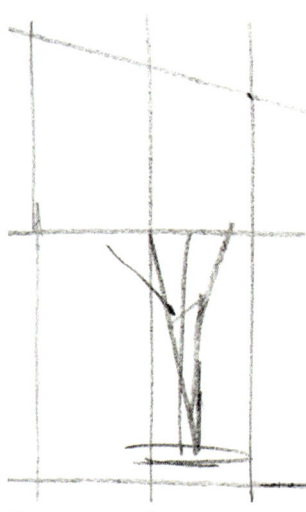

③ Dann folgen Äste und Zweige.

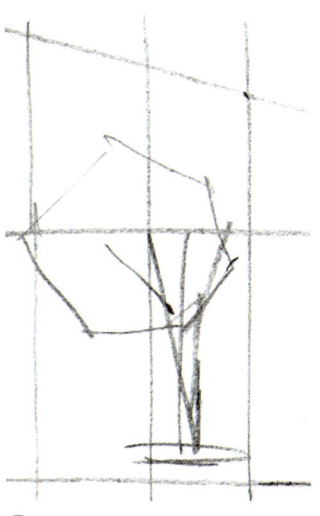
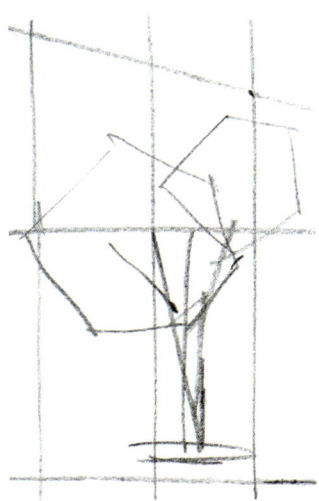
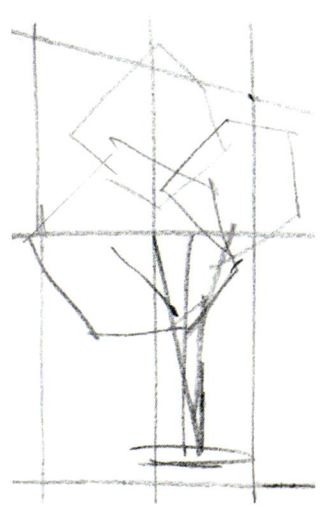

④ Hier ist die Baumkrone in drei Elemente unterteilt. Zunächst kommt das größte Element.

⑤ Dann folgt das zweitgrößte.

⑥ Zum Abschluss kommt das kleinste Element (ca. 20 s).

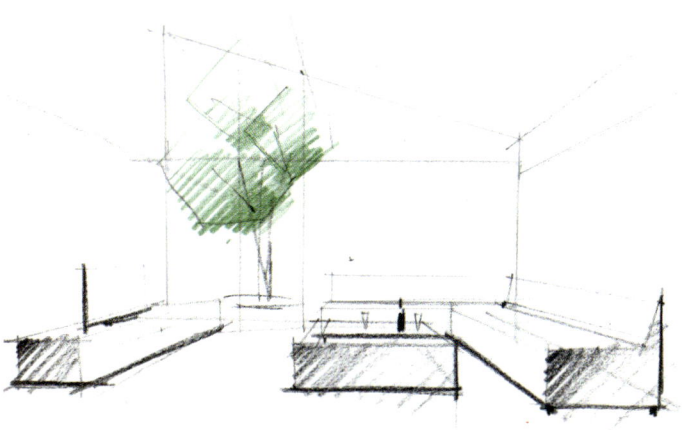

Beispiel für die Kolorierung mit Farbstiften. Tiefe erhält die Baumkrone durch verschieden lange Schattierungen (koloriert mit Farbstift, 30 s).

Farbstift: dunkelgrün

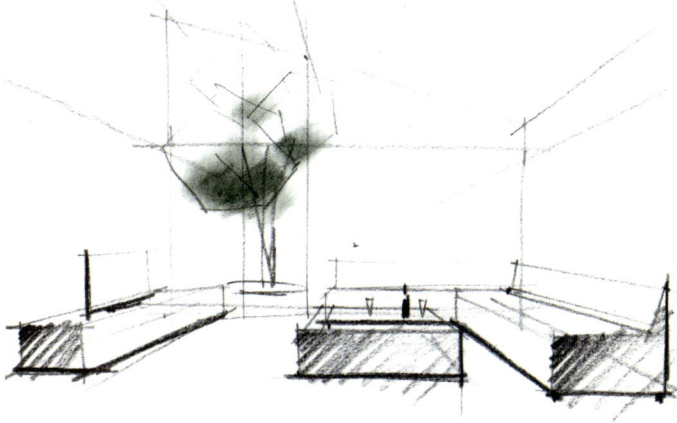

Beispiel für die Kolorierung mit Pastellkreide. Die Pastellkreide direkt auftragen und mit den Fingerkuppen verreiben, um sie zu verwischen (mit Pastellkreide koloriert, 30 s).

Pastellkreide: dunkelgrün

Bäume

Wir wollen die Baumkrone noch ausdrucksvoller gestalten. Da wir aber Speed-Sketching machen, wollen wir unter 30 Sekunden bleiben. Eine Baumkrone ist nicht leicht zu zeichnen, aber mit etwas Übung können Sie irgendwann Ihre eigenen Baumkronen generieren.

Hier benutzen wir die Lektion „Haus mit Baum" auf Seite 132 als Beispiel. Eine Baumkrone (Zweige und Blätter).

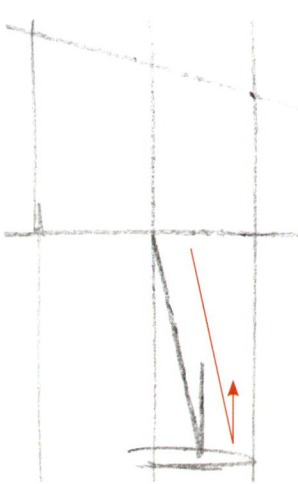

① Zunächst zeichnen wir ein Oval für den Standort der Wurzeln. Dann folgt der Stamm.

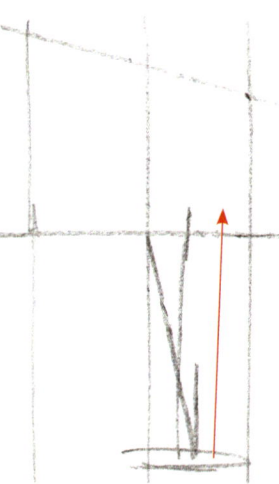

② Ein weiterer Stamm

③ Äste und Zweige. Fertig

④ Hier beginnt die Baumkrone.

⑤ Zeichnen Sie die Baumkrone nach Ihrer Fantasie.

⑥ Wir streben keine perfekten Formen an, weil der Baum sonst unnatürlich wirkt.

⑦ Fertige Baumkrone mit unterschiedlichen Linienstärken (ca. 30 s).

Beispiel für die Kolorierung mit Farbstiften. Arbeiten Sie mit Schattierung. Es darf nicht die gesamte Baumkrone ausgefüllt werden (koloriert mit Farbstift, 20 s).

Farbstift: dunkelgrün

Die Pastellkreide direkt auftragen und mit den Fingerkuppen verreiben, um sie zu verwischen. Es darf nicht die gesamte Baumkrone ausgefüllt werden (koloriert mit Pastellkreide, 20 s).

Pastellkreide: dunkelgrün

Darstellung der Jahreszeiten mit Farben

Kirschblüten wecken starke Assoziationen an den Frühling. Dabei hat man das ganze Jahr etwas von Kirschbäumen. Farbe und Form der Baumkrone variieren mit den Jahreszeiten und es ist spannend, die Jahreszeiten mit unterschiedlichen Farben darzustellen.

Farbstifte:
weiß, rot, gelb, dunkelgrün – diese Farben benutzen wir für die vier Jahreszeiten.

■ **Die Jahreszeiten mit Farbstiften darstellen**

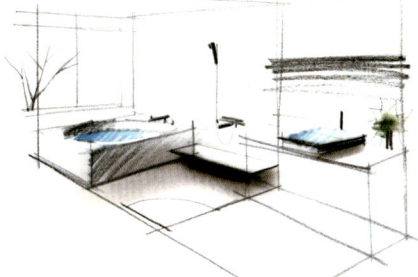

① Der Kirschbaum vor dem Badezimmerfenster dient uns zur Darstellung der vier Jahreszeiten. Im Winter fällt das Laub. Die nackten Äste und Zweige werden nicht koloriert.

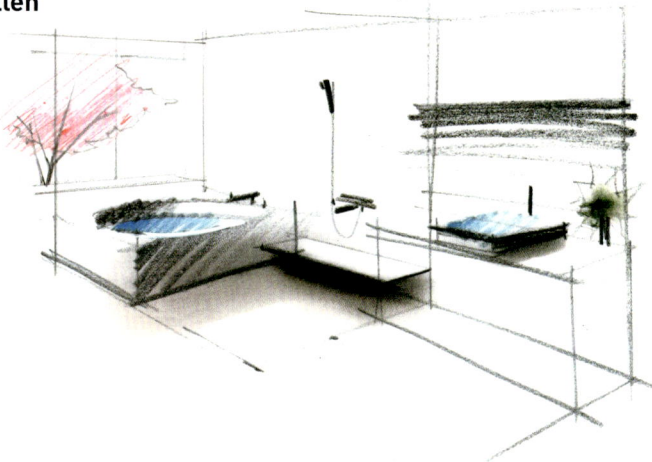

② Die Kirschblüte im Frühling wird mit einem roten Farbstift koloriert, sanft und dünn aufgetragen. Darüber kommt ein weißer Farbstift, bis die Kirschblüten rosa sind.

③ Der Sommer ist einfach darzustellen. Ein dunkelgrüner Farbstift wird mit unterschiedlicher Stärke aufgetragen.

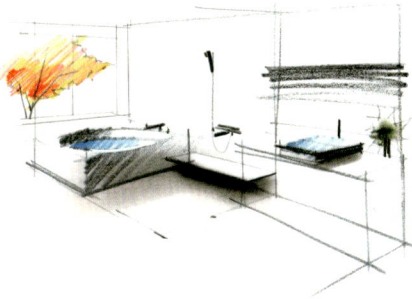

④ Die Herbstblätter sind der Höhepunkt der vier Jahreszeiten. Wir beginnen mit Gelb und setzen Akzente mit Rot.

Pastellkreide:
weiß, rot, gelb, dunkelgrün – diese Farben verwenden wir für die vier Jahreszeiten.

■ Die Jahreszeiten mit Pastellkreide darstellen

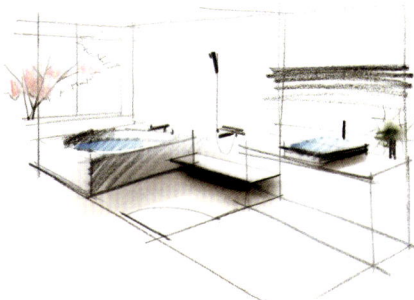

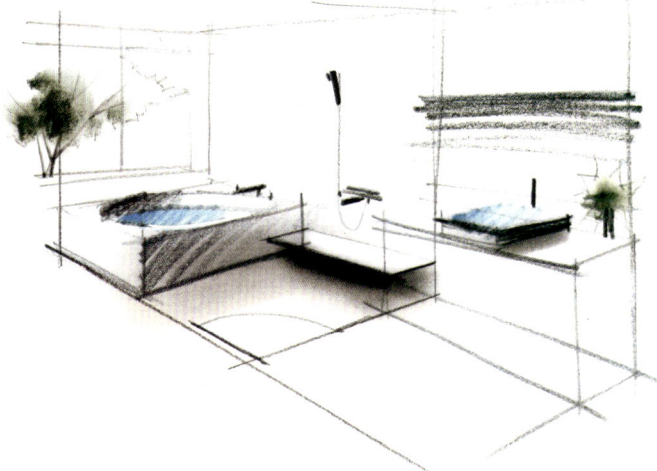

① Die Kolorierung des Kirschbaums vor dem Badezimmerfenster dient uns zur Darstellung der vier Jahreszeiten. Das Frühjahr wird meist mit der Kirschblüte assoziiert. Wir beginnen mit weißer Pastellkreide. Dazu wird eine winzige Menge Rot aufgetragen und leicht eingemischt.

② Der Sommer ist mit dunkelgrüner Pastellkreide einfach darzustellen. Diese Art von Baum fällt im Sommer kaum auf. Etwa ein Drittel der Baumkrone wird (nicht zu stark) koloriert.

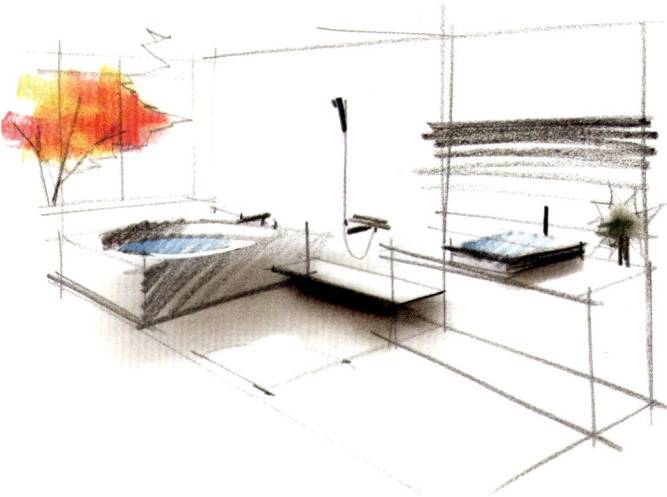

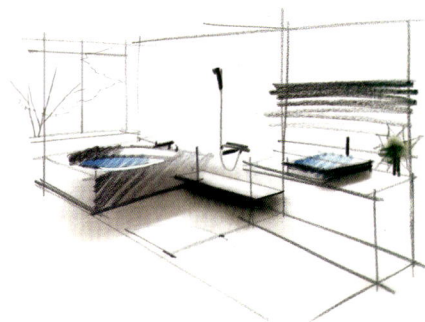

③ Der Herbst wird mit gelber und roter Pastellkreide dargestellt. Ideal ist hier ein Ahorn. Zuerst Gelb und danach Rot dick und kräftig auftragen.

④ Der Winter benötigt keine Kolorierung. Hier genügen nackte Äste und Zweige.

Jahreszeiten in jedem Bereich

So entstehen Designskizzen für Innenräume unter Darstellung der Jahreszeiten. Mit einem Baum wird die Skizze gleich attraktiver. Es ist ein Geschenk, im alltäglichen Leben die Natur genießen zu dürfen. Es ist zwar wichtig, die Darstellung von Möbeln und Geräten zu vervollkommnen, aber ich empfehle Ihnen, auch die Darstellung von Bäumen zu erlernen.

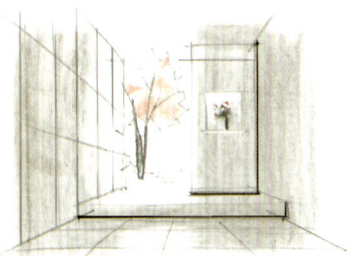

Am Ende des Flures erscheint ein Kirschbaum, mit Pastellkreide koloriert (8 min).

Vor dem langen Fenster an der Treppe steht ein Kirschbaum (insges. 10 min).

Ein Baum neben der Terrasse. Wir genießen das durchfallende Sonnenlicht, aber auch den Schatten. Die hellen Stellen werden mit Whiteout akzentuiert (insges. 5 min).

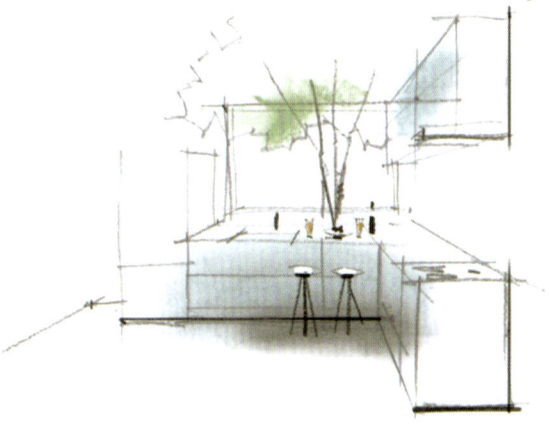

Hier sehen wir den Kirschbaum vor dem Küchenfenster. Die beiden Beispiele stehen für den Sommer und den Frühling. Die rosa Blüten rechts erinnern uns an den Frühling.

Vor dem Badezimmerfenster steht ein Baum. Das durchfallende Sonnenlicht sorgt bei jedem für Wohlbefinden (insges. 10 min).

Vor dem Schlafzimmer ist ein grüner Garten. Koloriert mit Farbstiften unter Beachtung der Perspektive. Man spürt förmlich die Sonne und den Wind draußen (ca. 8 min).

Haus mit Wintergarten. Zeichnung, vom Garten aus gesehen. Zu viele Details im Innenbereich lassen die Wirkung des Außenbereichs verloren gehen. Handzeichnungen bieten den Vorteil der Vereinfachung von Details. Mit Pastellkreide koloriert (insgesamt ca. 8 min).

Herbstblätter vor einem Wohnzimmerfenster. Die Möbel sind nicht betont, um die Farbe des Laubes hervorzuheben. So wirkt diese Skizze eines Innenraums viel beeindruckender (insges. 8 min).

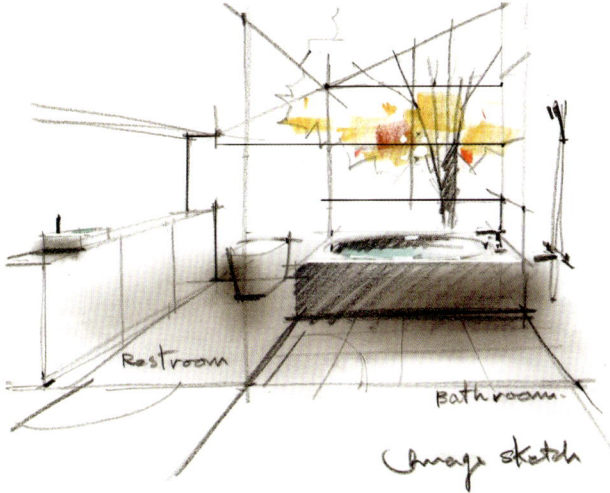

Herbstlaub vor einem großen Badezimmerfenster. Gerade bei Badezimmern sorgt die Darstellung der Natur für einen höheren Wert (insges. 8 min).

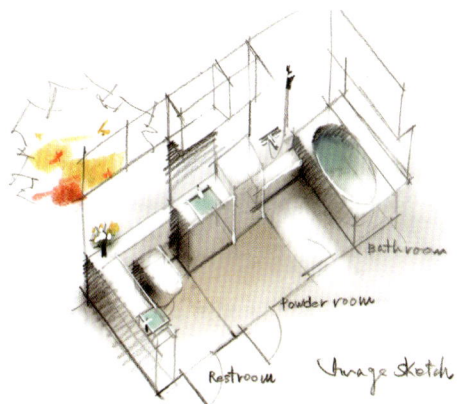

Origami-Skizze. Gezeichnet mit isometrischer Darstellung. Die Darstellung des Herbstlaubs trägt sehr viel zur Attraktivität der Skizze bei (insges. 10 min).

Pflanzen

Topfpflanzen bringen uns die Natur näher. Vergleichen Sie Zeichnungen mit und ohne Pflanzen und sehen Sie, wie die Pflanzen das Bild beleben und für ein Wohlgefühl sorgen. Eine Designskizze eines Innenraums mit Möbeln und Geräten „erklärt" nur die Objekte in diesem Bereich. Wenn wir Pflanzen zeichnen, schaffen wir Wärme und Wohlbefinden.

Topfpflanze im Wohnzimmer, mit Farbstiften koloriert.

■ Topfpflanzen zeichnen

Da es unendlich viele unterschiedliche Pflanzen gibt, wollen wir uns hier auf drei konzentrieren. Wer viel übt, hat später keine Probleme, sie in einem kleinen Bereich unterzubringen (ca. 10 s).

 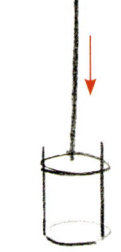

① Ein Blumentopf

② Eine Linie

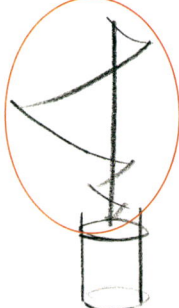   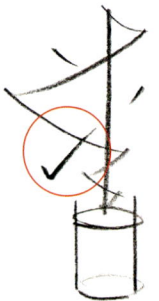  

③ Zeichnen Sie rhythmisch – in einem Zug.

④ Ein Zweig zur Akzentuierung

⑤ Ein Zweig auf halber Höhe rechts zur Akzentuierung

⑥ Ein größerer Zweig unten links zur Akzentuierung (Zeichnung in 10 s)

Beispiel für die Kolorierung mit Farbstiften. Unterschiedlich stark koloriert.

Beispiel für die Kolorierung mit Pastellkreide. Die zu mischenden Bereiche und die unberührten Bereiche separat kolorieren.

Diese Topfpflanze erhält Charakter durch die großen Blätter.

Topfpflanze aus dreieckigen Formen (10 s)

Topfpflanze aus runden Formen (10 s)

Topfpflanzen auf dem Fensterbrett eines Wohn-/Essbereichs

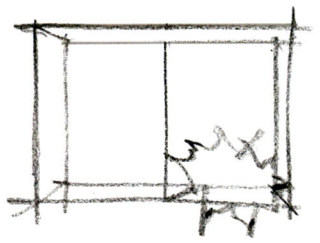

Topfpflanze im Fenster. Gezeichnet mit isometrischer Darstellung (20 s).

Topfpflanze im Fenster, mit Zentralperspektive gezeichnet (20 s).

■ Blumen zeichnen

Blumen haben die unterschiedlichsten Farben. Bei einer Besprechung genügen Rot und Grün für eine schnelle Darstellung.

① Konturen von Pflanze und Blättern

② Grün kolorieren. Zunächst eine blasse Schicht auftragen.

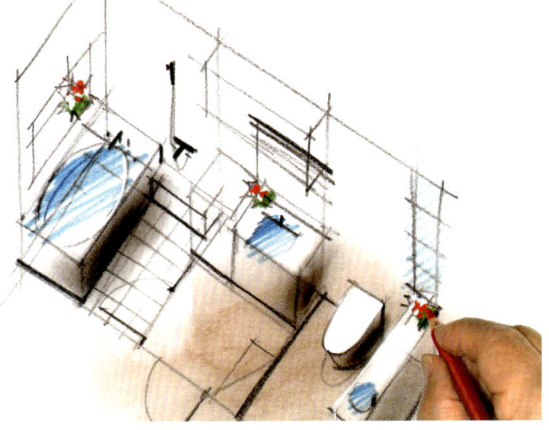

Blumen in einer Badezimmerskizze. Isometrisch gezeichnet.

③ Dunklere Farbe darüberlegen.

④ Beim Zeichnen wird die Größe geändert.

⑤ Whiteout sorgt für einen reicheren Ausdruck (40 s).

Beispiel: Vase und Blumen auf einer Ablage im Flur

Vase und Blumen dunkel und dick zeichnen. Die Stängel sind zart (15 s).

① Vase und Blumen dunkel und dick zeichnen. Die Kontur der Pflanze mit den Blättern muss natürlich wirken (15 s).

② Mit Pastellkreide kolorieren, mit Whiteout akzentuieren (insges. 30 s).

Anhang: Schablonen

Diese isometrische Perspektive besteht aus vertikalen Linien und Diagonalen im Winkel von 30°. Sie kann unter die Zeichnung gelegt werden.

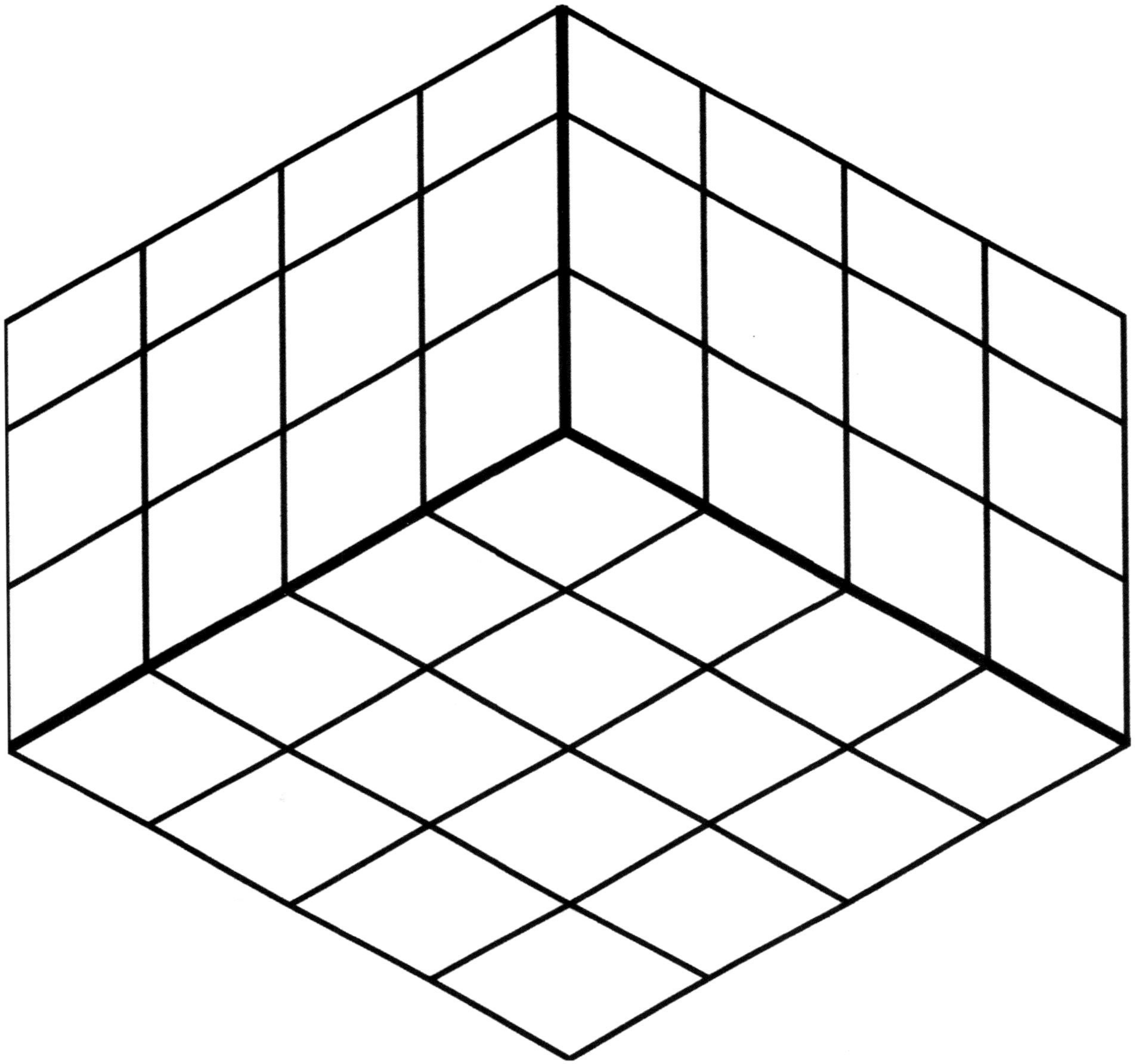

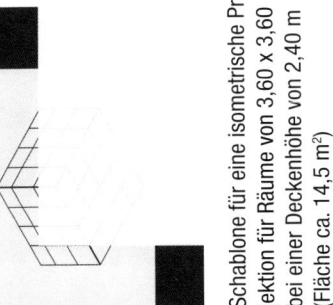

Schablone für eine isometrische Projektion für Räume von 3,60 x 3,60 m bei einer Deckenhöhe von 2,40 m (Fläche ca. 14,5 m²)

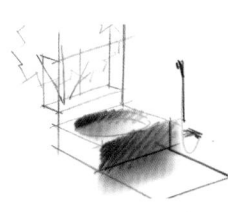

153

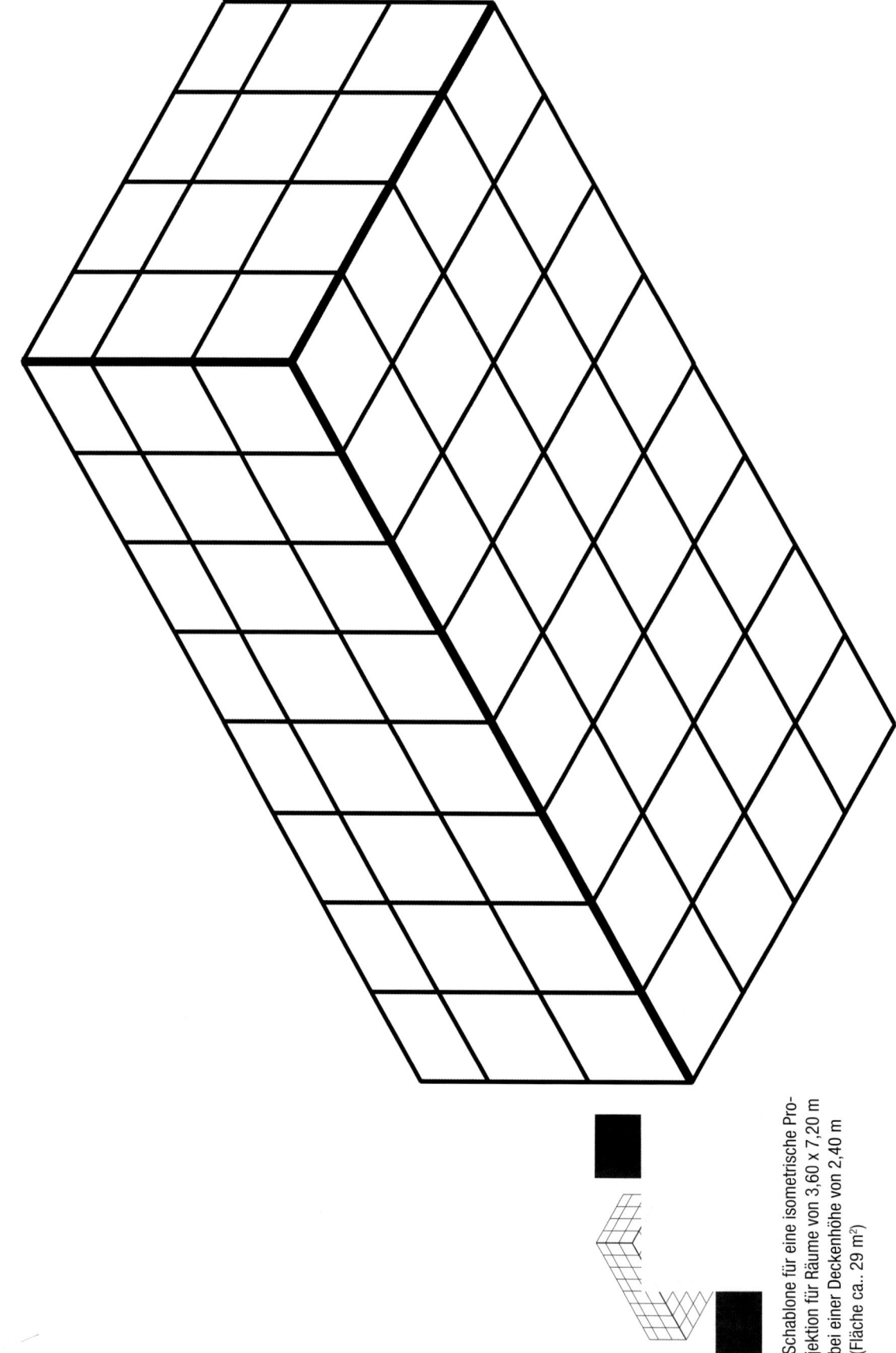

Schablone für eine isometrische Projektion für Räume von 3,60 x 7,20 m bei einer Deckenhöhe von 2,40 m (Fläche ca. 29 m²)

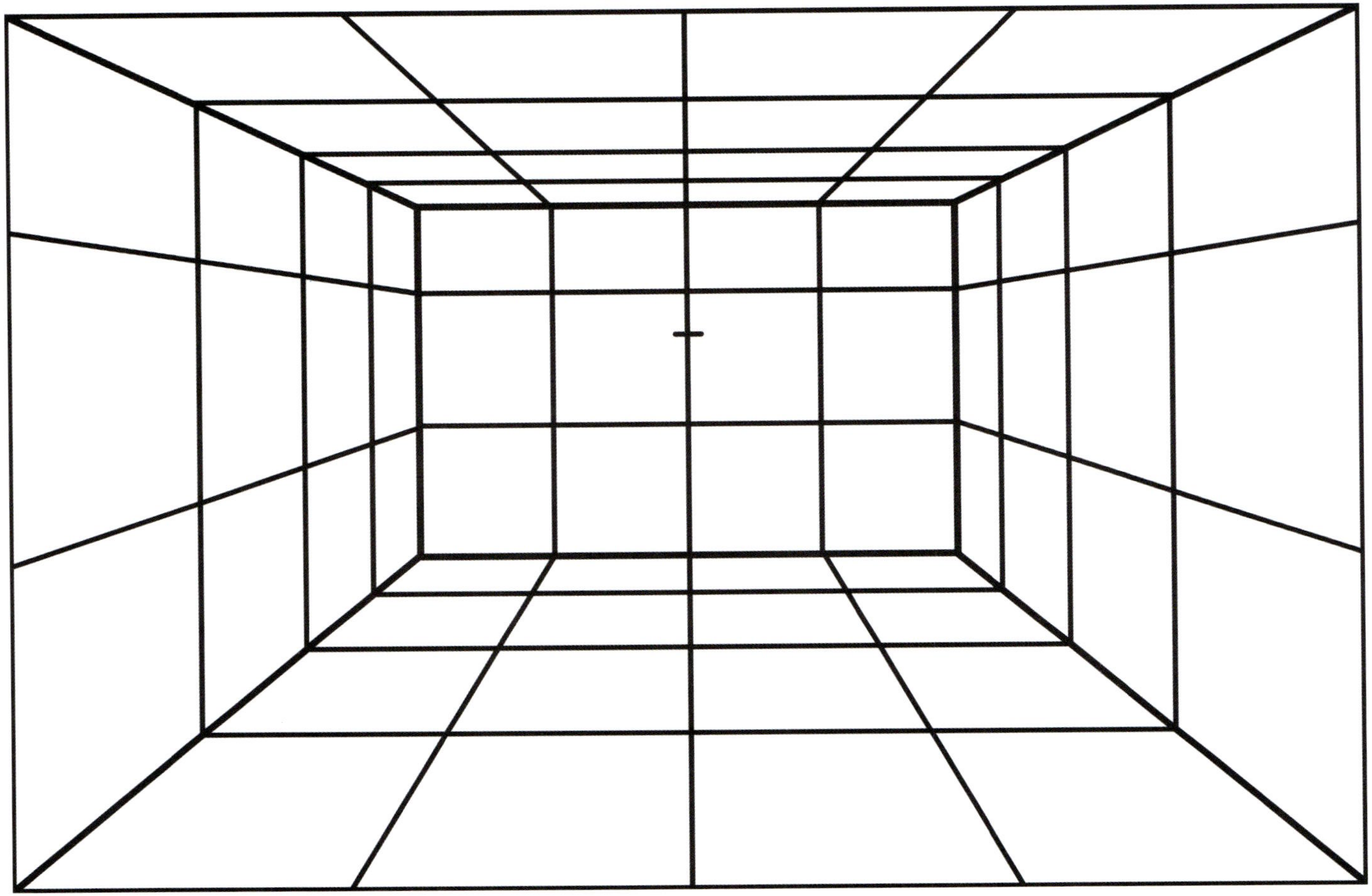

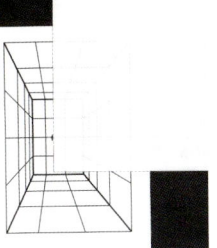

Diese Schablone für die Zentralperspektive ist für Räume von 3,60 x 7,20 m bei einer Deckenhöhe von 2,40 m (Fläche ca. 29 m²).

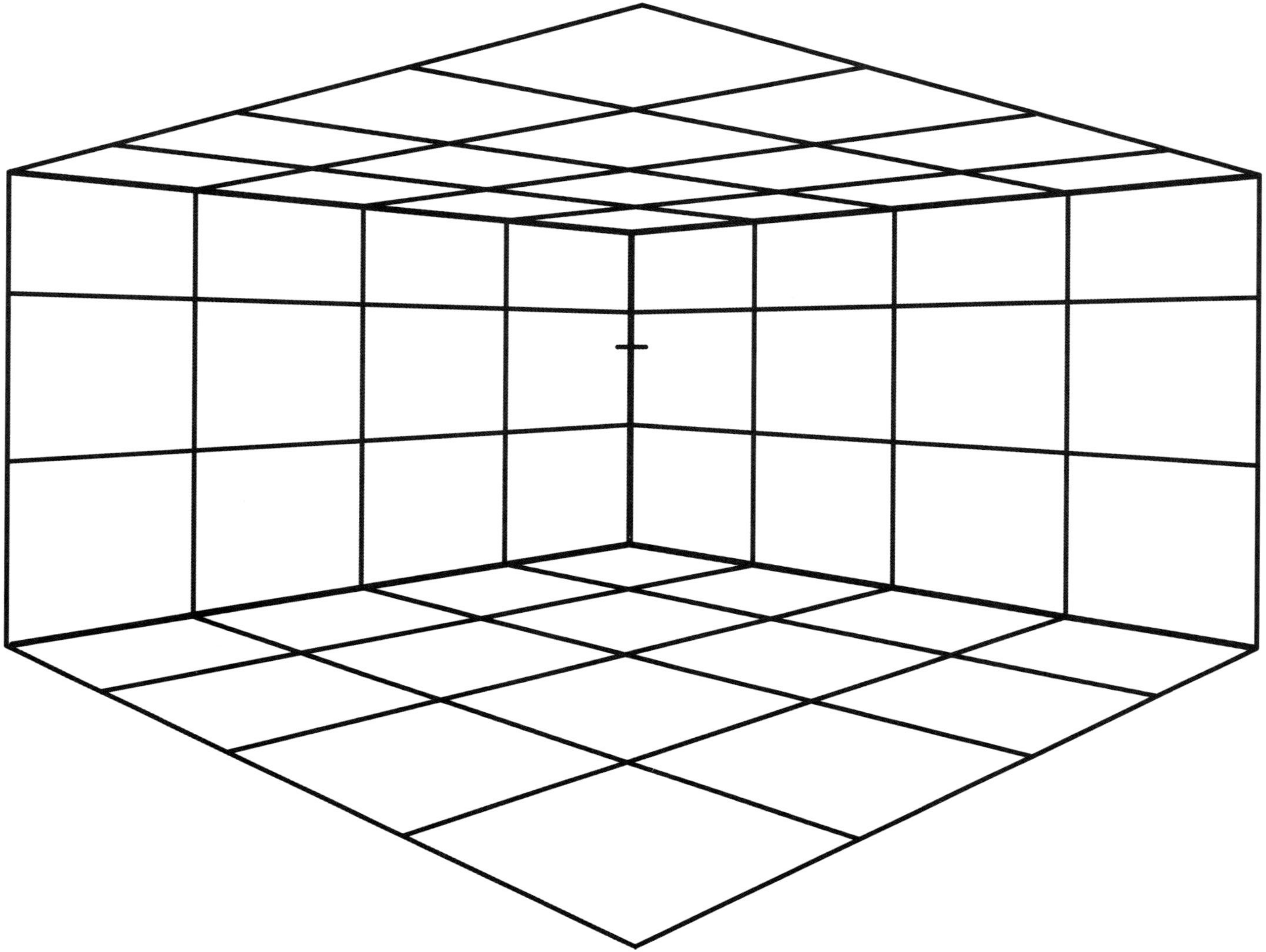

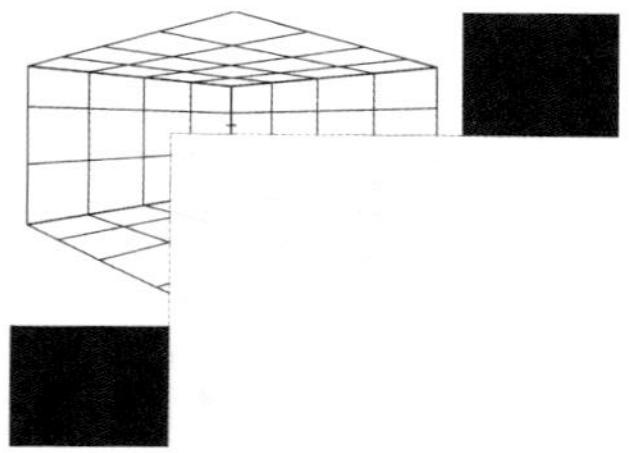

Diese Schablone für die Zweipunkt-Perspektive ist für Räume von 3,60 x 3,60 m bei einer Deckenhöhe von 2,40 m (Fläche ca. 14,5 m²).

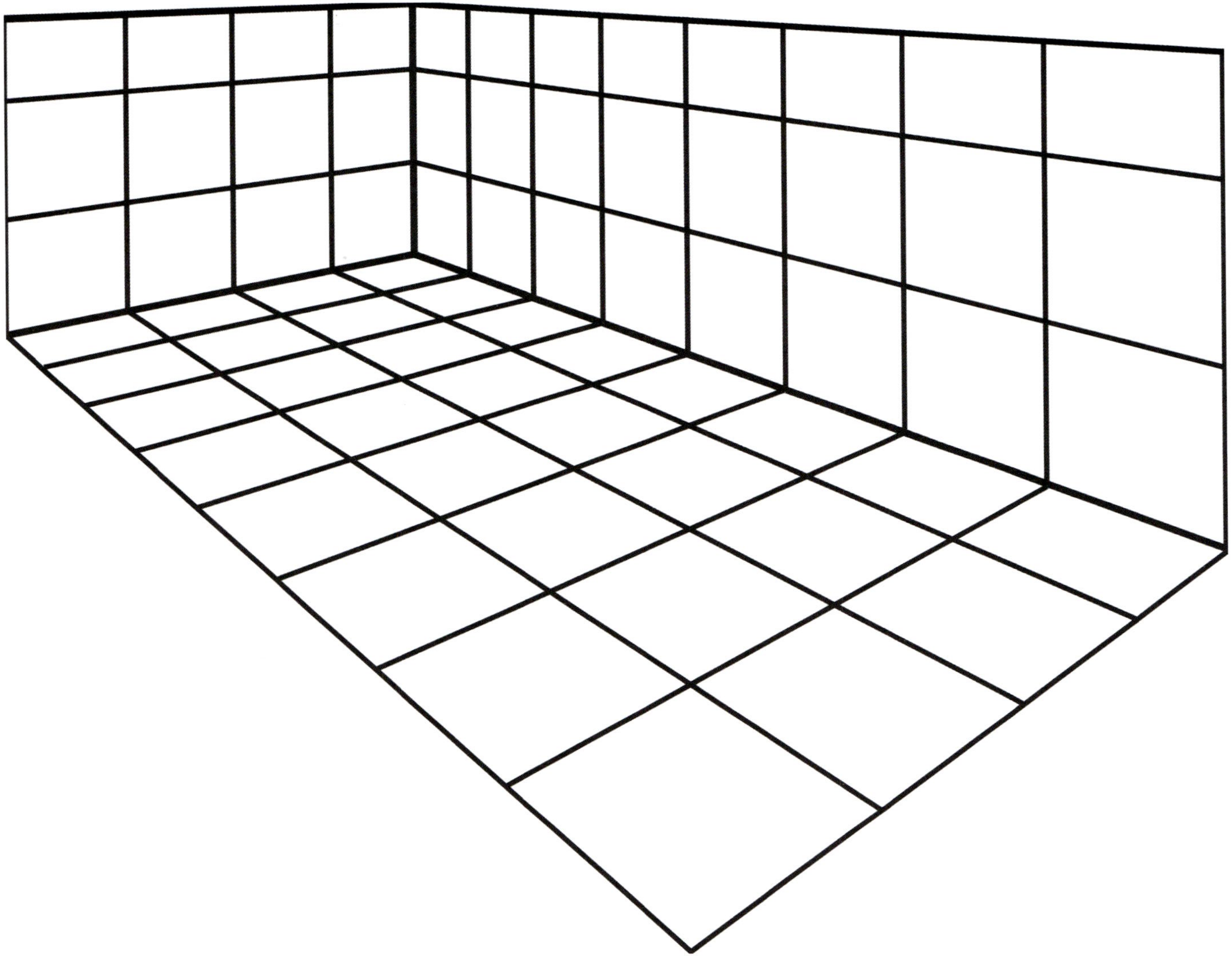

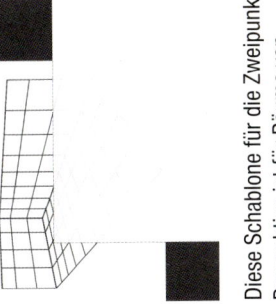

Diese Schablone für die Zweipunkt-Perspektive ist für Räume von 3,60 x 7,20 m bei einer Deckenhöhe von 2,40 m (Fläche ca. 29 m²).

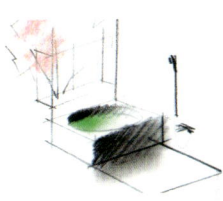

Nachwort

Sketching interiors kam 1995 auf den Markt. Die Überarbeitung mit dem Titel *Sketching Interiors: A Step-By-Step Guide* erschien zehn Jahre darauf im Jahr 2005. Weitere zehn Jahre später erschien *Interior Design Presentations: Techniques for Quick, Professional Renderings for Interiors*. Bei allen Büchern geht es darum, einfache und leicht verständliche Designskizzen für Innenräume zu fertigen, die sich bei der Besprechung mit Bauherrn verwenden lassen. Diese Philosophie ist nach 20 Jahren unverändert gültig.

Aufgrund der rasanten Fortschritte in der digitalen Technologie haben sich die Präsentationsverfahren für die Innenarchitektur völlig verändert. Ich hätte es vor 20 Jahren nie für möglich gehalten, dass digitale Geräte so preisgünstig und so verbreitet sein würden. Damit lassen sich hochwertige perspektivische Zeichnungen anfertigen, die die Qualität von Fotos haben. Damit können wir im Beisein des Kunden einen Vorschlag mit den entsprechenden Schätzungen erstellen. Selbst wer nicht zeichnen kann, ist in der Lage, solche Geräte zu bedienen. Darüber hinaus lassen sich sogar räumliche Modelle mit einem 3D-Drucker erstellen. Da werden Sie sich fragen, warum wir überhaupt noch mit der Hand zeichnen sollten. Natürlich ist in den letzten Jahren alles immer schneller geworden und da fragt man sich schon, warum man mit dem Zeichnen Zeit verschwenden sollte, wenn der Computer das doch viel besser kann. Für die Büroarbeit benutze ich meistens einen Computer. Bei der Besprechung mit den Kunden habe ich ihn jedoch nie dabei. So brauche ich mehr Zeit zum Zeichnen, aber ich mag handgefertigte Memos und Skizzen. Ich glaube, dass die Agilität des Handzeichnens für den Kunden ein wichtiger Bestandteil des Vorschlags ist.

Es kann faszinierend sein, zuzusehen, wie eine Skizze langsam entsteht. Der Kunde sieht die Arbeit in einzelnen Phasen. Während des Zeichnens können Sie oder der Kunde auf Probleme oder Fehler hinweisen. Am Computer wird das Bild „verarbeitet" und Sie können den Fortschritt kaum beobachten. Deshalb zeichne ich beim Kundengespräch. Und aufgrund dieser Vorteile (Transparenz/Einfachheit) habe ich mich entschieden, dieses Buch zu schreiben.

Zunächst wollte ich jede einzelne Skizze mit der Stoppuhr verfolgen und die benötigte Zeit angeben. Das wurde aber zu einem Rennen gegen die Stoppuhr. Und wer nur die Zeit im Kopf hat, vergisst das Wichtigste: die Zeichnung. Schneller ist nicht immer besser. Nachdem ich das erkannt hatte, versuchte ich mich an einer mäßigen Geschwindigkeit und konnte so dieses Buch erstellen. Zum Beispiel: Wenn ich in diesem Buch schreibe „3 Minuten", heißt das nur, dass die Zeichnung etwa 3 Minuten braucht. Diese 3 Minuten sind kein festes Maß. Es spielt keine Rolle, ob Sie dafür 5 Minuten brauchen. Sie sollen nur einschätzen lernen, wie schnell Sie zeichnen können.

Herr Hideo Shimizu von Hideo Shimizu office Company Limited. und Herr Makoto Araie von Araie Office haben mit mir am Manuskript für dieses Buch gearbeitet. Herr Satoru Ohta (früher bei Graphic-sha), Herausgeber meiner vorherigen Bücher, gab mir wertvolle Ratschläge. Besonders danke ich dem Herausgeber dieses Buches, Herrn Hitoshi Mitomi, und dem Designer Herrn Hajime Kotani, die auch auf meine unvernünftigsten Forderungen eingegangen sind. Wegen ihrer harten Arbeit ist dieses wundervolle Buch zustande gekommen. Dazu möchte ich allen anderen danken, die an diesem Buch beteiligt waren.

Noriyoshi Hasegawa

1945	geboren in Yokohama, Japan
1964	Abschluss an der Kanagawa Technical High School mit dem Hauptfach Industriedesign
	Nihon Gakki Seizo Kabushiki Gaisha (derzeit Yamaha Co. Ltd.)
	Design von Musikinstrumenten, Möbeln, Logos usw.
1987	Entwicklung von Innenausstattungen für Wohnräume
1988	Designs für Innenarchitektur
1992	Yamaha Living Tech Co. Ltd., leitender Designer für Innenarchitektur
2005	selbstständig

[Derzeitige Haupttätigkeiten]
Planung für die Innenarchitektur. Perspektivische Zeichnungen, Logos.
Vorträge zu Präsentationstechniken usw.

[Publikationen]
Sketching Interiors: A Step-By-Step Guide
Sketching Interiors, Colour: A Step-By-Step Guide
Sketching Interiors: Coloured Pencils: A Step-By-Step Guide
Verlegt bei Graphic-sha Publishing Co., Ltd.

ENDE

Die japanische Originalausgabe erschien 2016 unter dem Titel
„Interior Presentations: Techniques for Quick,
Professional Renderings of Interiors" bei
Graphic-sha Publishing Co., Ltd.
Die deutsche Ausgabe erschien im Januar 2018
bei der Stiebner Verlag GmbH

Copyright © 2016 Noriyoshi Hasegawa
Copyright © 2016 Graphic-sha Publishing Co., Ltd.
Übersetzung © 2018 Stiebner Verlag GmbH

Mitwirkende:

Buchdesign und Layout:	Hajime Kabutoya (Happy and Happy)
Verleger:	Hitoshi Mitomi (Graphic-sha Publishing Co., Ltd.)
Mitarbeit:	Hideo Shimizu office Company Limited, Araie Office, Satoru Ohta
Produktion und Management:	Kumiko Sakamoto (Graphic-sha Publishing Co., Ltd.)

Aus dem Englischen von der MCS Schabert GmbH, München,
– www.mcs-schabert.de – unter Mitarbeit von Jürgen Brust (Übersetzung).

Bibliografische Information der Deutschen Nationalbibliothek
Die Deutsche Nationalbibliothek verzeichnet diese Publikation
in der Deutschen Nationalbibliografie; detaillierte bibliografische
Daten sind im Internet über http://dnb.dnb.de abrufbar.

Alle Rechte der deutschen Ausgabe
© 2018 Stiebner Verlag GmbH, Grünwald

Alle Rechte vorbehalten. Wiedergabe, auch auszugsweise,
nur mit ausdrücklicher Genehmigung des Verlages.

Printed and bound in China

www.stiebner.com
ISBN: 978-3-8307-1440-8

Wir produzieren unsere Bücher mit großer Sorgfalt und Genauigkeit.
Trotzdem lässt es sich nicht ausschließen, dass uns in Einzelfällen Fehler
passieren. Unter www.stiebner.com/errata/1440-8.html finden Sie eventuelle
Hinweise und Korrekturen zu diesem Titel. Möglicherweise sind die
Korrekturen in Ihrer Ausgabe bereits ausgeführt, da wir vor jeder neuen
Auflage bekannte Fehler korrigieren. Sollten Sie in diesem Buch einen
Fehler finden, so bitten wir um einen Hinweis an verlag@stiebner.com. Für
solche Hinweise sind wir sehr dankbar, denn sie helfen uns, unsere Bücher
zu verbessern.

START!!